学校とは何か

子どもの学びにとって一番大切なこと

汐見稔幸
Shiomi Toshiyuki
編著

河出新書
075

はじめに

この本は、前著『教えから学びへ　教育にとって一番大切なこと』に続くもので、前著で述べた教育の原理の転換——主として教えから学びに教育発想の重点を移すということ——の実際を、日本のあちこちの学校の実践で示そうとしたものです。

教育の原理の転換というと、捉え方によってはとても難しいことのように思えます。自分たちの日頃の授業とは全く異なる授業をしなければならないのではないかと考える方も多いでしょう。でも人間は、自分が受けてきた教育をモデルとして教育を考えるということを避けられませんから、今やっている教育のやり方を自分から大きく変えるということは相当難しいはずです。変えるためには、かなりやり方が異なる外国の教育から多くを学んだほうが早いのではないか、などと考える声もよく聞こえます。実際オランダで広がっているイエナプランを学んで日本でもこのプランで進める学校をつくりたい、というような動きも少なからずありますし、私自身も誘われてフランスのフレネ学校（一八八ページ参照）に何度か見学に行ったことがあります。

たしかに、それぞれの国で広がっている教育の原理の多くは、日本から見ると新しく、参考になることが多いものです。フィンランドの学校の写真を見ると、素敵なカフェのような教室が並んでいてため息が出たこともあります。それらのうち、日本でもすぐに採り入れられることもあるかもしれませんし、それによって学校改革のイメージが湧きやすくなる可能性はあります。その意味で、世界の教育改革、学校改革への関心を多くの教育関係者は持つべきだとは思います。

しかし、どうしてそうした形・内容の教育がそれぞれの国で広がっているのかを、その背景にある文化や歴史を含んで考えますと、それぞれの国の文化、人育ての考え方、歴史等が根っこに深く存在して、それが複雑に反映していることがわかります。その教育の形・内容は、その国、その文化の土壌があるからこそ、根付き、花開いている面が大きいのです。

そこを無視して、外国の手法や方法だけをそのまま同じ形で採り入れようとすると、ブナの木にメイプルの枝を接ぎ木するというようなことになりかねません。見えやすいところだけ外国風にしても、根っこがこれまでの日本風であったら、接ぎ木もうまくいかないでしょう。大事なのは、その手法や方法を産みだしている理念、考え、思想のほうです。それを参照して、というのなら、やり方は日本風でもいいということになるでしょう。

やはり、改革は内在的であることが大事なのです。つまり、自分たちの学校にどのようなメリット、デメリットがあるのかということを、内部の声、つまり子どもや保護者の声をしっかり聴きながら、また外の声をも参照しつつ、少しずつ明らかにするということが基本になります。そこから自分たちの利点を伸ばし、弱さを克服していくためにどうすればいいかをみんなで議論しながら明らかにする。これが教育改革、学校改革の基本哲学だと思います。

教育は、子どもの苦手なところを見つけ、それを訓練して得意なことに変える、という仕方ではうまくいかないということは、つとに指摘されてきましたし、そう実感している方も多いでしょう。苦手なことをさせられると、そもそも学ぶということ自体がおもしろくない、辛いと感じてしまう子どもが多くなるからです。そうではなく、子どもたちの興味を持っていること、関心が高いことを、なるべく子どもたち自身がやりたい方法で解明していく、それを応援していくという教育の仕方のほうがよく学ぶ、ということは、ある意味常識になってきています。

教員が主導して学校を変えていく場合も原理は同じはずです。教員が苦手とするところを得意に変えて新しい学校をつくれ、というにおいが隠れている改革はうまく進まないでしょう。逆に、教員が得意な分野をうまく活かし、教員自身がやりたいと思っている方向で改革していこう、その進行を、社会が学校と教育に期待している方向とつなげていく、とするほうが、うまく進むはずです。

本書は、そういう視点で、日本の学校、主として公立の学校で、それぞれが自分の学校はこうすればもっと子どもたちが本気になって学ぼうとするのではないか、自分の得意を活かして学校改革をするとこんなアイデアが浮かび上がった、等の視点で自前で学校の改革を進めてきたところを選んで紹介し、あわせてその改革の意味するところを少し突っ込んで考えてみる、ということでできあがったものです。

選ばれた学校は、各章のタイトルにあるようなテーマを追求している学校、あるいはそういうテーマに次第に向かってきている学校ですが、共通しているのは、冒頭で述べたように、「教えの教育から、学びを支える教育」に移行しようとしているところです。このテーマを、昨今課題になっているインクルーシブ教育、あるいはＩＣＴ化、不登校の見直し、等を切り口に具体化しているところについても紹介しました。

いずれの学校も、内在的に改革を進めることによって、自分たち自身が目指している学校を徐々に形にしていることに大きな喜びを感じていることを、ぜひ読み取っていただきたいと願っています。改革は喜びを伴わないと首尾よく進まないのです。

学校取材　太田美由紀

目次

第2章

第4章

第1章

「学び」のスイッチを入れる

――できる・できないからの解放

週一時限の「探究」で生まれた変化――神奈川県大和市立下福田中学校

うまい棒と納豆の探究

「弟がラジオ体操で『うまい棒』いっぱいもらってきたんだ」

毎週水曜日、六時限目の一コマ。下福田中学校では、自分の「好きなこと・興味のあること」をテーマに設定する「探究」の時間がある。テーマの設定も調べる方法も自由。前期、後期でプレゼン部門と展示部門に分け、発表も行っている。

ある生徒が興味を持ったのは、弟が夏休みのラジオ体操で持ち帰ってきた、たくさんの「うまい棒」。多くの子どもたちが大好きな駄菓子だ。何をテーマに選ぶかは生徒に任せられている。「探究」が始まったのは二〇二〇年度（令和二年度）。生徒も教員も初めてのことばかり。手探りのスタートだった。

「うまい棒」は教員にとって不安な題材だった。しかし、「探究」における教員のスタンスは、基本的に指導はせず、生徒が自ら決めたことに寄り添い、サポートしていくことだと事前に学校の全教員で話し合っていた。

「うまい棒」を使っていったい何を「探究」するのか。

「『うまい棒』を使えば、苦手な納豆を食べられるようになるかもしれない」

その生徒は納豆が苦手だった。自分が苦手な食べ物を、うまい棒を使って食べられる方法を探してみたいという。

「探究」の時間、生徒は活動場所や持ち物を基本的に自由に選んで活動できる。その生徒は、自宅からたくさんのうまい棒と納豆を持参した。うまい棒にはさまざまな味がある。コーンポタージュ味、めんたい味、チーズ味、たこ焼味、なっとう味、やさいサラダ味、のり塩味――。うまい棒を粉々に砕いては納豆に混ぜ、試食をする。そして、その感想をノートに細かく記録する。自分の感覚だけが頼りだ。何度も同じ作業を繰り返し、記録を取り続けた。

「あっ、これなら食べられる！」

たどり着いたのは、「シュガーラスク味」だった。自分が設定したテーマを達成できた満足感を感じながら担当教員に結果を報告すると、教員はこんな声をかけた。

「もっと合いそうな味があるのに不思議だね。どうしてその味なんだろう」

「確かに」と答える生徒。

二人で考察を進めるうちに、生徒はあることに気がついたようだった。

「もしかしたら――」

翌週、その生徒は新たなアイテムを持参した。砂糖だった。生徒は、「糖分が納豆の臭みを抑えるのではないか」という仮説を立てていた。納豆に砂糖を加え、ぐるぐると混ぜる。ほんの少しすくって、恐る恐る口に入れてみた。

「臭くない！」

仮説が正しかったこと、そして納豆が食べられるようになった喜びで、大きな声が出た。自分で立てた仮説が証明された瞬間だ。

しかし、探究はそこで終わらなかった。感心してその様子を見ていた担当教員のそばにその生徒がやってきて、新たな疑問をつぶやいた。

「実は、もう一つ不思議なことがあるんです。うまい棒を入れてかき混ぜた納豆のトレーには、ネバネバが残らないんですよ」

粘りが残らないのはシュガーラスク味に限らない。全ての味に共通していたと言う。

「もっと知りたい」という意欲が、その生徒の中で高まっているようだった。

次週から、その新たな疑問に対してさらに仮説を立て、一つ一つ潰し始めた。

まず、ネバネバが残らない理由は、「粉を混ぜたから」と考えた。そこで、試しにきな粉を混ぜてみたが、ネバネバは残った。次に「油分を混ぜたから」と考え、マヨネーズを混ぜてみた。しかし、ネバネバはなくならない――。試行錯誤してさまざまなものを試した末、ある仮説が実証できた。粘りを消す正体は、小麦粉だった。

十一月、「探究」の前期の発表会が行われた。発表会はプレゼン部門と展示部門に分かれていた。その生徒は、「納豆とうまい棒をまぜてみたら意外なことがわかってきた!?」というテーマでプレゼン部門にエントリーした。自身の取り組みでわかったことをひと通り紹介した後、小麦粉が納豆の粘りを消したことについても説明し、次の探究につながる仮説を立てて締め括った。

「（ハンバーグなどで）よくつなぎとして使われる小麦粉は、その性質からネバネバを絡め取り、トレーをきれいにするのではないかと考えました」

その生徒は、当初の「うまい棒を使って納豆を食べられるようになる」という目的の達成に加え、どうすれば食べられるのか、その理由は何かを突き止め、そのプロセスで生まれた新たな疑問にもチャレンジした。そして、次の探究につながる仮説を立てるに至った。

「できる・できない」を手放す

週一時限の「探究」への取り組みは、教員にとってのチャレンジだった。

下福田中学校で「探究」の時間が始まったきっかけは、二〇一九年度から三年間、大和市教育課題研究推進校となって進めてきた研究だ。若手の教員を中心に構成された、校内研究推進委員会が、その研究に向かう「推進力」を発揮していた。

研究が始まる前年度から、校内研究推進委員会でていねいな話し合いが繰り返されている。下福田中学校の不登校生徒出現率は当時〇・六三パーセントで、全国三・九四パーセント、神奈川県四・八〇パーセント、大和市中学校二・五パーセント（全て令和元年度）に比べかなり低かったが、別室登校が多いことが課題だった。そのため、研究テーマ設定の話し合いの際には、生徒一人ひとりの居場所についても話題に上がっていた。

「居場所を失っている生徒は、学校や家庭にある息苦しさ、余裕のなさが原因なのでは？」

「普通教室で生活している生徒にも自分の居場所があるのだろうか」

「学校を時間的・精神的・空間的に余裕のある場所にすることから始めるべきではないか」

「生徒も教員もワクワクするようなことをやっていこう。生徒と教員が一緒に創り上げ、誰にとっても魅力的な『学び』の場を作っていこう」

話し合いの結果、次年度からの校内研究のテーマは「生徒とともに創る主体的な『学び』の場」に決まった。「生徒とともに創る」という言葉には、校内研究推進委員会の教員たちの強い思いが込められていた。

平成二九、三〇、三一年改訂学習指導要領で基本方針として掲げられたひとつが「主体的・対話的で深い学び」の実現に向けた授業改善だ。全国の小中学校では具体的にどのように進めて行くべきかを模索してはいたが、授業のスタイルを大きく変えることは難しく、具体的な実践に結びついている学校は限られていた。

下福田中学校では、どのようにして「生徒とともに創る主体的な『学び』の場」を実践するのか。第一回全体研修会（二〇一九年度）では、「主体的な学び」が動き出す場とは何かを問い直すことから始めた。

まず、それぞれの教員が抱くイメージを確認する必要がある。

「主体的な学び」が動き出すには、前提条件が重要だという教員も多かった。「主体的な学び」は、「基本的なことを学習してから」であり、「知識の習得が第一条件」ではないかという慎重な意見や、「時間的な制約があると、どうしても主体的な活動が生み出せない」「先を見通す力と振り返りが大切で、それがないと主体性は育たない」という意見もあった。「主体的な学び」を推進したい気持ちはあるが、現状（受験が控えている・ひとクラスの人数が多いなど）では難しいという不安が渦巻く。どれも率直な意見だった。

その後、第二回全体研修会の外部講師による講演会・協議会を経て、学校全体で「主体的に学ぶ」を次のように定義し、共有している。

「学び」とは試行錯誤である。その試行錯誤に内包される重要な要素を二つ挙げる。一つ目は失敗をすること、失敗を許容すること。二つ目は、自分の考え方で考えること、自分のやり方でやること、自ら決めることである。そもそも学びの過程は非効率的で、浅い経験の繰り返しではないだろうか。幼少期に、砂場で山を作りトンネルを掘って壊したり、人形に語りかけてみたり、黙々と木に登ってみたりした経験を誰もがしてきたはずだ。大人からすると一見無意味に見えるそれらの行為を通して、子どもは、多くのことを学んでいるものである。自分の考えで、自分が納得できるまで、何度も失敗しながら取り組むから、そこに学びが生まれるのである。しかし、そこに「できる、できない」の尺度を当ててしまうと、「学び」は止まってしまう。なぜなら、「できる」ようにするために、大人がやり方を教えてしまうからだ。やり方を教えると、子どもは試行錯誤を止めてしまう。それよりも答えを簡単に獲得した方が子どもにとっては楽なのだ。学校現場を振り返ってみると、どうしても「できる、できない」という観点で生徒を見てしまいがちである。それは、特に高校受験というものを避けることができない中学校の宿命なのかもしれない。だが改めて、その生徒の見とり方は正しいものなのかと問い直す必要がある時期に来ている。そもそも、「**主体的**

に学ぶ」ことと、「できる、できない」ことは、全く別なことのはずだ。試行錯誤の結果、できないこともある。しかし、そのプロセスに意味がないかというと、絶対にそんなことはない。むしろ、そのことにこそ「できる」以上の価値があるのではないか。**大いに失敗を認め、生徒の考え方を支えていく。従来の指導を「先導型」とすれば、いわば「後追い型」の指導をすることで生徒は必死になって学びを進めるはずである。それは人から教えられたやり方でなく、自ら決めたやり方で取り組んでいるからだ。そして、その姿こそが「主体的に学ぶ」ことである。**

（平成三十一年・令和元年、二年、三年度　大和市教育課題研究推進校　研究紀要　研究テーマ「生徒とともに創る主体的な『学び』の場」より　太字は原文のまま）

「学校は変わらなくてはならない」という認識は、教員の間で確認できた。しかし、実際にこのような「主体的な学び」を具体的に実践するにはハードルが多いことも事実だ。下福田中学校はごく一般的な公立中学校で、当時は取り立てて先進的な授業スタイルを実践しているわけではなかった。生徒たちは整列した座席に前を向いて座り、教員の話を聞いて板書を写す、いわゆる教師主導のチョーク＆トークの授業が主流だった。

各教科で「主体的な学び」に向けた取り組みができないかも検討されたが、教科には評価がつきまとう。高校受験も控えている状況で、いったい何ができるのか。何かを変えることで生徒たちへの負の影響があってはならない。教員も安心して取り組むためにはどうすればいいのだろうか。

「まずは、総合的な学習の時間から変えていこう」

下福田中学校の推進委員会では、第一の目標をそう設定した。

学習評価に縛られない総合的な学習の時間であれば、教員がニュートラルに関われるのではないか――。

二〇一九年度までは、総合的な学習のテーマを「環境」「平和」「キャリア・進路」などに設定し、学年ごとに同じテーマで取り組んでいたが、その時間のうち、週一コマ（一年生は〇・四コマ）は、生徒たちが自分の興味のあること、好きなことを自分で自由に設定して取り組む「探究」の時間としたのである。

教員が話し合う機会の増加

「探究」の実施に向けては、全校で教員のスタンスを再確認する必要があった。生徒を「できるようにしたい」「失敗しないようにさせてあげたい」という教員の思いが動き始めると、どうしても「先導型」になり、「後追い型」に切り替えるのは難しくなる。それが

「善意」であればあるほど、子どもたちは抗えなくなる。必要なものの持ち込みもできる限り認めるようにした。教員が再確認したのは次のようなものだった。

・基本的には指導せず、生徒が自ら決めたことに対して寄り添い、支援していく。
・支援が必要な生徒には適切な指導が必要になるが、教員が筋道を立てない。必要な支援とその時期を見極めるため教員も試行錯誤が必要。
・生徒が目的を達成できなくても、課題を解決できなくても、失敗したとしても、それを認め、受け入れ、次に生かすことを応援する姿勢をとる。
・教室や廊下、調理室、理科室、体育館、校庭、希望があれば校外でも、事前に希望を出すことで、できる限り教員が話し合い、サポート体制を整える。
・必要なものは基本的に個人負担とし、食材や楽器、スマートフォンやタブレットそのほか学校生活に不必要とみなされるものも必要があれば保護者の許可を受け、担当教員と確認を取れば持ち込み可能とする（使用は「探究」の時間のみ）。
・家庭環境による格差が生まれないように、スマートフォンやタブレットを持っていない生徒にはタブレット貸し出しを行う。
・「主体的に学ぶ」ことと「できる、できない」は全く別なこと。「できる、できない」という観点ではなく、どのように生徒を見取り、関わっていけば良いのかを改めて教員で考え、議論する場を設ける。

これらも特に明文化されたわけではなく、話し合いの中で共有されたものだ。開始時には、「なんでも好きなことを生徒にさせると、遊んでしまうのではないか」「何を探究するか決まらない生徒が出てくるのでは」という不安を抱える教員もいた。

保護者に対しても事前に説明を行い、お便りを配布して周知した。それでも保護者からの問い合わせは多く、教員が即座に判断できない場合には何度も話し合った。例えばこれまで学校に持ち込めなかったスマホやお菓子などを校内に持ち込むとき、「なぜダメなのか」「なぜいいのか」を教員が膝を突き合わせて意見を出し合い、検討する必要に迫られた。「探究」の担当教員は学年を超えて編成されているので、あまり深く知らない生徒もいる。それぞれの生徒たちの様子を見ながら、どのようにサポートしていくのがよいかをその都度教員同士で話し合う場を持った。

校内研究推進委員（三年目は委員長）としてこの研究に三年間関わった小林勇輝先生は、そのような状況こそが教員たちに大きな影響を与えたと振り返る。

「以前なら『校則違反だからダメ』と言えば済んだことも、納得できる理由が必要になる。

それに、一人ひとりテーマが異なるのでこれまでのやり方、『先導型』では通用しない。しかも、『後追い型』と言っても、教員自身がこれでいいのかと迷いながら生徒について いかなければなりません。前例のないことばかりで自分だけでは判断できないので、教員同士が徹底的に話し合う機会になりました。それがよかった」

徹底的に「なぜ」を話し合うことは、教員同士の価値観や考え方を出し合い、お互いの理解を深めるきっかけにもなっていた。

「後追い型」で起こった教員の視点の変化

「探究」の時間は、週一回、約三か月の時間をかけてそれぞれのテーマについて各自のペースで探究を進めていく。スポーツ、ゲーム、料理、韓国、漫画、音楽、カラダ、自然科学、生物、技術家庭、人文、乗り物、そのほか——。大まかなグループごとに教室を分け、担当教員を数人ずつ配置。生徒たちは各教室で好きな席に座り、一人、もしくは数人で選んだテーマに取り組む。時には友達と相談することもある。それだけでも普段の授業とは全く違う空間になり、自由な雰囲気が生まれた。生徒たちは教員の不安に反して、のびのびと各自の学びに向かい、集中して意欲的に取り組んでいるように見えた。

そして、前期と後期に分けて年に二回、十一月と三月の発表会でプレゼンや展示の発表をする。そのプロセスを通して、生徒たちに大きな変化が起こっていた。

ある鉄道好きな生徒は、北海道に新幹線を通す計画について発表した。その生徒にとっては夢のプランだ。どのような路線がよいか、予算、時刻表はどうなるかなど、その計画の緻密さと完成度の高さは圧巻だった。プレゼンを見た生徒たちは驚き、発表した生徒を校内で見かけると、「あの発表すごかったよ」と声をかけた。その後、その生徒は修学旅行実行委員会で動画作成をする際などにも積極的に参加するようになった。以前には見られない姿だった。

祖母のぬか漬けに注目し、漬ける野菜や日数による味の変化を記録した生徒もいた。夏休みには、野菜だけでは飽き足らず、肉のぬか漬けにも挑戦。最終的に、自分のぬか漬けと祖母のぬか漬けの味の違いは、それぞれの手に宿る菌の違いだという発見にもたどり着いた。その生徒は別室登校が多い生徒だったが、発表の際には、台本もないまま四十五分にわたって堂々とプレゼンした。

しかし、すぐに探究のテーマを決められる生徒ばかりではない。テーマに悩み、ほかの生徒の様子を何週も見ていたり、ユーチューブからヒントを得たりする生徒も多い。ある生徒は、有名なユーチューバーの真似から始めた。

「アルミホイルを丸めてたたき続けて『アルミ玉』という真球を作りたい」

その提案を聞いた担当教員は、「ユーチューブの真似のどこに探究的な要素があるのか」と戸惑いながらも見守った。最初の数時間、生徒はただアルミホイルを丸めて金槌でたたいていたが、それだけではなかなか真球にならない。そのことに気づいた生徒は、真球に近づけるための試行錯誤を始め、最終的に板を使うことをひらめいた。球の上から板を押し付け、力を入れて繰り返し転がすと、見事な真球に仕上げることができた。担当教員も驚くほどの完全な球体だった。「研磨剤で磨くと輝きが出るかもね」と声をかけると、さらに輝きを増して仕上がった。より丸く、より美しく仕上げることを追求し、工夫する姿は、泥団子をピカピカに磨き上げる幼児の姿にも、職人の姿にも重なる。

数人でグループを作り、一つのテーマに取り組む生徒もいた。あるグループのテーマは「ペットボトルフリップ」。ペットボトルを放り投げてくるりと回し、ピタッと立たせて着地させる。そのグループは、教室の中、手すりの上、塀の上、橋の上、あらゆるところで何十回、何百回も繰り返しチャレンジした。投げるうちにペットボトルの形によって立ちやすさが変わることもわかった。時間内には到底収録が終わらないため、放課後も休日も集まり撮影を続けた。全てのチャレンジが成功した動画をテンポよく編集し、音楽をつけてオンラインで発表すると、それぞれ自分のタブレットで彼らの動画をみた生徒たちは、「すげー！」「おお〜！」と口々に感嘆の声を漏らし、興奮する様子が見られたという。

一年目は適当に取り組んでいた生徒も、真剣に取り組むほかの生徒たちの発表を見て、二年目、三年目と学年を追うごとに全力で取り組むようになっていった。よりおもしろいもの、より深いもの、みんなが知らないこと、みんなができないことにチャレンジしてみたい。そんな気持ちが生徒の中に生まれ、動き出していた。それは生徒のアンケートにも如実に現れている（図1−1）。そこに教員の評価は必要なかった。

「探究」の発表の後、手応えを感じていたのは生徒たちだけではない。そんな生徒たちの様子を見守ってきた教員にも大きな変化があった。当初不安を抱えていた教員たちも、「探究」の授業で生徒たちの様子を見るうちに、その不安は薄れていったと語っている。振り返りでは次のような感想があった。

「生徒が好きなことがよくわかりました。この子にこんな特技がある！　とか、この子はこんなことが好きなんだと、授業だけではわからないところがよく見えました」

「取り組みから成果物まで見せてもらうことで、今まで知らなかった生徒の側面を多面的に学ぶ、よい機会になりました。この探究活動を生徒指導・生徒理解につなげていくことがとても大事なように感じました」

「後追い型」の指導に切り替えるには、その生徒が今何に集中し、何を考えているのかをじっくり観察することも必要になる。そこで見えてくるのは、教員が求める姿に合うか合

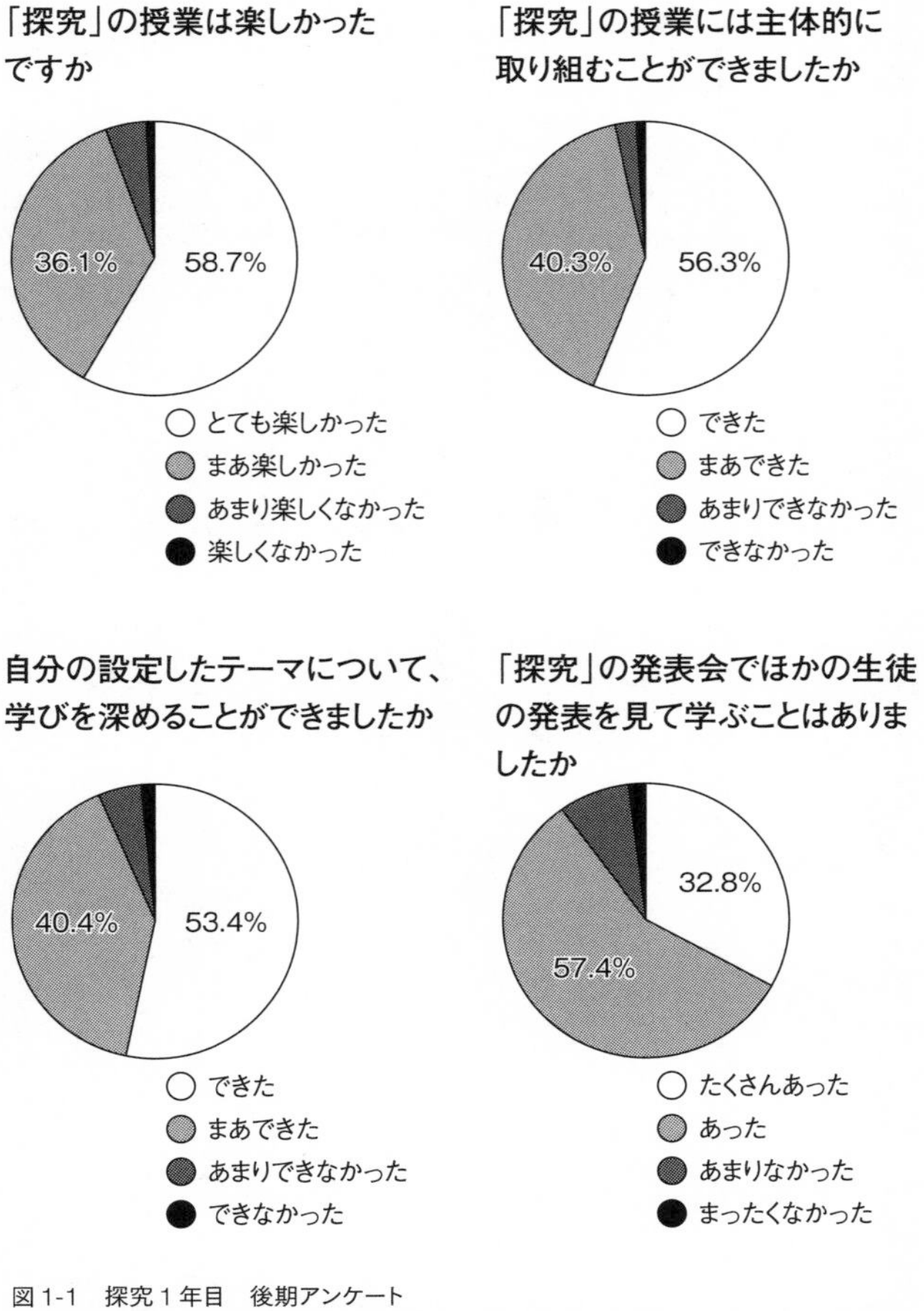

図1-1　探究1年目　後期アンケート
2020年度（初年度）後期「探究」のアンケート結果の一部をグラフ化したもの。生徒の大半が「探究」に対して肯定的に捉えている。「ほかの生徒の発表を見て学ぶことはありましたか」の問いに対しても肯定的で、生徒同士で認め合う言葉が多く見られた。（下福田中学校によるアンケート結果より）

わないかではなく、一人ひとり異なる子どもの姿だった。

「興味・関心があることをテーマに設定する中で、日頃から（熱心に学びに）取り組んできたような生徒は深いテーマ設定で活動を行えていた。一方でなんとなくテーマを設定した生徒はインターネットで調べればわかるようなテーマ設定になっていた。しかし、探究を進めていく中で新たな疑問が生まれ、ネットで調べてもわからない深い学びになっていった」

「ぬか漬けの発表を見ていた生徒は、『悔しい』といっていました。それは、自分も菌について調べていたけど、それ以上に深く調べていた発表だったので、すごいと感心すると同時に悔しかったようです。この生徒はいわゆる勉強が苦手な生徒ですが、最後はピザ生地の発酵するメカニズムをよく理解していました。それだけでも十分変化していることだと思いますが、それ以上に他者の学びから学び、彼の心情が変化したということはとてもすごいことなんだと思います」

自由に選ばせることへの不安を抱えながら生徒たちを見守っていた教員も、どんな生徒も、迷いながらも自分なりに「探究」を進めていく姿にある種のリスペクトを感じるようになっている。

「生徒たちの活動・作品に元気をもらいました。教頭先生もおっしゃっていましたが、お互い今後の学校生活でほめ合ったり、新しいつながりができていくとよいと思いました」

「普段なかなか注目されないような生徒が発表を通してほかの生徒から『すごいね』などの言葉をかけられ、楽しそうな表情をしていた場面が至るところにありました。こういったことが今後の生徒の変容にも間違いなくつながるのだと思います」

「探究」の時間は、生徒たちが「自主的に学ぶ」機会になっただけでなく、教員が生徒たちの様子をじっくりと観察し、時間をかけて見守る機会となった。それは、生徒との信頼関係の構築にもつながっていく。


教員は主体的に学んでいるか？


「探究」の時間の手応えは、各教科の授業にも広がっていった。研究の三年目、校内研究推進委員長だった小林先生は、その取り組みについて振り返る。

「令和三年度（二〇二一年度）には、『主体的に学ぶ教員』を目指して裏テーマに据え、『探究』のエッセンスを各教科の授業に落とし込んでいくための授業研究をしようと提案しました。しかし、その研究のための公開授業も、推進委員会が提案する内容をそのまま『研究だから仕方がない』という姿勢でやってもらうのでは意味がありません。教員にこそ主体的に取り組んでほしい。そのための工夫を考える必要がありました」

研究授業や公開授業は全ての公立小中学校で行われているが、学校によっては教員の意思に関係なく順番に担当することとなり、「やらされている」と負担に感じる教員も多い。指導案（教員自身が考える学習指導・支援の計画案）作成などの事務的な作業が増えるうえ、日程が先行して決まっているため、発表したい授業とタイミングがずれてしまうことも問題だった。ピリピリとした空気の中でその後の検討会が行われ、ダメ出しばかりをされる学校もある。「形だけの研究授業で成果は出ない」「やっても無駄だ」と、研究授業に後ろ向きな教員もいる。

「私も、初めて推進委員長をやった三十歳くらいの頃は、若くて熱い人間でしたから、真剣に取り組まない教員に対して『どうしてやらないんだ』『学んで向上しろよ』なんて偉そうなことを思っていて、それを口にして空回りし、ポツンと孤立していました。しかし、団塊の世代と私たちの世代との間がすっぽりと抜けている中で、先輩たちから学ぶ機会もなく教員も余裕がない中では、研究授業にしっかり取り組むことが難しいことも確かです。教員にも、生徒たちと同様に余裕が必要だと常々思っていました」

生徒たちがいきいきと主体的に取り組む様子を目の当たりにし、手応えを感じていた推進委員会は、「探究」の時間をヒントに研究授業の実施方法を模索した。「自由」を前提にし、時間的・精神的・空間的なゆとりが生徒たちの主体的な学びを推進したことを考えると、教員にも同じことが言えるのではないか。せめて、時間的・精神的なゆとりができれば――。

それらを踏まえて、公開授業について次のような提案をした。

・希望制で行う。
・日にちを定めずに一期、二期という期間中に行う。（一期／五月三十一日～六月十日　二期／八月三十日～九月九日）
・指導案等の作成は不要。
・推進委員が一人参観し、様子をまとめる。
・授業研究会は、別途日程を設け、公開された授業の話題を中心に、各教科の実践などを報告し、情報交換・共有する中で議論を深める場とする。

その結果、希望者は一期は四人、二期は六人（一人は体育で雨天のため実施できず）、それに加え十一月二日には外部への公開授業も行われ、四人の教員が手を挙げた。一期は四人のうち三人を推進委員が占めたが、その後はそれ以外の教員も多く、数学、理科、社会、国語、美術、音楽、技術・家庭、総合と、ほとんどの教科が参加した。

数学では学びの個別化として自分で選んだ学びに取り組む時間と、一つの課題に対して仲間と共に考える時間を作った。解説を聞きたい人は別の教室で、聞かずに自分でまだ考えたい人は教室に留まるなど、自分の動きも選択できるようにデザインした。

社会では歴史の中で江戸時代の人物のうち好きな人物を一人選んで自分なりの問いを立て、まとめ、発表した。ロイロノート・スクール（一人一台端末で使用できるアプリ）でシェアすることで全員のまとめを参照しながら理解を深めることができ、それぞれが調べた人物をつなげて江戸時代の流れをつかんだ。

国語では、「奥のほそ道」を題材にして、グループでＣＭづくりに取り組み、その作品を見て、生徒に感想や意見を聞きながら理解を深めていった。

美術では、マイブランドを立ち上げ、自分のロゴマークを作った。音楽では、自分のお気に入りの曲を友達に紹介するというテーマで、歌謡曲、Ｊポップ、なんでもありとした。

このように、公開授業では、どの教科でも、「探究」のエッセンスを果敢に授業に取り入れる様子が見られた。その後の授業研究会での協議では、教科を越えて刺激し合い、担当教科に還元するという動きも活発に行われた。実際に授業をやってみて難しいと感じたことを共有し、各々がイメージする「後追い型指導」について話し合い、あの場面でどう声をかければ良かったのか、どうすれば生徒たちが主体的に学べるのか、このスタイルがどのような学びにつながっているのかなどを忌憚なく話し合う場となったのである。

子どもの声を聴き対話ができる学校へ

この三年間の研究は、下福田中学校の学校文化を確かに変えた。研究報告には、生徒、教員にかかわらず、「個人の意思や意見が尊重され、本質的な議論ができる文化が根付いてきた」とまとめられている。

校内文化が変わった要因は、「探究」に加え、もう一つあると小林先生は言う。

「この研究が始まる一年前、生徒の意見を発端として校則などの学校生活を生徒自身が自主的に考え、声を上げげられるシステムができました。そのことも大きかったと思います」

下福田中学校では、生徒会本部役員の立候補者が年々少なくなっていた。全国的に、生徒会本部は形式的なものになっていることが多く、なり手が見つかりにくい。教員が個別に声をかける学校も増えている。「生徒が何かを提案してもどうせ学校を変えることはできない。先生に言われたことをするだけだ」という漠然とした諦めや、もしくはそれ以前に、「生徒会活動は時間の無駄だ」と考える生徒も多い。

下福田中学校で校内研究にも推進委員として携わった社会科の山口耕平先生は、生徒会担当でもあり、生徒会活動に熱い思いを持っていた。

「私が中学生の頃、生徒会副会長を務めていたとき、生徒会本部を中心に学校の代表が集まって議論を重ねてきた校則について、ある日突然、先生が簡単に変えてしまったことがありました。それまでの生徒間の議論では、『変えないほうがよい』という意見でまとまっていたため、『私たちの話し合いはなんだったのか』という虚無感と、『私たち生徒会とは一体なんなのか。私たちを馬鹿にしていないか』という怒りにあふれ、泣いて訴えたことがあります」

山口先生は、その時感じた思いを教員になっても忘れていない。

下福田中学校で山口先生が生徒会活動を担当していた二〇一九年一月、生徒会本部により「ＹＳＢＯＸ（ワイエスボックス）」という意見箱が設置された。設置の目的は「学校生活を生徒が主体となって見直し、よりよいものにしていくため」の声を広く集めることだ。

指定された用紙に学校生活で改正したい内容とその理由、改正後どのようにしたいかを記入して投函すると、その意見が生徒会本部によって審議する委員会に割り振られる。校則や学校のきまりについての意見は生徒会本部と評議委員会、そのほかの意見は担当の委員会での議論を経て、中央委員会（生徒総会に準じる代表生徒による組織）で審議される。そうして生徒たちが話し合った結果が教員の各会議、職員会議で可決されれば改正できるという仕組みだ（図１－２参照）。生徒たちからは、校則をはじめ、学校生活に関係するさま

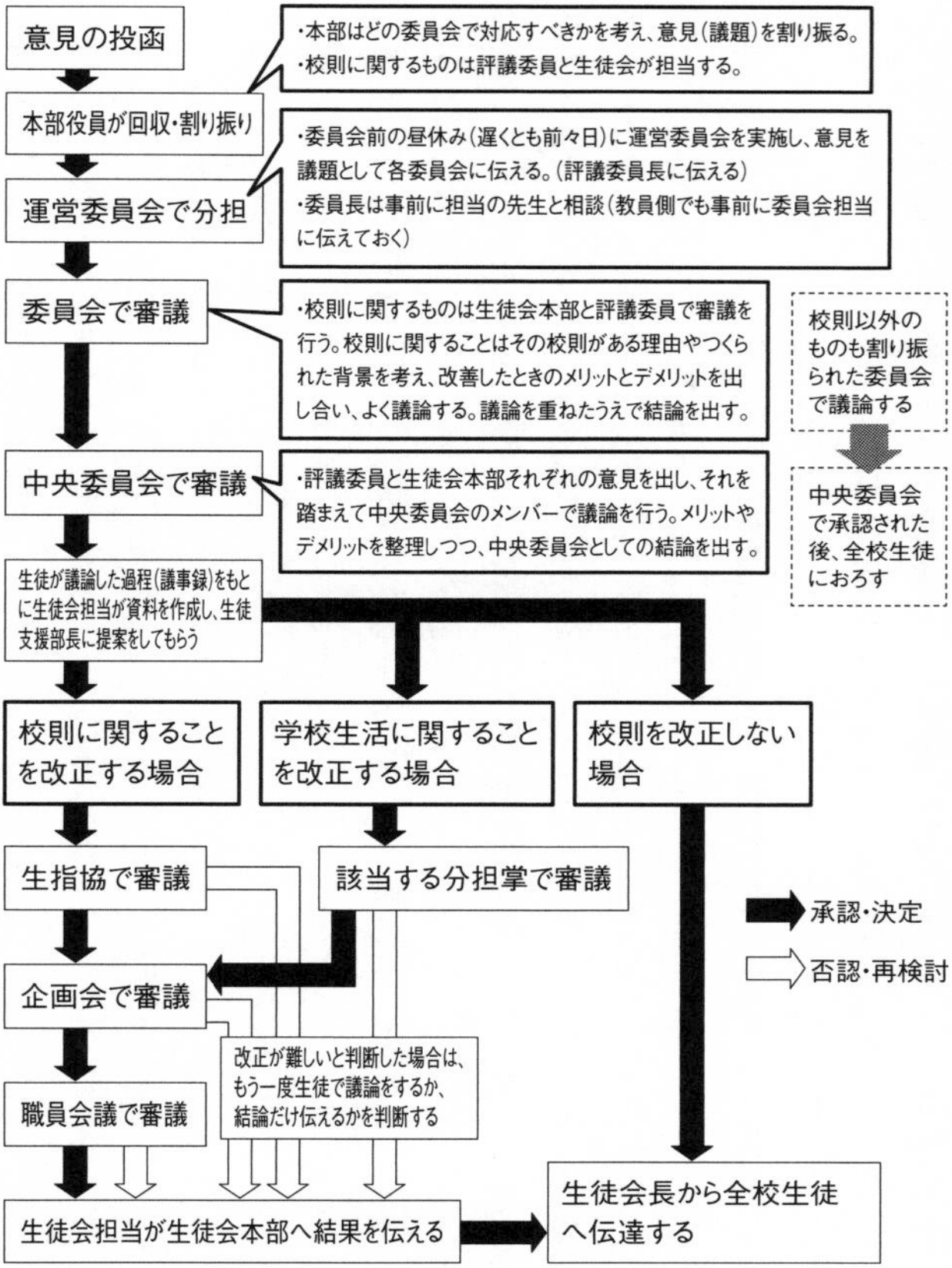

図1-2　議論や改正の流れ（平成三十一年・令和元年、二年、三年度　大和市教育課題研究推進校　研究紀要　研究テーマ「生徒とともに創る主体的な『学び』の場」より）

ざまな意見が入るようになった。

このシステムが始動し始めたころ、「校則を見直して靴下の色を自由にしてほしい」という議題が出たが、職員会議は紛糾し、教員には不安が広がった。

「一つ許すと生徒たちが教員を乗り越えてくる」

「靴下が何色でも良くなれば、赤いシャツを着たいと言う生徒も出てくるのではないか」

教員や学校にとって、何かを「変える」ことは簡単ではない。しかし、結果的に靴下の色や柄が自由になっても、生徒たちの生活に問題が起こることはなかった。

さらに、設置の翌年、二〇二〇年四月には「合議院」という仕組みも運用されるようになった。生徒たちがせっかく時間をかけて議論し校則が変わったとしても、数年後にその経緯を知らない教員が簡単に校則を変えてしまうことを防ぐ仕組みだ。教員側から校則を変えたいという意見が出た場合、教員側の会議を経て、最終的に生徒に提案する必要がある。その提案の場が「合議院」で、「中央委員会」の生徒が参加して審議する。

「簡単に言うと、『合議院』は教員側からの意見を生徒が検討する場です。より民主的な学校を作るうえでとても重要な機関だと思います。全国的に『校則見直し』を行うことが増えているようですが、教員の提案を生徒が審議する場はほとんどありません。私の中学生時代にこのような仕組みがあれば、あんな思いをしなかったと思うのです」（山口先生）

その後も、整髪料をつけたいという生徒がインスタグラムを利用して全校生徒の意見を集約し、大和市で唯一整髪料使用が許可される中学校にもなった。実際に整髪料を多用しているのは、その議題を提案した生徒だけだったというが、全校生徒でその是非について考え検討し、それぞれに意見を出し合ったのは有意義だったと小林先生は振り返る。

「大切なのは、生徒の要望全てを認めることではありません。教員も子どもの安全安心を考えて『私はこう思う』という意見を伝え、お互いに対話ができる風土を作ることだと思います。誰もが臆せずに意見を言える空気があると、その学校は教員たちにとってもブラックな環境ではなくなってくる。教員自身も『ゆとりを持って授業をしたい』などという意見を出して自分たちの働く環境について話し合い、改善していけるようになっていきます。下福田中学校は、教員も生徒も自分の意見を言える文化へと変わりつつありました。そのタイミングで『探究』の研究を始めたことで、対話の文化がいっそう根づいていったのだと思います」

教員も生徒たちの姿から刺激を受け、声を上げることの意味を感じていた。「どうせ変わらない」という気持ちを払拭できたのかもしれない。

前出の山口先生は、生徒の意見を聞くことの重要性を訴える。

「ＹＳＢＯＸの設置をきっかけに、生徒は主体的に学校生活を少しずつ考え始め、行動できるようになったと思います。『校則を変えたい』『これを学校に持ってきたい』など生徒が要望をすると、よく『わがままだ』『我慢が必要だ』という先生がいます。意見を聞くこともなく、相手にしない先生もいます。また、生徒たちの要望は、生徒にとっては切実な悩みですが、多くは教員にとって都合の悪いことだったり、教員にとっては変えなくても困らないことだったりします。議論したくても、忙しくて時間がないこともあるかもしれません。でもそれは本当に『わがまま』なのでしょうか？

今、こども基本法やこども家庭庁などができたことで、子どもの権利への理解がようやく少しずつ進み始めています。教員は生徒たちの声を『わがまま』ではなく『意見』として受け止め、考え、議論する必要と責任があると私は思います」

下福田中学校では、それ以降、全職員の議論が活発になり、教員も学校について主体的に考えるようになった。山口先生は、「校則見直し」だけが全てではないとも強調し、下福田中学校の変化についてこう続けた。

「主体的な学びは試行錯誤です。校則もひとまず変えてみて、うまくいかなければまた変えればいいという認識を教員が共有できたことが大きかった。そしてその先に『探究』の時間がありましたから、生徒も教員もワクワクすることをとにかくやってみようという気持ちでチャレンジできました。『探究』の実現は、推進委員の教員だけでは実現不可能で

「学校に行くのが楽しい」に対する回答

	下福田中学校	全国
当てはまる	52.1	43.4
どちらかといえば当てはまる	36.5	37.7
どちらかといえば当てはまらない	7.3	12.8
当てはまらない	4.2	6.0

「自分と違う意見について考えるのは楽しい」に対する回答

	下福田中学校	全国
当てはまる	37.5	29.5
どちらかといえば当てはまる	45.8	45.3
どちらかといえば当てはまらない	13.5	20.5
当てはまらない	3.1	4.6

図1-3　2021年度全国学力・学習状況調査の下福田中学校3年生と全国の中学3年生の結果の比較（平成三十一年・令和元年、二年、三年度　大和市教育課題研究推進校　研究紀要　研究テーマ「生徒とともに創る主体的な『学び』の場」をもとに作成）

した。全ての先生方の理解と思いがあってのことだったと思います」

教員たちが楽しみながら授業をすれば、生徒たちも自由な雰囲気を感じてのびのびと授業を受けるようになる。間違うことは恥ずかしくない、間違った回答こそが学びになるという姿勢は、さまざまな教科へと波及していった。新しく赴任してきた教員は、「質問したことに対して反応がある。間違っていても気にしない」と、前任校の生徒たちとの違いに驚く。公開授業を見た外部の教員は、「中学三年生が嬉々として授業に参加している姿に驚いた」と感想を残している。

中学三年生に対して行われた二〇二一年度全国学力・学習状況調査の結果の、全国の結果と下福田中学校の結果を見ると（図1－3参照）、「学校に行くのが楽しい」に対する肯定的な回答「当てはまる」「どちらかというと当てはまる」を合わせると全国が八一・一パーセント、下福田中学校が八八・六パーセントと七・五パーセント上回っている。また、「自分と違う意見について考えるのは楽しい」に対する回答も、全国が七四・八パーセント、下福田中学校が八三・三パーセントと八・五パーセント上回っている。

ある卒業生は、中学校生活を振り返り、「ＹＳＢＯＸや探究の時間が始まってから学校が楽しくなった」「決められたことしかできない場所から、みんなで作る学校という意識になった」と教員に対して話した。

「生徒とともに創る主体的な『学び』の場」の研究は三年で終了したが、「探究」の時間はその後も引き続き下福田中学校の核となり、「学校を変えたい」と考える教員たちの背中を押し続けているという。

研究報告は次のように締めくくられている。

一人ひとりのごく普通の教員が、自らの意見を自らの言葉で紡ぎ、あるときは意見を共有し、時にはぶつかりあいながら変化を恐れずに地道な実践を続けてきたことで、学び・変わり続ける教員文化を強固な基盤とし、「生徒とともに創る主体的な『学び』の場」としての学校を築き上げた。

ごく普通の公立中学校で行われた週にたった一時間の「探究」の時間が、子どもたちの姿を変え、教員を変え、学校を変えた。子どもたちは変わったのではなく、本来の姿を取り戻したと言ってもいい。

「いま、公立の学校でも、多くの教員は『学校を変えなければいけない』と思っているはずです。でも変えるのはやはり怖い。今より悪くなったらどうしようと考えてしまうんです。私たちのときには、どう変えればいいのか具体的なイメージもありませんでした。特に、自分が担当している教科の授業を変えていくのは不安が大きく一歩を踏み出せないんだと思います。そこでまず、総合の時間として一コマだけ『探究』を取り入れました。すると子どもたちがいきいきと取り組む様子を見ることができて、担当教科を変えていく方向性やイメージを持てるようになっていった。

下福田中学校の子どもたちはある時期、どんどん元気がなくなっていたのですが、この数年で子どもたちは息を吹き返した。本当に変わりました。子どもたちが元気になり、楽しそうに学校に通うようになれば、教員も安心して新しいチャレンジができる。子どもたちがいきいきとしていれば、保護者の皆さんも必ず理解してくれるのです」（小林先生）

いま、下福田中学校の教員や生徒には「諦め」の空気はない。

学びの多様化学校の可能性——神奈川県大和市立引地台中学校分教室

県内公立校初の不登校特例校（学びの多様化学校）

「探究」の研究が終了して一年後、下福田中学校の「探究」の件で小林勇輝先生に連絡を取ると、すぐにメールが届いた。

私は今年度から不登校特例校認定を受けている大和市立引地台中学校分教室に勤めています。おかげさまで最高に楽しい毎日を過ごしております。引地台中学校分教室にも、お時間のあるときに是非お出かけください。私たちは、生徒も含めいつでも大歓迎です！

メールからは充実感が伝わってくる。その後、ズームで打ち合わせた際にも、「下福田中学校の『探究』での経験がここで本当に役立っています」と熱く語ってくれた。

不登校特例校（現・学びの多様化学校）は現在、全国に三十五校設置されている（二〇二四年四月現在）。そのうちの二十一校が公立、十四校が私立だ。不登校（年間三十日以上の欠

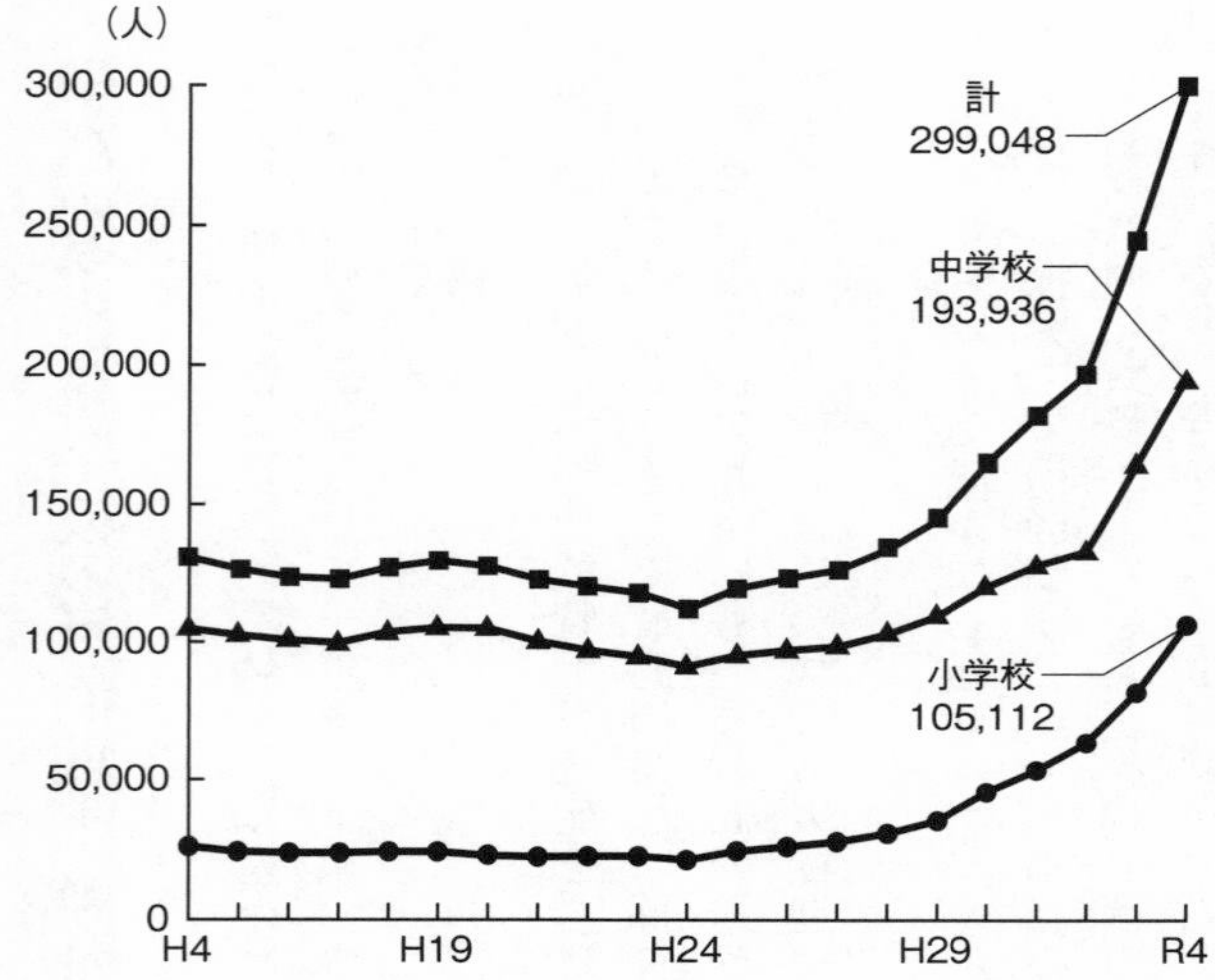

図 1-4　不登校児童生徒数の推移（文部科学省 2023 年 10 月公表より）

席）の状態かどうかは厳密には求められておらず、断続的な不登校や不登校傾向の児童も対象になっている。

　不登校の児童生徒数はこの十年、毎年のように過去最多を更新し続けている。文部科学省の「令和四年度　児童生徒の問題行動・不登校等生徒指導上の諸課題に関する調査結果」（二〇二三年十月公表・図1－4）によると、小・中学校における不登校児童生徒数は前年度から五万四一〇八人（二二・一パーセント）増加し、二九万九〇四八人となった。在籍児童生徒に占める不登校児童生徒の割合は三・二パーセント（前年度二・六パーセント）。つまり三十五人学級の一人から二人は不登校となる。さらに、不登校を含む長期欠席者（病気・経済的理由などを含む）は小中学校で四六万六四八人に及ぶ。学校に行けない、行かない子どもたちに学びをどう保障するのか。日本の学校教育はいま岐路に立たされている。

中央教育審議会部会が策定した「教育振興基本計画（二〇二三年六月十六日閣議決定）」には、「不登校児童生徒の多様な教育機会の確保に向けて、不登校特例校の各都道府県・政令指定都市での一校以上の設置を本計画期間内において進め、将来的には、不登校特例校への通学を希望する児童生徒が居住地によらずアクセスできるよう、分教室型も含め、全国で三〇〇校の設置を目指す」と明記されている。

引地台中学校分教室は、神奈川県公立校初となる不登校特例校（現・学びの多様化学校）として二〇二二年四月に設置されたばかりだった。小林先生はその開設時からの教員の一人だ。

大和市のホームページを見ると、次のような説明があった。

不登校特例校分教室とは
・不登校特例校とは、地域の学校に登校していないお子さん一人ひとりに応じた特別の教育課程を編成して教育を実施することができる学校です。

・分教室は、一学年十名程度を想定しています。

分教室があるのは引地台中学校に程近い柳橋小学校の敷地内。もとは教育研究所理科センターとして使用されていた独立した校舎で、三階建ての鉄筋コンクリート造りだ。ごく普通の学校をコンパクトにしたような外観で、入り口の左手にはいくつかのプランターにさまざまな野菜が植えられている。

インターホンを鳴らすと、「はいは〜い。今行きます！」というフレンドリーな応答後、すぐに女性教員が満面の笑みで入り口まで迎えに来てくれた。

足を踏み入れると、近くの部屋から楽しそうな笑い声が聞こえてきて、多くの学校を訪問したときに感じる空気とは異なる柔らかい雰囲気が流れている。簡単なマットを敷いただけの玄関を入ると、すぐ左手の足元には、幾つもの鹿の角や切り出した竹が入った段ボール箱が無造作に置いてあった。右手の棚の上には、五センチメートルほどの高さの小さな苗がたくさん並び、陽が差し込んでいる。

「これは熱帯の貴重な植物なんですよ。子どもたちと栽培中です」

職員室らしき部屋に通されると、教員五人と生徒が二人、歓談していた。

二〇二三年度は全学年合わせて二十二名。技術と理科を担当する菊地敬幸先生、数学と

時間割表

	月	火	水	木	金
	えん（9:15〜9:30）				
1 (9:35〜10:25)	スポーツ 小野	数学 小林	あーと 海野	理科 菊地	国語 上領
2 (10:35〜11:25)	数学 小林	国語 上領	スポーツ 小野	スポーツ 小野	理科 菊地
3 (11:35〜12:25)	英語 大内	社会 勝又	家庭 小林	あーと 鵜飼	社会 勝又
	昼食　休み（12:25〜13:15）				
4 (13:15〜14:05)	技術 菊地	理科 菊地	探究	英語 大内	数学 小林
5 (14:15〜15:05)	国語 上領	英語 大内		社会 大内	道徳
	いと（水：14:05〜14:15、他：15:05〜15:15）				
	ネバリの時間（水：〜14:45、他：〜15:45）				

図1-5　引地台中学校分教室の時間割
午前3コマ、午後2コマで朝はゆったりとスタートするオリジナルの時間割を組んでいる。「えん」は朝の会、「いと」は終わりの会だが、生徒たちの登校時間は各自に任されている。オンラインで授業を見ることもでき、個別で教員とつないで学習することもできる。

家庭科を担当する小林先生、英語の大内綾子先生、国語の上領史子先生が常駐し、それ以外の科目は引地台中学校から教科担当の教員が来校して授業を行う。この日はALT（外国語指導助手）の講師、スペンサー先生も来校していたので会話には英語も混じっていた。ギターを調律中の小林先生を囲み、和やかな雰囲気が流れている。時刻は午前九時十五分、「えん」と呼ばれる始まりの時間になった。

「今日のスタートは二人か。

じゃあ、どうしようかな」

小林先生が、登校していた二人の生徒に相談するような表情を投げかけて声をかけた。

「お願いしたいことがあるんだけどいい？　ローズマリーとイタリアンパセリを収穫してきてほしいんだ」

二人は「わかった」と口々に言い、ザルを持ってのんびりと歩いて外に出て行った。

子どもが自ら動き出す「小林食堂」

大和市の不登校特例校（現・学びの多様化学校）には給食がない。当初、登校する生徒はあまり多くないだろうと想定され、オンラインで授業にアクセスする、個別で教員とオンラインで学習を進めるなど、自宅を出ることなくアクセスできる選択肢も十分に用意されていた。しかし、実際には大半の生徒は徐々に登校するようになり、これには教育委員会も驚いているという。

「最初はおそるおそる登校する子も多いのですが、一度来てみると、オンラインよりも実際にここに来たほうが楽しいと感じるようです。もちろん、日によって登校がお昼ごろになる生徒や、オンラインで授業の様子を見ている生徒も数人います。でも、その子たちとも教員や生徒がチャットでおしゃべりしたり、画面上で手を振ったりしながら会話を楽しんでいます。来ている子たちは自然に画面の向こうに声をかけるようになりますね。オンラインで見ていた子も、いつの間にか登校してくるようになる。リモートで個別に勉強を教えてほしいという子は今のところいません。大人が想定するほど、子どもたちはオンラインを求めているわけではないんだと思います。本当は、一人で家にいるより誰かとつながりたい、家以外の居場所が欲しいと思っている」

そう話す小林先生の専門は数学だが、今年は家庭科も教えている。時間割では、毎週水曜日三時間目は家庭科。その時間、「小林食堂」と銘打ち、理科室（家庭科室がないため）に手製の看板を掲げ、給食の代わりに週に一度、腕を振るうようになった。ランチは一人三〇〇円。食べたい人だけが申し込み、集めた合計金額に収まるように子どもたちと材料の買い出しに行く。この「小林食堂」も子どもたちが登校するきっかけのひとつになっている。

理科室の正面の黒板の前の台にはスピーカーやアンプが設置され、小林先生が自宅から持参した大量のCDとレコードがずらりと並ぶ。それを見てCDを寄付してくれた保護者もいるという。小林先生のチョイスで音楽をかけることもあれば、生徒が選ぶこともある。クラブミュージックのような音楽が流れ始めると、リズムに乗って調理が始まった。

小林食堂を始めたばかりの頃、生徒たちは小林先生が調理をする様子を見に来る気配もなかった。違う教室にいる子どもたちに、「これからお昼ご飯作るから見にこない?」と声をかけても、返ってくるのは「あ、いいです」という、つれない返事ばかり。

それでも、小林先生は毎週水曜日、一人で野菜を刻み、料理を続けた——。

「最初、給食がないと聞いて疑問に思ったんです。同じ敷地に小学校があるし、なんとかならないのかとも考えました。ただ、苦手な食べ物が多い子や、給食が嫌で学校に行けなかった子もいる。そこで開き直って、週に一回自分で作ろうと思って。私が料理を楽しんでいる様子を見て子どもたちが少しでも興味を持ってくれて、みんながおいしく食べてくれればいいなと思って始めました」

料理をしていると校舎中においしそうな匂いが漂う。そのうちに、一人、また一人と、子どもたちが小林食堂に顔を出すようになってきた。

「何、作ってるんですか?」

「ちょっと味見してみる?」

「私、今度、ハヤシライス食べたいな」

そんなやりとりが始まると、遠巻きに見ていた子どもたちが自分の食べたいメニューをリクエストするようになり、自然に調理も手伝うようになった。

当初は食器の洗い方もわからない子がほとんどだったが、今では多くの生徒が、自分でできることを見つけて積極的に動いている。料理が好きな生徒は、エプロンを持参して味噌汁の出汁にまでこだわる。調理も片付けも、教員からの強制や役割の振りあてはない。その時間、本を読んだりゲームをしたり、自分の好きなことに熱中している生徒もいる。ほかの日は来なくても、週に一度の小林食堂だけは必ず来るという子もいるという。

しばらくすると、一人三〇〇円で作れる献立を生徒も一緒に考えるようになった。一日に必要な栄養や栄養素のバランスも考える。それをまとめてレポートとして提出する子が出てきた。調べる過程でビタミンに興味を持ってビタミンを深く調べる子もいる。

「自分が興味を持ったことを調べ始めたので、せっかくだから好きなようにまとめてみればと提案してみたんです。すると、楽しそうにどんどん調べてきてくれました。先生に言われた通りのやり方でやることが苦痛で学校に行きたくなくなったという子も多い。ここはかなり自由なので、しばらくいると、自分のやり方でやっていいんだとわかるんだと思います。

ここは、別に何もしなくても、いるだけでいい。存在承認を感じられるようになると、『ちょっとやってみようかな』という気持ちが動き出す。やってみて失敗してもいいし、最後までできなくても大丈夫っていう安心感があると、動き出せるんですよね。これは前任校の『探究』の時間に子どもたちから教えてもらったことです」

今ではコロッケやトンカツも、子どもたち同士で相談して分担し、小麦粉をつけ、卵をつけ、パン粉をつけて楽しそうに揚げている。片付けも手際よくなった。

「多分、学校で教えられる家庭科って、子どもたちにとってあまりおもしろくなかったのかも知れませんね。手順を見せられてただその通りにやるだけだから。でもここでは、コロッケがバラバラになったり焦げたりしながらも、あれこれ試して工夫するのがおもしろいんだと思います。近所の農家さんに段ボールいっぱいのじゃがいもをいただいて、どうしようかと考えてコロッケを作る。それでも食べきれないからじゃがいもの味噌汁を作る。そういうことがおもしろい。

子どもたちは、好きなことにこだわる力もあります。パスタばかり作る子もいますし、サイフォンコーヒーにハマる子もいました。ここに来るまではすごい偏食で、家ではお菓子やインスタント食品しか食べない子もいましたが、みんなで作って食べていると、食べられるものがどんどん増えていくから不思議です」

週一回の小林食堂は、前任校でいう「探究」を料理で実践しているようにも見える。

「教員が頑張って『主体的・対話的で深い学び』の場を作ろうとしている学校がほとんどだと思いますが、子どもたちは、目の前にやりたいことがあれば勝手に主体的に動くし、対話もする。そしてそれが結果的に深い学びにつながっていく。楽しければ探究だってどんどんする。私たち教員は、そういう場を作って邪魔しない。実はとてもシンプルなことなんだと思います」

理科室の黒板は短く切られ、両端に手作りの棚が備え付けられている。そこに並ぶのは豊富な調味料だ。小林先生をはじめ教員たちが自宅から持参したものも多い。この日は、夏休みを控え、みんなでバーベキューをすることになっていた。

「肉はいくらでもあるぞ。モリモリ食べよう！」

小林先生の前にずらりと並ぶのは牛肉、豚肉、鶏肉、そして、生徒の親戚が差し入れてくれた鹿肉と猪肉。その日の朝、二人の生徒が小さな畑から収穫してきたイタリアンパセリとローズマリーは、刻んで「豚バラ肉のポルケッタ」の材料になる。

炊飯器がないためご飯は鍋で炊く。透明なフタからはぐつぐつと煮え立つ様子が見える。

「昔から、赤子泣いても蓋とるなって言うんだけど、どうしてか知ってる？」

料理は総合学習の時間にもなる。小林先生は子どもたちが興味を持ったタイミングを見逃さず、子どもたちに話しかける。調味料の割合で数学的な計算が役立つこともあれば、ご飯を鍋で炊く様子から気圧や沸点の話にも広がっていく。理科の授業のディスカッションのようなやり取りが教員と子どもたちの間でにぎやかに始まっていた。

いちばん大切なのは「自分で決めること」

「登校したからといって、無理にスケジュールに従わせることはありません。時間割は一応ありますが、授業に出るかどうかも自由ですし、自分のペースで過ごすことができる空間も用意しています。安心できる空間づくりを第一に心がけています」

個別に学習できるようにパーテーションで区切られた自習室も用意されているが、実際には子どもたちにあまり利用されていない。メインの教室は絨毯が敷かれ、上履きを脱いでリラックスできる環境だ。机と椅子もあるが、床に寝転んでノートを書く子や、壁一面に施工されたホワイトボードを使って計算する子もいる。子どもたちの中には、椅子にじっと座っていることが苦痛な子もいるからだ。

授業には積極的に出ない子も、同じ教室の隅で本を読んだりほかのことをしたりしながら、授業の様子を遠巻きに見ることができる。家からゲームを持参してもいい。誰とも一言も話さなかった子がゲームをきっかけに友達とやりとりができるようになることも多い。

「ゲームを持ってきても、ゲームばかりしている子はあまりいません。ゲームは家でもできるけど、せっかく人がたくさんいるからアナログゲームで遊ぶほうがおもしろいんじゃないかな。子どもの世界って本当にすごい。遊びながら世界を広げていく。我々じゃ介入できない関係性ができていく。大人にできることは環境を整えること。ここでいちばん大切にしているのは『自分で決めること』なんです。やるかやらないか、やるなら何をやるか、それを自分で決めて実行することを大切にしています」

しかし、最初は授業に出るか出ないかを自分で決めることさえ難しい子がいるという。

「どうしよう。授業出ようかな。出た方がいいのかな。出ないとダメかな」

そんなふうに、登校してから先生の前でずっと迷っている子もいる。来てみたが気分が乗らない、体調が悪いなど、授業に出たくない理由はあるが、それでも自分では「出ない」と決められない。

「学校に来たのだから出なければ」「三年生だから頑張らなければ」などの思いが自分で決められない理由になっているという。そんな時、どの先生もじっくりとその子の話を聞いて、その子が自分で決断するのを待つ。とことん寄り添って、必要があれば少し背中を押して（背中に手を当てるくらいの時も）、その時を待つ。

「ここに来ている子どもたちだけでなく、学校に通えている子どもたちもみんな、『こうしなければならない』という社会のバイアスに小さい頃から苦しめられています。昔からそういうことはあったかもしれませんが、私は子どもの頃、大人に何を言われようと、やりたいことはやってみて失敗して、怒られていました。木に登って木の実を獲ったり、大人の目を盗んでイタズラをしたりしていたものです。今ある資源の中でどうすればおもし

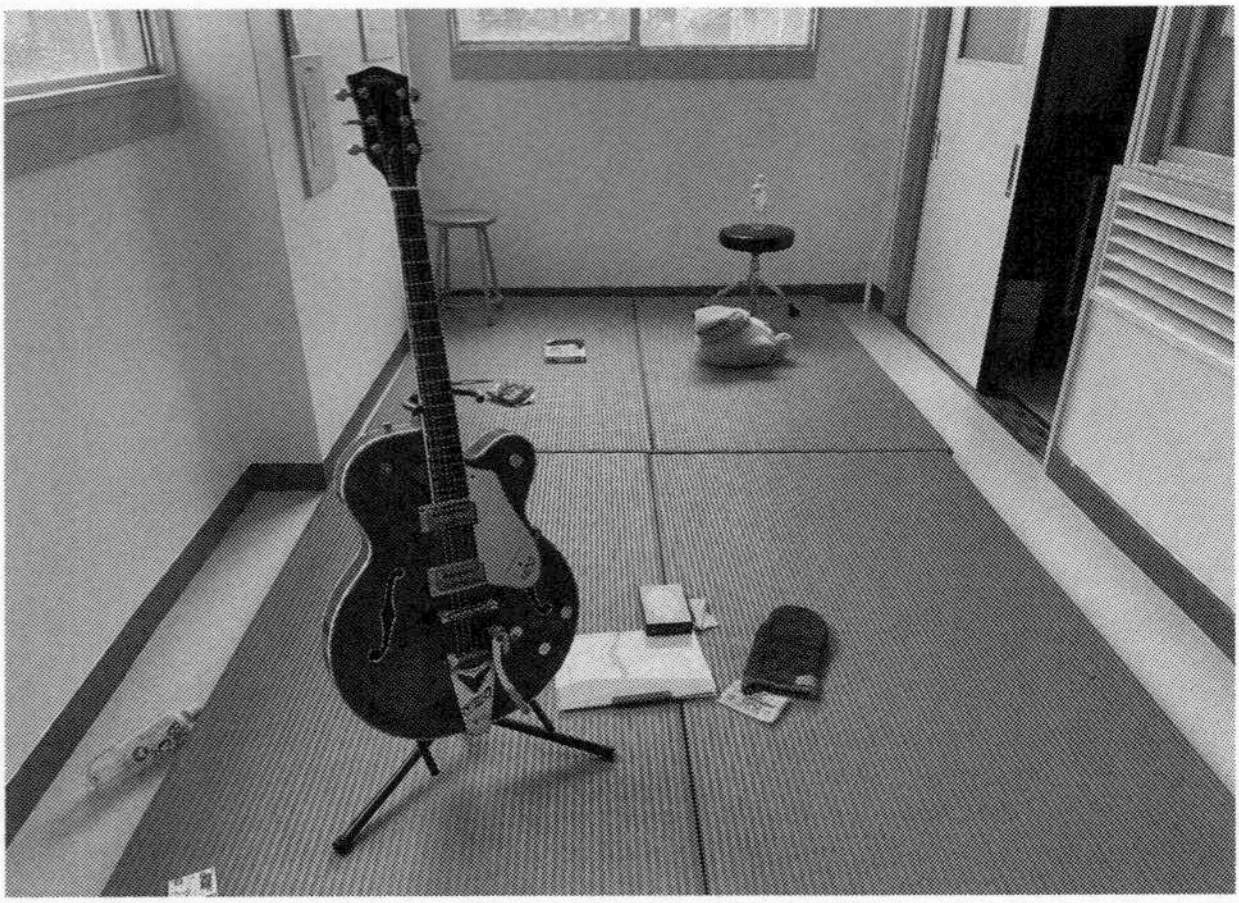

廊下の一部にある畳コーナーの様子

ろくなるかとか、どうすればみんなで楽しめるかを夢中で考えていた。今の子どもたちにはそういうチャンスがなかなかありません。

これをやってみたいという思いを実践することが探究学習に通じるのですが、昔の子どもたちは遊びの中で勝手に探究していたんだと思います。今の子どもたちは『木に登ってはいけない』『公園でボール遊びはダメ』『川に行っちゃダメ』と言われて、それをしっかりと守っている。探究するチャンスがないんです。もちろん安全は大切ですが――。

そういう意味では、ここは彼らにとって、安心して自分のやりたいことを自分で決めて探究できる安全な場所なのかもしれないですね」

廊下の一部には畳コーナーがあり、ギターも置いてある。珍しい楽器や雑誌もあり、漫画がたくさんある読書室にはハンモックも用意されている。

一階のピアノの部屋からアニメ映画『ハウルの動く城』のオープニング曲「人生のメリーゴーランド」の切なく物悲しいメロディが聞こえてきた。誰かが一人で、繰り返し練習している。

子どもたちは小さな校舎の中を自由に行き来することができる。職員室のホワイトボードにどこにいるかを記入しておけばどこにいてもいい。

階段を上がって三階の教室に行くと、英語の授業が始まっていた。ＡＬＴのスペンサー先生の授業だが、英語の大内先生も一緒だ。今日は、アナログゲーム「Ｄｉｘｉｔ（ディクシット）」を英語で行う。手持ちの絵札を見て、その絵のイメージを言葉で伝え合うゲームだ。この日、参加したのは二人、もう一人は「今日は見学する」と言って教室の壁際に離れて座った。

“Look at your card and give a hint.”

「君のカードを見て、ヒントを出して」

ゲームの説明が英語で始まった。一人はビーズクッションに座り、ほかの人は床に座ってゲームが進む。最初は緊張気味に小さな声で答えていた二人も、後半には積極的に英語でやり取りをするようになり、教室の外にまで大きな笑い声が聞こえてくるようになった。

学びの多様化学校から学校教育を変える

大和市内には、学校復帰を目的とする「まほろば教室」という教育支援室が以前からあった。ホームページには次のように紹介されている。

学校に行きたいと思いながらも、登校できないことを悩み、何とかしようと苦しんでいる児童生徒への支援のために設置されている教室です。この教室では、学習支援、カウンセリング、人間関係づくりへの援助などを実施し、登校できるように援助します。

しかし一方で、引地台中学校分教室では学校復帰を目的としていない。教育長もそのように明言している。教育長を含め引地台中学校分教室の立ち上げに関わった教員たちは、「十年後にはここが必要なくなるようにしたい」と考えているという。

「不登校だった子どもたちがここに通えるようになるのなら、学校がここと同じ機能を持つようにすればいいと私たちは考えています。もちろん、全く同じスタイルを市内の全校で再現するのは無理かもしれません。それでも『そもそも学校とはどういう場なのか』という本質や、『子どもたちをどう捉えるか』という教員の視点は応用できるはずです。ここはまだ二年目で始まったばかりですが、これから子どもたちから教えてもらうことを、どのように市内の学校に発信できるのか。そして、学校教育全体をどのように大きく変えていけるのか。それこそが、この場所にいる私たちに与えられた課題だと思っています」（小林先生）

夏休み前のバーベキューには卒業生も顔を出し、育休中の先生も赤ちゃんを連れてきた。「赤ちゃんを連れてくる人がいたら、みんなで抱っこさせてもらって、子育ての話を聞く。それも家庭科の授業ですよね。生きていることはどんなことも学びにつながります。この学校は教員も本当に楽しい。学校って本来はそういう場所だったんじゃないかな」

神奈川県内の公立校初となる不登校特例校（現・学びの多様化学校）では、不登校だった子どもたちとの「最高に楽しい毎日」が繰り広げられていた。

小林先生はいま、「そもそも学校とはどういう場なのか」という問いにどう答えるのか。「教員はみんな忙しく、しんどい思いをしています。もっとゆとりがなければいけないとは思っているものの、一方で楽になることを良いことだと思えず、嫌なことも頑張って、一生懸命やらなければ、辛抱しなければ、と思い続けている人も多い。そういう人は子どもたちにも同じことを要求します。つまり、学校は忍耐の場、辛抱の場であるということです。社会に出れば時にはそういうことも必要になるかもしれません。でもそれは第一義的な目的ではありません。

いま、学校が子どもたちから選ばれなくなってきている。学校に来ないのは、学校が魅力のある場所じゃないからだと思うんです。学校が『楽しいから行きたいところ』になるといいなと思います。私たち教員が楽しんでいれば、子どもたちも楽しくなる。ここの先生たちはみんな率先して授業を楽しんでいます。大人って楽しそうだな、あんな大人になりたいなと子どもたちに感じて欲しい。

いま改めて、学校っていいなと思っています。大人だけでは作れない世界を子ども同士なら作ることができる。そういう場って、学校以外になかなかないんですよね」

引地台中学校分教室で技術や理科を担当する菊地先生は、昔は学校以外にもそんな場所があったと言う。

「昔は駄菓子屋や広場がありましたよね。そこで良くも悪くも上下関係も学んだし、喧嘩もした。悪いこともやってみた。地域の人が来て、いろんな子どもたちが交流する場所だった。それに変わる場所は、いま学校しかないんじゃないでしょうか。学校はまだまだたくさんの可能性を持っていると思います」

菊地先生をはじめ全ての教員は、保護者にも学校に来てもらいたいと考えている。

「お子さんが不登校になったお家の方は、必ず私たちに『先生、すみません』と言われます。その言葉をもし子どもたちが聞いたら辛いと思うんです。私のせいで謝ってるんだと思ってしまうだろうと。だからできるだけ保護者の皆さんが謝らずに済むようにしたい」

そこで、二か月に一度、保護者会ではなく「大人の登校日」を設定した。登校は任意。「大人の小林料理教室（小林先生と一緒に料理を作る会）」には、平日にもかかわらず十八人が参加したという。単身赴任先から参加した父親、両親での参加、子どもが登校していない保護者の参加もあった。参加者みんなでパスタを作り、おしゃべりを楽しんで食べてから、授業の様子を見にいく。授業中に子どもが保護者の様子をのぞきにも来ていた。

「保護者が楽しみながら学校に顔を出せる仕組みを作るだけで、教員と保護者の関係が良好であることが子どもたちに伝わります。子どもが登校していなくても、親が学校に行って、『こんなの食べて美味しかったよ』とニコニコして帰ってくる。あなたを学校に行かせるためじゃなく、私が楽しいから行くという気持ちになれば、親子がともに心がずっと軽くなると思います。お家の方たちが学校の様子がわかってくると、教員との関係もより深くなっていく。言いづらいことも互いに言えるようになり、いい循環が生まれるんです」

大和市では、下福田中学校で出会った何人かの先生が中心となり、有志の教員たちが夜の勉強会を月一回開催している。さまざまな教育理論を研究し、専門家の話を聞いて学び、現場での実践を通して話し合うことを繰り返している。

「理想だけを振りかざしても、経験だけで主張しても、たった一人でもがいても、学校を変えることはなかなか難しいと思うんです。それぞれの学校で苦戦している先生たちがつながって、理論と実践を回しながら失敗も含めて対話を繰り返す。一人だと続かないことも集まれば続けられる。続けていると子どもたちが変わっていく。教員はおもしろいもので、子どもたちがいきいきとしてくると途端に意見が変わります。みんな子どもたちが好きですから。大和市内の学校がこれから変わっていくと思うとワクワクしています。楽しみにしていてください」

教えから学びにふみ出すために

評価・教育課程(カリキュラム)からの解放

何を学ぶかを自分で決められる場をつくる

公立の学校でも、こうすれば変わるし、生徒たちも保護者も深く信頼してくれる学校に変わることができる、少なくともそのきっかけは得られる、その見本のような実践です。

学校は変わる必要がある、ということはほとんどの教員が納得していると思います。でも簡単には変われない。その理由は、変える自信がない、それで本当によくなるのかよくわからない、などでしょう。教師になったとしても、自らが子どもの頃体験したことのない教育の仕方を、自信をもって実践することは普通の人間にはできません。学校の変革は慎重に、ていねいに、合意を大事にして進めるしかないし、小さくてもいいのでまず成果を実感すること、そしてそれなりの推進役が必要なのです。

下福田中の実践は、その点から見ると、全国の公立中学校の有力なモデルとなりうるものと思います。週一時間だけの「探究」の授業から、ということがヒントです。一時間だけですが、この時間の授業原理はほかの授業とはある意味真逆です。生徒自身が解きたいテーマを決める。具体的な解明も可能な限り生徒に任せる。

もし私がこの中学校の生徒なら、この「探究」の授業で何を探究しようとするだろうと考えましたが、実はあまり浮かび上がってきませんでした。下福田中の生徒もそうだったのではないでしょうか。その意味ではともかく始めてみた生徒には感謝ですね。うまい棒と納豆を結びつけるなんて、普通の大人では思いつきません。それだけ子どもには意外性と創造性が高いということです。

この実践だけでも教訓や成果がいくつも浮かび上がります。

①生徒には、先生があれこれ指導しなくても、探究をする力があるとわかったこと。

②その意味で、生徒をもっと信頼したほうがいいと教員が発見したこと。

③ほかの授業もこの原理でやったほうがいいかもしれないというヒントを教員が見つけていること。

④生徒にこれだけ自学能力があるのなら、学校の規則で縛るのもやめてみ

てはどうかと、学校文化全体を作り直すきっかけが生まれていること。

⑤　これを機に教員同士のつながりが深まって同僚性が高まりつつあること。

もっとあるでしょうが、小さな実践でもそれが本物であるときには、そこからじわじわと改革の芽が出てくるものです。

「探究」の授業の原理を、下福田中の教員たちは「先導型」の教育から「後追い型」の教育への移行とネーミングしています。授業の形は確かにそうなのですが、でもこの変化には教育にとって、より本質的なことが含まれています。

一つは、何を学ぶのか、誰から学ぶのかということを決める原理が大きく変わっているということです。

歴史をふり返ってみましょう。世界を見れば孔子塾や釈迦の道場、プラトンのアカデメイア、ヨーロッパ最古のボローニャ大学、日本でも空海による綜芸種智院《しゅげいしゅちいん》、観阿弥・世阿弥の風姿花伝に見られる師弟教育、あるいは華道、踊り、職人への弟子入りなど、全ての「教育」は、学びたいと思っている人間が、この人につきたいという師を選び、お願いして師弟関係を結び、そこから修行に入る形で行われてきました。歴史の中の教育の原形は、学ぶ者が何を誰に学ぶかを決めて、それでお願いして、合意して進めるものなのです。

しかし今の学校は違います。何を誰からどう学ぶか、生徒に決定する権利がないのです。下福田中はそこに現代の教育の限界や無理を見出した上で、学校の中に少しでも、生徒が何をどう学ぶかを決め、教員はそこでの学びを間接的に応援するという関係を見事につくりだしています。教育の原形に近づけているのです。

もう一つは、生徒に失敗をすることを許容しているというか、むしろ勧めている点です。生徒が自分だけで何かを調べても、ある意味素人ですから、うまくいくまで失敗の連続です。途中で挫折してしまう場合もあるでしょう。

でも世の中に純粋な失敗というものは本当はないと見ることが大事です。昔エジソンが言ったように、私の人生には失敗はない、九九九回こうすればうまくいかないということを教えてもらっただけだ、という視点です。

学校は得てして、子どもが失敗しないように「正解」や「正しい解の導き方」などを教え、その通りにすると○、できないと×という評価をしがちです。しかしうまくいかないときに、どうしたらいいかと必死に考えて、自分でヒントを見つけて新たに切り拓いていくという、人生に本当に必要な力は、それではうまく育たないのです。こうした力を今は非認知的能力といって、世界が教育改革の中で意識的に育てようとしていますが、その力は失敗からどれだけ学べるかという能力でもあるわけです。うまくいかないときにどれだけそのプロセスから学べるか、この力が生きる力の要でしょう。この「探究」実践には期せずしてそうした性向の育て方の機微が含まれています。

教えの過剰は学びの過小という、大事だとわかっていても実践できない原理が展開されているのです。

いま求められている学校の原理をとらえる

義務教育という言葉はよく使われる日常語になっているのに、権利教育という言葉はほとんど使われることはありません。でも、いい教育を受けること、質の高い教育を体験することは、子どもの義務ではなくて権利のはずです。

周知のことと思いますが、今は、法的には、義務教育は、子どもが学校に行かねばならない義務を背負っている、という意味ではありません。憲法には「第二十六条　すべて国民は、法律の定めるところにより、その能力に応じて、ひとしく教育を受ける権利を有する。／2　すべて国民は、法律の定めるところにより、その保護する子女に普通教育を受けさせる義務を負ふ。義務教育は、これを無償とする。」と書かれています。子どもは教育を受ける権利を持っていて、その権利を満たす義務が保護者に課されているのです。

なぜ「義務」教育というようになったのでしょうか。もとの英語は「compulsory education」であり、明治期当初、日本人はこれを文字通りに「強制教育」と訳していました。

近代国家をつくるためには、国民の子どもに、国家の一員である自覚と国から求められる行動をする姿勢と能力を身につけさせねばなりませんでした。そのため、多くの国は、学校という場をつくり、そこに強制的に子どもを来させて、そこでそうした価値志向を育てるのがいい、という判断をしたわけです。ですから、当初は文字通り強制的な教育でしたが、のちにそれが義務教育と名前を変えます。しかし教育を受けることが子どもの権利でなく義務だとすると、義務を課していた権力者が教育の方向を間違った場合、どんな悲惨なことになるのか。日本の国民は、それを痛苦な体験を通じて学びました。

学校教育を受けることは、今は子どもの権利であって義務ではないのです。しかし、この考え方や思想が、保護者にも学校関係者にも、十分には浸透していないのではないでしょうか。逆に、明示的ではないにしても、保護者も教員も、学校に来ることは子どもの義務なんだから……と、どこかほとんど無意識に、発想してしまうのかもしれません。でも、そう発想すると、教員のほうが子どもよりも少し上にたって教育を施すというスタンスがどうしても生まれてしまいます。先生が子どもにあれこれ指示することが仕事で、指示に従うのがいい子、従わない子が問題児というような発想も。

学校に子どもたちが来ることは義務ではなくて権利なのだと理解できると、規則がいっぱいで、行動の仕方は基本学校（教員）が決めて、子どもをそれに従わせるなどという発想は後退していくでしょう。学校は子どもたちと教員が一緒につくる「生活の場」なんだ、と思うと、体調がすぐれないときは無理に来る必要はないし、教員がつまらない授業をすれば子どもがつまらないときちんとコメントするのが当然ですし、食事を作るような生活のにおいがプンプンする営みも当然のように授業としてあっていい、と思えるはずです。

大和市立引地台中学校分教室は不登校特例校（現・学びの多様化学校）という新しいジャンルの学校ですが、学校復帰を課題としていない、給食もない、自分のことは自分で決めるということこの学校の原理こそ、逆説的ですが、今求められている学校の（新たな）原理になるのではないでしょうか。

学校に復帰することが課題とならないということは、形式にあふれ、先生の指示が優先する「学校」という学びの場でなく、それぞれの子どもが主人公になれるゆるい場で学べばいいということにつながり、子どもからすると偶然がいっぱいの、親しみやすいけれど自由度の高い（ちょっと頼りない雰囲気の）場で学ぶ、ということになります。学校の論理に過剰適応している子どもにはそれが頼りなく感じるかもしれませんが、規則と指示がいっぱいの論理にはなじめない（その限りナイーブな感性をもった）子には、ほっとする、温かい雰囲気の場になるはずです。

そこでの学びは、指示に従って学習するのではなく、自分の興味に沿って調べ、議論し、伝え、まとめればいい、というわけですから、指示待ちが体質化した子にはやや頼りなく思えるとしても、指示されてするのがイヤな子には、学びとは本来そういうものだ、という喜びに近いものになるはずです。指示されないで自分で選ぶことを最近は主体性といっていることも周知でしょう。

あることを理解するためには、○○の本を読まねばならない、英語で会話しなければならない、等がわかってくると、先生の適切な援助があれば、それに子どもたち自身が自ら挑むようにもなります。

給食がないというのは、たまたまですが、なければ自分たちで工面すればいい、というのが昨今求められている非認知的能力ですから、この学校は、社会に出たときの実力=非認知的な能力を訓練していることにもなります。

社会に出れば、偶然の出来事が続きます。それに的確に対応できることが社会力なのですが、学校は答えが決まっているもの・ことの答えを出す練習の場ですから、ただ過ごしているだけでは社会力にはならないのです。学びの場に偶然起こることがいっぱいある、これが深い学びができる条件なのです。

この小林先生たちの実践から学べることはまだまだたくさんありそうです。

第2章

「学び」に向かう前提——主体的な学び・個別最適化

コロナ後に必要な院内学級の視点
——東京都品川区立清水台小学校昭和大学病院内さいかち学級(院内学級)

院内学級の視点から子どもを見る

第一章で紹介したように、不登校の児童生徒数は、この十年毎年過去最多となっており、とりわけ二〇二〇年度(令和二年度)以降、その数は急増している(五一ページ図1－4参照)。これは、「学校に行きたくても行けない」「学校に行かないことを選んだ」子どもたちからの「学校教育を見直す時期だ」という警鐘でもあるだろう。

二〇二〇年は、新型コロナウイルス感染症の流行により子どもたちの環境に大きな変化が起こり、学校教育が根本から揺さぶられた年だ。最長三か月に及ぶ全国一斉休校をはじめ、学校や家庭での感染予防対策などが子どもたちに与えた影響は大きい。

春休みを目前に急遽決定した一斉休校に対応するため、苦肉の策で大量の課題をプリント配布する学校も多かった。新年度には、まだ習っていない新学年の学習範囲を家庭で進めなければならない地域もあった。休校の解除後も、密にならないように分散登校を行う学校も多く、人と接触すること、公園で遊ぶことさえ制限された——。

以降、新型コロナウイルス感染症が五類感染症に移行された二〇二三年五月までの三年間は、子どもたちの活動がさまざまに制限され続けた。五類感染症に移行して教員がマスクを外した後も、感染症への不安や羞恥心など、さまざまな理由からマスクを外さない子どもたちが多かった。

「コロナ禍で子どもたちが置かれた状況は、病気の子どもたちが抱えてきた問題と重なる部分が大きい」と昭和大学大学院准教授の副島賢和《まさかず》さんは指摘する。

副島さんは、一九八九年から二十五年間、都内の公立小学校で教員を務めていた。そのうち二〇〇六年から八年間、品川区立清水台小学校さいかち学級の担任として病気や怪我で入院中の子どもたちの教育「病弱教育」に携わり、教員を退職した二〇一四年からは、昭和大学の教員をしながらさいかち学級を担当、院内学級のない病院にも足を運んでいる。ホスピタル・クラウン「あかはなそえじ」として活動していたこともあり、ドラマ『赤鼻のセンセイ』（日本テレビ・二〇〇九年）のモチーフにもなった。

「休校が解除された後も、子どもたちはマスクをつけて手洗いや消毒をこまめにし、友達と密にならないように静かに休み時間を過ごさなければなりませんでした。子どもたちに起こった学習の空白、運動や遊びの制限、集団活動の不足、人との関わりの制限、学習時間の確保の困難、経験の不足——これらは、病気や怪我で入院しなければならない子どもたちがこれまでも向き合ってきた問題と同じです。入院すれば学校に通うことができなくなります。免疫力が低下すれば家族にも会えません。退院後も運動を制限される子もいます。病弱教育では、さまざまなことを制限されている子どもたちに『何かできることはないか』と常に考え、多くの方と連携協力をし、試行錯誤をしながら学びの場を保障してきました。その経験から、皆さんにお伝えできることがあると考えています」

入院している子どもたちはどのような環境で学んできたのか。そもそも子どもたちは学校を離れても「学びたい」のか。そして、その子どもたちに教員はどのように関わってきたのだろうか。

「やってみたい」が動き出す教室

品川区立清水台小学校のさいかち学級は、昭和大学病院中央棟七階にある。昭和大学病院の建物内はごく一般の病院と同様で、廊下も病室もシンプルで清潔な内装だ。しかし、一歩さいかち学級に足を踏み入れると、病院内とは思えない楽しい空間が広がっている。教室は通常の学級より少し小さい大きさで、中央に段ボールで作った手作りの大きな木があるのは、部屋の印象を決める中央部分の無機質な柱を隠し、少しでも印象を和らげるための教員の工夫だという。壁に飾られた「虹のかけ橋」も子どもたちや病院の方々の手作

さいかち教室の様子

りで、さいかち学級に新しくやってくる子どもたちを歓迎しているように見える。
　さいかち学級を訪れたのは、二〇二三年の夏休みのある日の午後。街を一望できる正面の大きな窓から差す光が、部屋いっぱいに柔らかく広がっていた。
　左手の壁一面の本棚には、学校の図書館にあるような絵本や小説の名作をはじめ、子どもたちに人気の「かいけつゾロリ」シリーズや歴史漫画、少女漫画や少年漫画が揃えられている。ちょうど小学生くらいの子どもたちの目に留まる高さの棚には、これまで院内学級の子どもたちが作った手作りの作品が所狭しと並んでいて、一つ一つを見るだけでも楽しい。
　部屋の右手には真っ赤なソファがあり、ゆったりとくつろぐスペースも用意されていた。キーボードや太鼓などの楽器、バラエティ豊かなアナログゲーム、工作に使う材料や画材、そしてもちろん全学年全教科の教科書や教材なども、すぐに手を伸ばせる場所にわかりやすく配置されている――。

さいかち学級担任となって二年目の神代《かじろ》翼先生が部屋を案内してくれた。

「ここは品川区立清水台小学校のさいかち学級に正式に在籍している小学生だけでなく、入院している中学生や高校生の居場所でもあります。小学校一年生から高校生まで、幅広い学年の子どもたちが共に過ごします。初めてさいかち学級に来た子どもたちは、ここで何ができるんだろうという感じで、とにかくぐるりと部屋の様子を眺めます。ほかの子どもたちが作ったものを見て『こういうの作ってみたい』とか、たくさんのアナログゲームを見て『このゲームしてみたい』と言ってくれることも多いんです。本を読みたいという子もいます。最初の頃に本を読みたいという場合、ほかのみんながここで何をしているか様子を見るために、アンテナを張りながら本を読んでいることもありますね」

小さな限られた空間ではあるが、「やってみたい」のきっかけが子どもたちの目に入り、すぐに手に取れるように、教室のあちこちにちりばめられている。

学ぶことは生きること

さいかち学級は病院に設置されているため「院内学級」とも呼ばれているが、これは正式な名称ではない。病弱・身体虚弱の児童や生徒のために設置された特別支援学級は文部科学省では次のように規定されている。

入院中の子供のために病院内に設置された学級や、小・中学校内に設置された学級があります。病院内の学級では、退院後に元の学校に戻ることが多いため、在籍していた学校と連携を図りながら各教科等の学習を進めています。入院や治療のために学習空白となっている場合には、必要に応じて指導内容を精選して指導したり、身体活動や体験的な活動を伴う学習では、工夫された教材・教具などを用いて指導したりしています。

さいかち学級では、基本的な授業時間の区切りが設定されている。一コマは四十五分、休み時間は通常の学校よりも少し長い十五分。午前中は九時四十五分からスタートし、一時間目、二時間目をさいかち学級で過ごす。十一時半には二時間目を終え、それぞれの病室に戻って昼食をとる。午後は三時間目、四時間目が行われ、午後三時のおやつの時間までに病室へ。面会のある日は十一時半から十三時半までが面会時間なので、昼休みを少し長めにとることもある。回診や検査などが入ればもちろんそれを優先する。

入院している子どもたちの心理状態は、新型コロナウイルス感染症の流行による全国一斉休校の時期の子どもたちとも重なる部分が大きい。「入院中はしばらく勉強したくない」と思う子もいるように、二〇二〇年の一斉休校の際にも当初は前倒しになった春休みを喜ぶ声もあった。子どもたちの多くは、普段から放課後も習い事や塾などに忙しく、時間に追われて過ごしてきたことも関係しているだろう。

しかし、入院期間や、学校に行きたくても行けない期間、活動を制限されている期間が長期化するほどに、得体の知れない不安が子どもたちの心に忍び込んでいく。不登校の子どもたちにも同じことが言えるかもしれない。私たち大人でさえも、長期間外出を制限された時期、誰もが同様の不安に襲われたのではないだろうか。

何度も入退院を繰り返す子もいれば、急に長期入院が必要になった子も、手術を控えている子もいる。体調も悪く、治療や手術への不安、家族や友達と離れて過ごさなければならない不安などを抱えながら過ごしている。入院したばかりの子どもたちにとって、最優先すべきは体調を整えることだ。しかし、だからといって「教育は、病気が治ってから受ければよいものではない」と副島さんは言う。

「日常的に学びを保障する学校は、子どもたちの生活の大部分を占めています。入院している子どもたちにとってもそれは同じです。病気を抱えた子どもたちにとっての学びは、学校に通えない間の学習範囲の空白をなくすことだけではありません。

子どもたちにとっては全てが学びです。この世に生まれ、お腹が空いたら泣くことも、はいはいができるようになり歩けるようになることも、スプーンを使ってご飯を食べられるようになることも――。人と関わる学び、自分の興味を膨らましていく学び、自分の中を掘っていく学び。どんな小さな子どもたちも、失敗を何度も繰り返しながらチャレンジし、少しでも何かができるようになりたい、わからないことを知りたい、昨日の自分よりもよくなりたいという気持ちを持って日々を生きています。

子どもたちは本来、誰もが、学びたいという気持ちを持っているのです。病気の子どもたちと一緒に過ごしていると、詩やふとしたつぶやきの中でその気持ちが言語化されていきます。たとえ長く生きられないとしても、生きている限りこのような気持ちを持っていることを、たくさんの子どもたちが教えてくれました。『学びたくない』と言う子どもがいるとすれば、そうしてしまったのは周りの環境であり大人なのではないか。学校教育の現場にいた私自身も、その一端を担ってしまっていたのではないかと思います。

だからこそ、さいかち学級では、『学んだ結果』ではなく、『学ぶ力』を楽しく身につけ、

『学ぶことのおもしろさ』を体験してほしいと願っています。そこにつながっていく第一歩が『学びたい』という意欲を取り戻すことなのです」

本来備わっていたはずの「学びたい」という意欲を止めないためにできることは何だろうか。とりわけ、物理的にも精神的にもいつもとは違う環境で過ごさなければならなくなり、日常を奪われてしまった子どもたちに関わるとき、大人が心がけたいことは大きく分けて三つあると副島さんは言う。

・「安全・安心」　ここでは傷つけられない、守られるという安全感。失敗できる環境をつくる。
・「選択・挑戦」　自分で選び、挑戦できるような状況をつくる。
・「日常・希望」　日常を取り戻し、希望を持つことができるようにサポートする。

これらは入院している子どもたちだけでなく、全ての子どもたちに保障されるべきことでもある。コロナ禍を経験した子どもたちにとっても、重要な視点だ。

私たち大人は、学校で、家庭で、日常においてこのような環境を子どもたちに整えることができているだろうか。逆に子どもたちから奪ってはいないだろうか。

学びに向かうための安心・安全な環境を整える

入院している子どもたちは、入院直後や手術後などは安静にしなければならないなどの理由で、一日のほとんどをベッドの上で過ごすことが多い。痛みや苦しみが軽減されて少し体調が落ち着いてきたころ、子どもたちは「ひまだなあ」と感じ始める。

副島さんは、入院中の子どもたちの「ひま」について次のように教えてくれた。

「『ひま』が始まった子は、たいていゲームをしています。でも本当にゲームがやりたくてしている子は少ない。『ひま』があると、ついいろいろなことを考えてしまいます。学校でみんなは何をしているんだろう、自分の病気ってこれからどうなるんだろう、いつ退院できるのかなあ、また痛くなったらどうしよう、友達に忘れられちゃうかもしれない――。ゲームをしたり漫画を読んだりしていてもつまらなさそうな顔をしているときは、そんな不安を横に置いておきたいから、そうしてひまをつぶしていることが多いんです」

院内学級の先生は、病棟にも顔を出し、そんな子どもたちの様子をキャッチしている。病院の中に院内学級というところがあってこんな先生がいるよと、子どもの様子を見ながら負担のないように伝えていく。同じ病室の子どもたちが、「いってきます」とどこかに出かけていることで興味を持って、院内学級の存在を知ることもある。

「ほとんどの子どもたちは、はじめは院内学級と聞いても、入院しているのに学校で勉強かあ、という反応です。でも、ベッドで一緒にトランプやウノをしながら少しずつおしゃべりをしてその子のひまつぶしの相手として関わっていくうちに、院内学級に足を運んでくれるようになります」（副島さん）

最近は感染症の影響でベッドの周りのカーテンを閉めている子どもも多く、同じ病室の子とたわいのない話をすることも減ってきている。以前よりも、子どもたちの様子をキャッチし、関わりのきっかけをつくることが難しい。

中には、見ているこちらが怖くなるくらい勉強している子もいると副島さんは言う。

「時間さえあれば家から持ってきたドリルや問題集を解いている子、塾の宿題を山のように積み上げている子を見ると、とても心配になります。その根っこに不安があることが多いからです。入院しているといろいろな思いが混在して、勉強していないと落ち着かなくなってしまうことがあるのです。ただひたすらに問題を解いて、とにかく数をこなし、間違えた問題をやり直す余裕もなくなっているように見えます。新しいことを知っても難しい問題ができても、全くうれしそうではありません。勉強しないとどうなってしまうのだろうという恐怖や緊張感の中で勉強をしていても、学ぶ楽しさを感じることはできないと思うのです」

副島さんはあるとき、そのような状態の子にそっとたずねてみたことがある。

「あのさ、なんかしてないと不安?」

するとその子はしばらく手を止めて少し考え、小さく「うん」とうなずいた。その子は自分が不安を抱えていたことに気づき、それ以来少しずつ、「ちゃんと遊べる」ようになった。トランプやジェンガなどで友達と遊ぶ時間も持てるようになってくると、問題集に取り組むときの表情が明るくなった。もっと知りたい、わかりたいという気持ちが出てきたように副島さんには見えたという。

「子どもたちは、自分がネガティブな感情を抱えていることに気づかないことがありますし、気づいていても表現できないことがあります。誰にでも同じように声をかければいいというわけではありませんが、あなたがいつもと違う様子に気がついて、気にしている人間がここにいるよ、と伝えてあげるだけでずいぶん違うと思います。

学びの前提として、その子の感情の向こうにある願いを聞いてくれる人がそばにいることが必要です。いまを大切にすることを許されない子どもたちを、少しでも減らしたいと願っています。安心して学べる環境を整えるには、まず、安全な環境を整えることです」

その子に必要な学びを確保する

新型コロナウイルス感染症の流行前は、さいかち学級にも一日に最高十五人の子どもたちが通っていた時期もあった。入院期間はさまざまで、平均すると五、六人が通っていたことになる。現在（二〇二三年度）は、感染症予防対策として担任は神代先生が一人、子どもは四人までに制限されているが、学年も学校も異なる子どもたちが集まってくる。

そのため、「一斉授業」は成立しない。院内学級はこれまでずっと、「学びの個別化・多様化」が必要だった。タブレットやオンラインなどは導入していなかったものの、必要があれば少し前の学年に戻って復習したり、自分に合った学習法を見つけて得意なことに集中して取り組んだりすることで、自信をつけて学校に戻る子どもたちも多かった。まさに「GIGAスクール構想」が目指す「個別最適化」の考え方の本質を、何年も前から先取りして実践してきたと言える。

子どもたち一人ひとりの体調や心の声に耳を傾け、今その子にとってどのような学びが必要か、今何ができるのかを一緒に考え、さまざまな制限のもとで教員や専門家、保護者が連携し、試行錯誤しながら教材をつくり、一人ひとりに必要な学びを確保してきた。担任の神代先生は、そこに仕事としての大きな魅力を感じている。

「院内学級ではその子が今何をしたいかに焦点を当てることができます。その子の気持ちがどう動くかを見守り、待つこともできます。そこを一番大事にして子どもたちに関わることができるので、とてもやりがいがあります。

それぞれの病棟のベッドでは、一人で本を読んだりゲームをしたり、小さなスペースで静かにできることしかできません。でも、ここに来ればもう少し、自分でやりたいことを選ぶことができる。自分の作りたいものを作ってみることも、年齢の違う友達と関わることも、大勢でアナログゲームを楽しむこともできます。

子どもたちは、新しいことを知りたい、何かできるようになったらうれしいという気持ちを必ず持っています。だから、ほんの少し新しいことにチャレンジしたり、自分なりのアイデアをプラスしたりする動きが出てくると、私も本当にうれしくなります。

そうした経験が、また治療に向き合い、学びに向かうエネルギーにもなっているようです。子どもたちがポロリと『ここに来ると楽しいから、あっという間に時間が過ぎる』『治療も頑張ろうと思える』と言ってくれることもあります」

学校や家庭で入院中の教材やプリントを用意している場合には、子どもたちがそれを持参して院内学級で取り組むこともある。しかしただ問題をこなすだけでなく、実際に実験をすることもできる。例えば水のかさの単元なら、いろいろな入れ物に水を入れ替えてみる。その延長で色水を作って遊ぶこともある。ベッドの上で一人でやっていてもわからないから一緒に考えてほしいと、宿題や課題のプリントを持ってさいかち学級にくる中学生もいる。

「その子がやりたいことに合わせて教材を作ることもありますし、学校の進み具合に合わせて教科書に沿ったプリントを準備することもあります。中高生は、定期テストに向けての勉強がはかどらないのでみんなと一緒に勉強したいという子もいます。在籍している学校とさいかち学級をオンラインでつないで、学芸会の練習を見学することもありました」

オンラインで在籍している学校とつながられるようになり便利にはなったが、そこでどのようなやり取りができるかが子どもたちに与える影響は大きい。

学芸会のリハーサルにオンラインでつないだある子は、学芸会までに退院する予定だったため、自分もその場にいるイメージを持ってリハーサルに参加できたという。画面の向こうからその子に友達が語りかけ、意見を求められる。双方向のやり取りができ、感じたことや意見を相手に伝えやすい環境が十分に整えられていた。リハーサルに参加できたことで、退院後の心配が小さくなったことだろう。在籍校の担任の先生やクラスメートがその子をクラスの一員として待っていることが十分に伝わる時間だった。

しかし、自分のいない教室で普段通りに授業が進んでいく様子を、病室のベッドから画面を通してただ見つめているだけでは、疎外感を感じてしまうこともある。そこに自分がいなくても変わることなく流れていく時間を、より強く認識させられるからだ。

「プリントや教材に取り組むときも、『一〇〇ミリリットルの水って、測ってみたら思ったより少ないね』と言い合える人がいたり、何かを作っているときに失敗しても笑い合える友達がいたり、ちょっと言い合いになって嫌な思いをしてもまた仲直りできたりするような、共に学ぶ仲間が子どもたちには必要だと思います。自分がいることで何かが変わっていく世界があることが、大切だと思うんです。特に入院中の子どもたちは、物理的にも精神的にも周りの世界と少し離れている感覚があるので、そこはとても大事にしていきます」（神代先生）

「何がしたいかわからない」子どもたち

「何かをして遊ぶときに、『何がしたい？』と聞いても、『先生決めて』という子どもたちがいます。『じゃあ、トランプとウノ、どっちがいい？』と聞いても、『この人は、どっちを選んでほしいんだろう？』と大人の顔色を見ているのです」

副島先生は、そんな子どもたちがとても気になっている。

「大人や先生を不機嫌にさせるより、自分ががまんしたほうが楽だと思っていたり、大人の期待に応えることで必要以上にほめられ続けていたりすると、自分の好きなことややりたいことを聞かれても応えられなくなるのです」

いわゆる「手のかからないいい子」や「優等生」は、そうなってしまうことが多い。そんな子どもたちに出会った時には、まず、それぞれが自分にアンテナをしっかり向けて「自分が何を感じているか」「何をしたいか」を大事にできる環境を整えることを最優先に考える。

「これはある精神科の医師に聞いたお話ですが、本来、子どもたちは大人の世界から守られ成長し、生きていく存在です。そのような環境で自分を大事にできると、友達やほかの人も大事にできるようになります。大人からの干渉が強いと自分に向けるアンテナがなくなり、友達に対しても必要以上に攻撃をしてしまうことにもつながります。

自分の好きなことやしたいことを自分で選んだり決めたりするには、エネルギーが必要です。元気なときにはできていても、体力がないときや不安なときなどにはできなくなってしまう。そんなときは無理に決めさせるのではなく、その子が自分で決められる状態になるにはどうすればいいかを考える必要があります」

エネルギーを溜めるためには、大きく二つのことが大事だと副島さんは言う。その子のいまの感情や感覚を一緒に味わうこと、そしてその子の実際の年齢ではなく、その時に見えている年齢で関わることだ。

おいしい、うれしい、楽しいなどのポジティブな感情だけでなく、痛い、悲しい、つらいなどのネガティブな感情も否定することなく受け止め、「でも大丈夫だよ」と伝える。

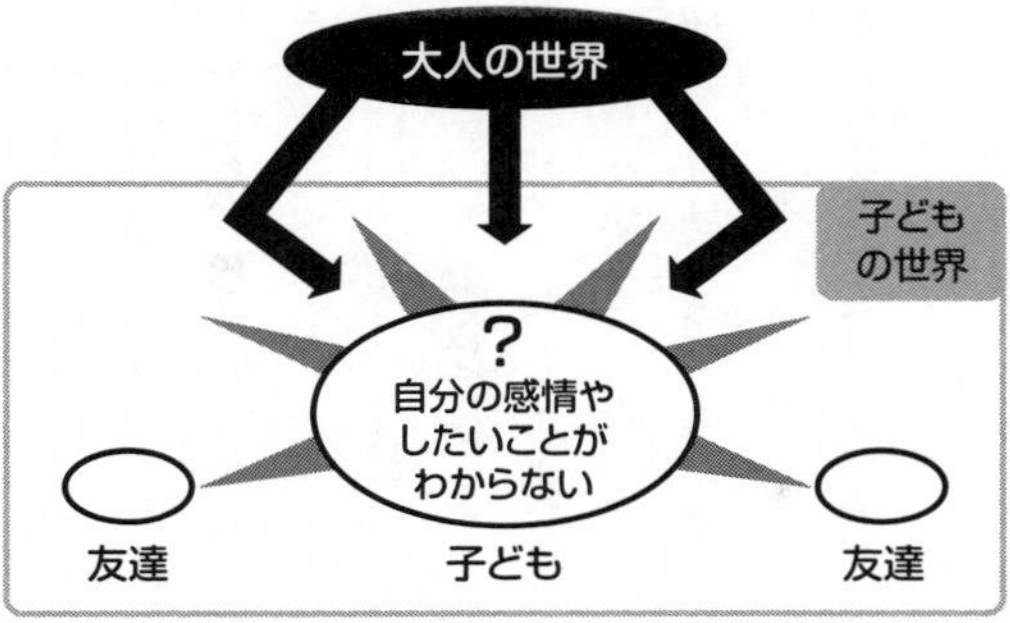

大人からの干渉が強いと自分に向けるアンテナがなくなる。
友達に対しても必要以上にアンテナを向けてしまう。

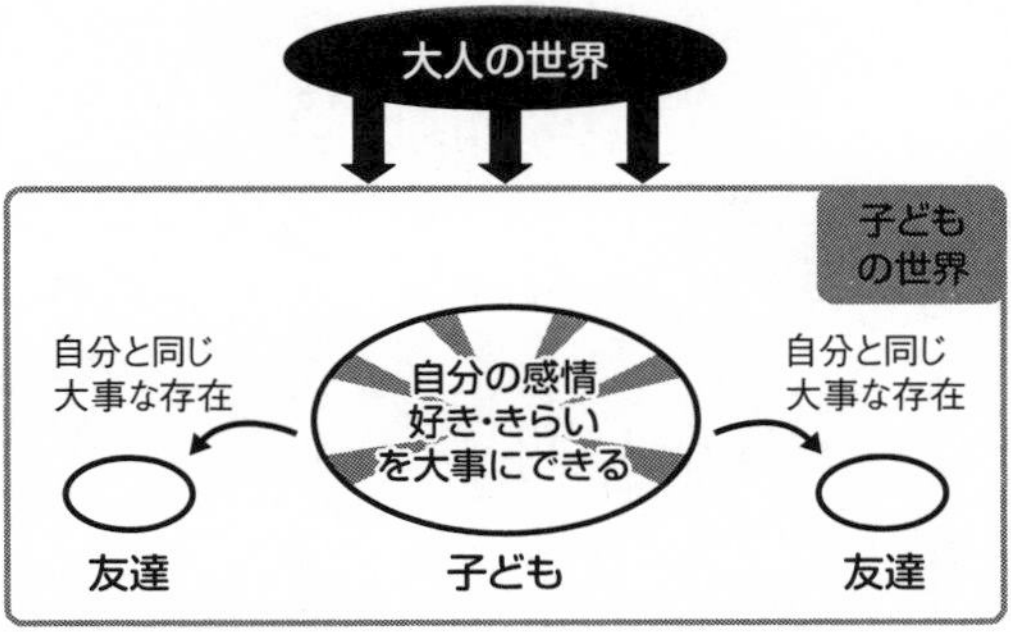

本来、大人の世界から守られ成長し、生きていく存在。
自分を大事にできると友達やほかの人も大事にできる。

図2-1　大人の世界と子どもの世界（副島賢和『ストレス時代のこどもの学び』を参考に作図）

中学生が少し甘えてきた時には、この子が五歳くらいならどうするかなと想像する。子どもたちは、必要なエネルギーが溜まれば大人からスッと離れていく。そして、少しずつ自分で選ぶことができるようになっていくと言う。「自己選択と自己決定」を子どもに戻すことが、院内学級の一つの大きな目標でもある。

そして、忘れてはならないことがある。

一度選んでも、途中で違うと思えばまた選び直してもいい。失敗したらもう一度やり直せばいい。助けてほしいときには助けてと言っていい。

さいかち学級では、先生が自ら「やっぱりそっちにしようかな」「あ、失敗しちゃった」「ここ、教えてくれる?」など、迷ったり、失敗したり、助けを求めたり、またやり直したりすることを、子どもたちに見せている。そうすると、子どもたちも安心して、失敗したり助けを求めたりできるようになるからだ。

明日への希望を持てているか

院内学級の子どもたちから「今日は楽しかった」という言葉が出るようになると、少しずつ明日の話もするようになる。

「先生、明日もお話聞いてね」

「明日は、将棋負けないからね」

子どもたちの中に、「明日はこんなふうに楽しみたい」「明日はもっと頑張りたい」という意欲や未来への希望が生まれてきた証だ。

「いろんな知識や計算の仕方ももちろん大事ですが、その手前に『好き』や『やってみたい』という気持ちがないと子どもたちは辛くなります。逆にそういう気持ちがあれば、新しい知識にも難しい計算にも興味を持つことができるようになる。これからも、子どもたちの『好き』や『やってみたい』を大事にしていきたい」（神代先生）

「院内学級は、絶対に来なければならない場所ではありません。体調や治療のせいにすれば行かなくて済む場所でもあります。でも私は、できるだけ子どもたちに来てほしい。あそこにいくと楽しい、みんなに会えるとエネルギーがたまる、そう思える場所にしたい。本来、学校はそういう場所だったはずです。子どもたちにとって、エネルギーをためる場所でした。『学校は、未来に向かっていくために自分にとって必要なところなんだ』と子どもたちに思ってもらえる場所であってほしいと思います」（副島さん）

子どもは、いまを生きる存在である。私たち大人は、目の前の子どものいのちが輝くことを願いながら、関わることができているだろうか。

コロナ禍に「学びを止めない」が合言葉になったことは記憶に新しい。「学びを止めない」の本当の意味は、「その子どもが学ぶ楽しさを忘れずに、日々を生きていくことを保障する」ことなのかもしれない。

ICTで進む個別最適な学びと協働的な学び
――埼玉県さいたま市立桜木小学校

子どもたちを主体的な学習者に

学びの多様化学校や院内学級、特別支援学級などでは、教員一人に対する子どもの人数が少ないため、一人ひとりをていねいに見ることができ、安心して学びに向かえる安全な環境づくりや個別最適化などが行いやすいという側面もある。子どもたちの学びの質を上げるために通常の学級の人数を減らすことは必須で、文部科学省も、二〇二五年（令和七年）三月末までに小学校全学年の定員を三十五人とすることを目指しており、中学校でも同様の検討が始まっている。

しかし、従来の通常の学級でも、子どもたちが安心して学びに向かえる環境に近づける工夫は可能だ。公立学校でも実際にさまざまな工夫が進められてきた。その一例として、さいたま市立桜木小学校の五年生、黒須直之先生の算数の授業をのぞいてみよう。

この日の単元は「角柱と円柱」の中の「展開図について考えを広げたり深めたりする」だ。ポリドロン（さまざまな形を組み合わせ、平面・空間図形の理解を進める教具）を使って、三角柱の面をいくつか（一つ、二つなど）減らした展開図を考え、子どもたちがクイズをつくる授業を行っていた。

「正三角柱はどんな面でできていますか」

最初に、正三角柱は三角が二つ、四角が三つでできていることを全員で確認すると、黒須先生はこんなふうに話しかけた。

「今日のめあては『□つ面を加えて、展開図を完成させるクイズをつくろう』（□には一、二など数が入る）です。まず、『一つ面を加えて、展開図を完成させるクイズ』を作ってみましょう。ということは、三角か四角、一つの面を外して考える必要がありますね。ポリドロンで展開図を作って、写真に撮って共有してください。間違っても大丈夫。試してみるのはとてもいいことです。どんどん展開図を作ってみましょう」

子どもたちはポリドロンを使って展開図を考え始めた。ワイワイと話しながら、うれしそうに試行錯誤する。黒須先生の授業では、ほかの人の学習の妨げにならなければ、授業中に話すことも、立ち歩くことも自由にできる。お互いに意見を交換しながら考えを深めていく。特に班分けをしているわけではないが、近くの席の数人で一緒に考える子どもたちもいれば、離れた席の友達のところに移動して、お互いの考えを伝え、二人で案を検討している姿もある。

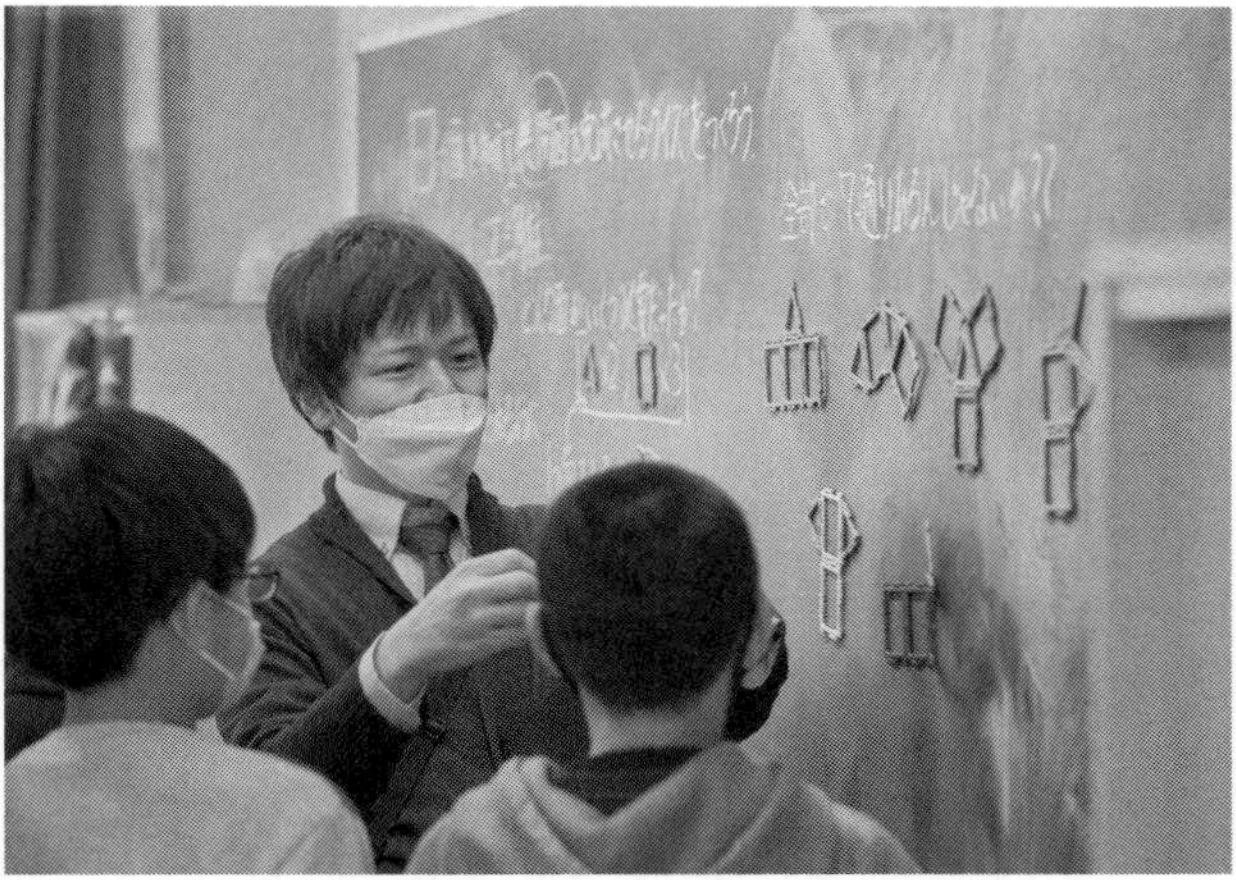

黒板前に集まり展開図を見ながら考える子も。写真中央が黒須先生。まだ見つかっていない展開図を見つけようと子どもたちは前のめりになって取り組む。
（撮影：株式会社デザインオフィス・キャン　加藤武）

その中に、一面減らして展開図を考えるという前提を忘れ、正三角柱の五面全てを使っていろいろな展開図を考えているグループがあった。このような場合、前提条件が間違っているなど指摘をしたくなるところだが、黒須先生は、そんな子どもたちを見つけると、こんな声をかけていた。

「そうやって考えるんだね。たくさん展開図ができてすごくおもしろいね」

そして、こう続けた。

「友達はどうやっているのかも見てみようね」

子どもたちは顔を上げうれしそうに目を輝かせ、ほかの友達の様子を見ようと動き出す。

授業に参加していない子どもは一人もいなかった。誰もが手を動かし、疑問に思ったことや発見を口に出し、自由に話し合い、友達の様子も見ながらさまざまな気づきを手にしていた。黙って考えている子もいれば、うまくいかずその思いを声にする子もいる。

「あれ？　この展開図だと、正三角柱にならない！」

黒須先生はそんな声もしっかりとらえて応える。

「どうしてだろう？　その理由を一緒に考えてみましょうか」

「三角と三角がこんにちはしてるとできないよ」

「いいところに気がつきましたね。こんにちはしているってどういう状態かな？」

「えっと、底面と底面が隣りにくっついていると作れません」

「すごい発見ですね！」

タブレットで全員に共有される展開図が少しずつ増えていく。

「いろんな展開図が出てきましたね。全部で何通りあるだろうね」

「たぶん七個！」

「八個あるよ！」

子どもたちは夢中になって次々に声をあげる。黒須先生もすぐに応える。

「その『たぶん』を検証してみよう！」

教室の前の黒板には、子どもたちが考えて貼り付けた展開図がいくつもあり、それをまた一つずつみんなで検討する。

「展開図を作るとき、みんなはどんなことに気をつけましたか？ こんなことに気をつけるとうまくできると気づいた人はいるかな。それを教えてくれるかな」

一般的に、指導案が準備されている一斉授業では、子どもたちの自由な発想や興味を優先すると時間内に指導案通りに展開しないため、指導案にフィットする子どもの意見だけを取り上げたり、指導案通りに進めようと子どもたちの動きを制限したり、軌道修正したりすることもある。

しかし、黒須先生は、準備していた指導案で想定していなかった子どもの動きがあったとしても、その時々の子どもたちの興味や行動をできるだけ拾い上げ、寄り添っていく。この授業では、「正三角柱の展開図について考え、具体物を用いて構成することができる」という目標が設定されていたが、中には、ポリドロンを使わずノートに手書きで図を書いたり、タブレットの画面上で展開図を作ったりしながら考える子も出てきた。黒須先生は、教室の中をゆっくりと歩きながらみんなの様子を見ていたが、ポリドロンを使うことを強要することはない。タブレットで展開図を作っている子に対しても「お、タブレットで展開図を作っているんですね。すごいね」と声をかけていた。

子どもによっては、教具を使って考えるよりも、画面上のほうが考えやすいことがある。アプローチの仕方は一つとは限らない。自分なりにやりやすい方法や試してみたい方法を見つけ、それを使って考えることが当然のように認められていた。

「今日学んだのは三角柱ですが、子どもたちにはこの授業を楽しんだことをきっかけにして、じゃあ別の形はどうかな、と探究心を持って自分で学びを広げていけるようになってほしいんです。与えられた問題を解くだけでなく、自分が主体的な学習者になれる。そんな力を培いたいと願って声かけをしています」（黒須先生）

子どもが楽しく学べているか

黒須先生は大学時代に教育学部で算数・数学を専攻していた。子どもの頃には、理科の時間が一番おもしろかったという。

「私自身、できると楽しい、わかるとおもしろい、という体験ができる理科がとても好きでした。誰でもそうだと思うのですが、やらなければいけないことや答えがわかっているものはあまり乗り気になれませんでした。だから、授業中も子どもたちにはまず楽しんでほしい。楽しさと言ってもいろいろあると思います。できる楽しさ、発見する楽しさ、協力する楽しさ――。私が理想としている授業は、子どもたちがいろいろな楽しさを感じながら、目をキラキラと輝かせて取り組む授業です」

教員になったばかりの頃は、「教える」ことに一生懸命だったというが、数年前から少しずつ気づきはじめたことがある。

「子どもたちの発想はとても豊かです。学んだことを利用して自ら新たなつながりを発見することもできますし、こちらが想定していなかった発想から新しい教材が生まれることもあります。例えば、『対称な図形』という単元の際、折り紙で線対称な図形を作ってみようと提案したときに、ある子が線対称なアルファベットをひとつ書いたんです」

黒須先生は図形を使って考えようと準備していたが、想定外の脱線が起きた。

「すると、それを見たほかの子が、ほかのアルファベットはどうだろうとアルファベット表をノートに書き始め、線対称なアルファベットを探し始めました。とても熱心に取り組んでいましたね。教員に与えられた教材よりも、自分たちで発見したことを教材にしたほうが、子どもは意欲的に取り組みます。それに、とても楽しそうです。

それぞれが発見したことをみんなで共有し、黒板の前にみんなで集まって図形のきまりを見つけ出す場をつくると、図形を動かしたり線を足したりしながら、とても積極的に意見を出し合ってくれます。

子どもたちの直感的な発見やつぶやきは、授業が楽しくなる大切なきっかけです。正しいか、指導案に沿っているかではなく、どんなつぶやきも意識して取り上げ、できればポジティブに受け取って価値づけたいと考えています。そして、教師である私だけでなく、子どもたちにもお互いの発見やつぶやきを拾い合いながら、自分たちで授業をおもしろくできるようになってほしい。自分たちで楽しめる力をつけてほしいのです」

さまざまな意見を認め合える学級経営

授業で子どもたちが自分なりの意見を持ち、自由に発言するためには、どんな意見や考え方、やり方でも互いに認め合う土壌が必要だ。間違えを指摘されたり冷やかされたりする環境では、安心してチャレンジしたり失敗したりすることは難しい。

「そのためには、普段の学級経営がとても大事です。周りの人だけでなく、自分自身を大切にしようと子どもたちに伝えています。まず自分が気持ちよく、そしてお互いが気持ちよく過ごせることを大事にしたいねと話しています。自分が受け入れられて嬉しいと感じられれば、ほかの子も受け入れられるようになると思うんです」

クラス替えのある新年度のはじまりは、子どもたちもかなり緊張している。クラスのメンバーが変わるたび、周りの状況や教員の反応を見ながら、このクラスではどこまで自分を出すことができるのかと様子を見て発言を控えたり、間違えたくないという思いから自分の考えや意見を伝えるのをためらったりする子も多い。

「新年度の最初の頃は、子どもたちはあまりおしゃべりもしませんし、控え目にしている子が多い印象です。みんなの前で手を挙げて発表するとなると、他者の目が気になり、どう思われるだろう、上手くいかなかったらどうしようと心配になってしまうのかもしれません。でも、同じ班のグループの人や近くの人と話してみようと促すと、いろいろな意見が出てきます。そこで話していることを私がキャッチして、こんな意見が出ていたよ、○○さんがこんなおもしろい発見をしたよ、とみんなに伝えます。それを何度も繰り返すことで、自由な意見を出しやすい雰囲気ができていきます。意見を言うことについてのハードルも下がっていくんです」

桜木小学校では、ほかの教科の授業やほかのクラスでも、リラックスした雰囲気の中で誰もが集中して考え、意見や発見を自由に表現していた。本筋からは少し外れたようなおもしろい意見があっても、間違っていたとしても、教員がそれをしっかりキャッチして認め、子ども同士でも前向きに励ましあう姿が見られる。子どもたちがのびのびと楽しみながら授業に取り組んでいるのは、教室に安全で安心できる環境ができていることの表れだろう。一人一台のタブレットの導入も、その大きな助けになっていると黒須先生は言う。

「クラス全体に意見を共有するためには、みんなの前で発表するか、私が代わりに伝えるしかありませんでしたが、タブレットを使えば自分が書いたものを瞬時に全員に共有できるようになりました。これまで手を挙げてみんなの前で意見を言うことが苦手だった人も、自分の考えたことや調べたことをすぐに共有できる。自分の考えや思いを手軽に表現できる場があり、その表現方法を子どもたちが選べます。手書きが苦手なら打ち込めばいいし、ひと言でも、文章でも、ノートに書いたことを写真で共有してもいい。選択肢も広がりました。子どもにも教師にも、タブレットはとてもありがたいツールです」

桜木小学校では、二〇二二年度の目指す学校像として「認めて育てる」を掲げていた。教員は子どもたち一人ひとりを尊重し、頑張っている姿を認め、寄り添い、ていねいな言葉がけをする。悪いことをしてしまった子にも必ず共感し、その子の話に耳を傾けることを心がけてきた。そうすることで、これまで対応が難しかった子どもたちも落ち着いて過ごせるようになり、勉強に対する苦手意識がある子の学習意欲も上がってきたという。

全校アンケートの「授業では自分で書いたり発言したりして自分の考えを伝えていますか」という項目で、前回の肯定的な答えは六三パーセントだったが、タブレット導入後の二〇二二年度は八六パーセントに増加した。また、「学校が楽しいですか」という設問には、九七パーセントが「楽しい」と答えている。

ICTで進む個別最適な学びと協働的な学び

「一人一台端末は、うまく使えば活動の障壁をなくすこともでき、活動を促進できる便利な道具です。考えの共有の効率化、調べものの効率化はかなり進みました。子どもたちのできることがすごく広がって、私たち教員も授業について柔軟に考えるきっかけになった。いろんなアイデアを実現できます」（黒須先生）

新型コロナウイルス感染症の流行をきっかけに、長期休校や学級閉鎖などの場合にも自宅でオンライン学習ができるようにと、文部科学省によるＧＩＧＡスクール構想が当初の予定より前倒しになった。ＧＩＧＡスクール構想とは、小中学生に一人一台のタブレットやパソコンなどの端末を配備し、教育のオンライン化や個別最適化を推進するものだ。当初二〇二五年の配備を目指していたが、二〇二一年四月には日本全国ほとんどの学校に配備が完了している。

ただし、ＩＣＴの活用は、今なお学校間格差が大きい。桜木小学校はかなり先駆的な活用ができている学校だ。二〇一八年度にさいたま市のＩＣＴ活用パイロット校となり、ほかの学校に先駆けて全校児童のおよそ三分の一（百六十台）のタブレットが配備された。以来、日常的に活用してきたため、高学年になればタイピングも速くなり、話を聞きながらタブレットに打ち込んでメモを取ることもできるようになる。ノートかタブレット、どちらにまとめるかは、子どもたち自身が使いやすいほうを選んでいる。教員も子どもたちも「タブレットをとにかく使ってみよう」というステージを終え、「各自が目的に応じて選択し使いこなせる」段階に入っている。

また、アクティブ・ラーニングや個別最適な学びについても、これまで学校全体で積極的に進めてきた。

二〇一八年度には「教育の情報化、ICT教育等」の研究指定校になり、ICTを活用したアクティブ・ラーニングについて、指導法の研究や授業展開例の作成、評価方法の検討などに取り組んできた。今ではほとんどの教科でICTをうまく使いながらアクティブ・ラーニングを取り入れている。

二〇二一年度からの三年間は「誰一人取り残さない」という理念のもと、「個別最適な学び」の研究指定を受けた。タブレットを使うことで、これまで授業に集中できなかった子も楽しく意欲的に学ぶことができるようになり、鉛筆でノートを取ることや作文を書くことが苦手だったが、打ち込みなら抵抗がなくなったというケースも多い。タブレットなら基礎的な問題に何度も取り組むことも、どんどん新しい問題に進むこともできるため、自学習として授業の余った時間に取り組む際に役立っている。

桜木小学校は、東日本の主要都市を結ぶターミナル・大宮駅から徒歩圏内で、教育熱心な保護者も多い地域の小学校だ。高学年になると、受験を視野に入れて塾に通い、先に学習を進めている子もいれば、授業で初めてその単元について学ぶ子もいる。教科書を読みながら教員が一方的に話し、板書を進めるようなチョーク&トーク方式の一斉授業だけでは手持ち無沙汰になる子も多かったのではないだろうか。現在の桜木小学校では、前者後者、そのどちらだとしても、どの教科も好奇心を持って楽しみながら、積極的に授業に参加できるように工夫されている。

制限のある中でも子どもたちが輝く授業はできる

日本では、全国の学校で一定の水準の教育を受けられるように、学校教育法等をもとに学習指導要領において教育課程を定めており、文部科学省のホームページでは次のように説明されている。

「学習指導要領」では、小学校、中学校、高等学校等ごとに、それぞれの教科等の目標や大まかな教育内容を定めています。また、これとは別に、学校教育法施行規則で、例えば小・中学校の教科等の年間の標準授業時数等が定められています。各学校では、この「学習指導要領」や年間の標準授業時数等を踏まえ、地域や学校の実態に応じて、教育課程（カリキュラム）を編成しています。

公立の学校では、教育課程を大きく逸脱することは難しい。しかし、一年間で学ぶ内容やそれぞれの教科の標準授業時数などが定められている中でも、子どもたちがいきいきと輝く授業を作ることは十分にできると黒須先生は考えている。

「それぞれの教科の時数や教える内容は基本的に決まっていますが、それを踏まえた上でどうすれば子どもたちが楽しく学べるようにアレンジできるか、という視点で試行錯誤しています。教員が工夫をする余地はまだまだたくさんあります。ある与えられたテーマの中で、いかに自分なりの興味を持って取り組めるか、自分で楽しんでいけるか。私自身もその力をつけていきたいし、子どもたちにもその力をつけてほしいと考えています」

子どもたちが集中して考え始めたときなど、時間を区切って次の教科に切り替えなければならない場面で難しさを感じることもあるというが、それについても別の観点で見るとマイナスばかりではないという。

「ある程度時間割が決まっていることや、チャイムが鳴って次の授業に切り替えなければならないことを窮屈だと捉えることもできますが、新しい世界や知識に出会うチャンスだと捉えることもできます。好きな教科以外はやりたくないという子も、学校でさまざまな教科や単元に触れることで視点が広がり、自分の興味のあるもの、好きなことややりたいこととの『つながり』に気づくかもしれません。

私が授業を考えるときに最も大事にしているのは『つながり』です。子どもがいろいろな意味でつながりを感じ、気づけるようにそれぞれの教科の授業を展開していけば、授業がもっとおもしろくなっていくと考えています。教科や単元が違うとしても、これまでに学んだこととのつながり、これから学ぶこととのつながりは必ずあるはずです。その時間に学んでいることと、自分の日常生活とのつながりも、子どもたちが見つけていけるように工夫をしています」

黒須先生はそう言って、五年生の算数「割引・割増」の授業での様子を教えてくれた。

子どもたちの日常生活とのつながりを持たせるために黒須先生が準備したのは、「自分ならどこで本を買うか」という問いだった。購入できる店は三つ。「子どもが自己決定をして学びを日常に活用すること」を意識して組み立てた授業だった。

お目当ては、ある限定本。その本を買えるのは、Aの本屋さん、Bの本屋さん、Cのフリーマーケットサイト（中古）だ。それぞれ、定価からの割引や割増、家からの距離など条件が異なる。この授業では、割引や割増の計算ができることがねらいだが、それをもとに一番安い店を探すだけでなく、さまざまな条件がある中で自分ならどの店を選ぶかを決

問題

自分ならどこで買う?

・店舗限定の本を買いたい。

・買えるところは2か所＋α

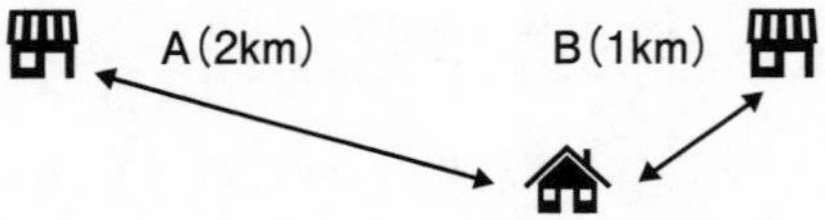

・今買いたい本の定価は2000円

A 定価の80%で買える。

割引

B 1800円で売っていて、さらに5%引きで買える

割増

C フリーマーケットサイト（中古）1500円の10%増し

まずは計算をしてみる

A　2000×0.8＝1600円

B　1800×0.95＝1710円

C　1500×1.1＝1650円

値段ならAが一番安く買えるが、
AはBやCよりも店が遠い。

図2-2　算数の授業で出された問題
※子どもの興味や単元の要素を優先し、新刊書籍にも割引があると設定。

める。さらにできそうなら、別の店を選ぶとしたらどのような理由かを考えるなど発展させることもできる。

実際に計算してみると、値段はAが一番安い。最初は「Aが安いからこれがいいんじゃない？」という意見が多数派になったが、子どもたちが交流を進めると、「僕はCを買う！」という意見も出てくる。「どうして？」と理由を聞くと、「だって、ネットで頼めば家に届けてくれるから、買いに行かなくていいよ」と答える。

すると、その意見に触発されて、また違う意見が出る。

「でもさ、中古より新品がいいから、私はAかBがいい」

子どもたちはほかの意見を参考に、もう一度検討を始める。安いからいいというだけではなく、いろいろな考え方があることに子どもたちは気づき始める。

それぞれが何を選んだかは、タブレットに書き込み、全員で共有する。選んだ理由はさまざまだ。クラス全体でさまざまに出てきた考え方や選んだ理由を、ある子が次のようにまとめることができた。

①値段重視の考え方　Aが一番安いのでAで買う
②距離重視の考え方　一歩も動かず買えるCで買う

③本の状態＋距離重視の考え方　本の状態が良くて距離が近いBで買う
④本の状態＋値段重視の考え方　本の状態が良くて安く買えるAで買う

最適なチョイスは一つではない。何を重視するかでベストな選択は異なってくる。日常生活でも、何かを選ぶときや決めるときは、一つのものの見方だけでなく、さまざまな考え方があることに気がついた。

「算数の割引と割増の単元ではありましたが、その計算をするだけでなく、それぞれの子どもたちが条件を比べて日常生活につなげ、自分ならどれを買うかを選び、それをみんなで共有するまでがねらいでした。実際には、子どもたちは私の想像を超えてくれました。

子どもから出てきた『○○重視の考え方』という言葉を、子どもたちはとても気に入ったようで、その言葉を多用しながらお互いの意見を交換していました。遊ぶ友達というだけでなく、共に学び合う関係が築けているんだなと感じた瞬間でした。そして、さまざまな価値観や考え方によって選ぶものが変わる、その人がそのとき何を重視しているかで変わるんだ、というところまでたどり着いてくれました」

このように、自分とは異なる意見や考え方があり、それぞれに理由があることを理解し合えるベースがあると、さまざまな場面で自分とは異なる意見を肯定しながら話し合いを前に進めることができるようになっていく。

「マインクラフト」を使った社会科・総合の授業

子どもたちに人気の「マインクラフト」というゲームがある。それをプログラミング教育・情報教育・協働学習などの教材として使えるようにした「教育版マインクラフト」というソフトが、さいたま市のタブレットにインストールされている。

黒須先生は、そのソフトを使って、総合の「自分たちの住んでいる街について紹介しよう」と社会科の「私たちの暮らしを支える政治」という単元をつなげて六年生に授業を行った。授業の軸は街の「魅力」。自分たちの住んでいる街が五年〜十年後、近い未来にどうなってほしいか、どんな風にしていきたいかを、子どもたちが考え、考えた街をマインクラフトで実際に作っていく。黒須先生ははじめにこう語りかけた。

「五年生では便利な地域について考えました。今年は、地域の魅力について考えてみましょう。そもそも、魅力ってどういうことなんだろう。『魅力』は、人の気持ちを惹きつける、夢中にさせる力だよね。今回は、地域の魅力について考えていく中で、自分のチームや自分自身の魅力についても考えてもらえるといいなと思っています」

一年前、五年生の総合で、「便利」という言葉についてみんなで考えた経験がある。言

時数		実践内容
1	課題の設定 情報の収集	・「もっと魅力的になった私たちの街を紹介する取り組みを通して、地域の魅力について考えよう」 ・学年の実態に応じて対象を設定する。（下級生、他県、他国の子ども） ・地域や学校について、情報収集をする。
2	情報の収集 整理分析	・集めた情報や思いついたアイディアを共有しながら整理したり、分析したりする。 ・集めた情報や思いついたアイディアを全体で共有して、計画を立てる準備をする。
3	整理分析 （計画）	・計画を立てて、役割分担を行う。 ・実際に作成をしながら、役割分担や計画の調整を行う。
4 5 6	整理分析 （作成）	・協働しながら試行錯誤をしていく方法を確認する。 ・必要に応じて探究の過程を遡り、情報収集を行いながら、作成を進めていけるようにする。 ・進捗状況をそれぞれ共有できるようにする。
7	まとめ 表現	・互いに見合う視点を確認したうえで、作品を鑑賞する。
8		・鑑賞したことを踏まえて、自分たちの制作物を調整する。
9		・課題解決の成果について発表する。 ・単元を通して学んだことや身に付いたことを振り返る。

図2-3　総合「自分たちの住んでいる街について紹介しよう」と社会「私たちの暮らしを支える政治」をつなげて構成された授業の実践内容（黒須先生作成）

葉に対する概念が深まることで考え方が広がり、深まっていくことを子どもたちは体験していた。

そして、その街の魅力を誰に紹介するかもみんなで考える。五年生の時は、最後に北海道や佐賀の小学校とオンラインでつなげて交流をしていたため、自分たちが考えたことを発表するイメージもできていた。桜木小学校全体、地域の人たち、さいたま市のほかの学校、さいたま市議会や市長、他県の小学校、他国の小学校――。パブリックコメントとして市長にメッセージを届けることができると社会でも学んでいたため、実際にそれを使ってみようというアイデアもあった。

「安全な街」「健康でいられる街」「きれ

いな街」「いろんな人が来てくれる街」「教育の街」などのグループ分けをして、班ごとに情報収集を進めていく。

「マインクラフトで街を作ることもおもしろいのですが、形にするまでに子どもたちが協働する過程に大きな価値があります。もっとこうしたほうがいい、もっとこんなことができるんじゃない？　と話し合っている声があちこちで聞こえ、コミュニケーションをとりながら何かを生み出していました。クラスの中には、普段からマインクラフトを使いこなしている子も、初めて使う子もいたのですが、学習が苦手でいつもは教えられる側だった子が、マインクラフトでは教える側になって、ていねいに教えている姿も見られました。その様子を見たときはとてもうれしかったですね。

そうやって子どもたち同士で教え合うことは以前から大切にしてきました。グループで活動すると、そういう時間に上下関係ができるのではないかという心配もあるかもしれませんが、私はむしろそのような関係性が固定されず流動的になることで、得意なところをお互いに尊重し合える素地になると考えています」

算数が得意、漢字が得意、運動が得意、絵が得意、音楽が得意——。そのような、得意なものの一つに、ゲームが得意、タブレットの操作が得意なども追加され、子どもたちが学校で活躍できる機会が広がったということなのだろう。

「一斉授業で与えられたものに取り組むときとは、子どもたちの様子が全く違うんです。まず、子どもたちの意欲が違います。楽しそうなだけではなく、非常にクリエイティブな場になっていました。私自身も、自分が失いかけている感覚や、自分とは全く違う感覚に触れられるのはとても楽しい。こうして創造的な思考や主体性を発揮する姿が、本来の子どもたちの姿なのだと思います」

知識を詰め込むだけなら、一人でオンラインでできるかもしれない。しかし、友達とコミュニケーションを取ることで、一人では思いつかなかったことが頭に浮かび、言語化されていなかったことが表出することも多い。

「子どもたちは、たくさんの友達の視点に触れて、常に刺激や影響を受けています。そうやって考えるのか、そういうふうにすればいいんだなと気づくと、友達の真似をしてみたくなる。一人でどんなに素晴らしい動画をたくさん見ても、それだけでは生まれない気づきだと思うのです。

社会では、自分とは異なる価値観や考えを持つ人と出会い、そこでチームプレーを行います。でも、誰もが最初から上手くできるわけではありません。何度もやってみて、失敗もしながら経験していくことが大切で、学校はその練習ができる場です。いろんな子や、いろんな視点に出会うことも学校のおもしろさの一つだと思っています」

教えから学びにふみ出すために

こころの安全の保障・安心して失敗できる環境づくり

一人ひとりに必要な教育環境を整える

さいかち学級では、通常の学校とは異なる原理の学びの条件が期せずしてたくさん含まれています。

まず年齢の異なる子どもが一緒の場で学びます。これは通常の学級では考えられないことですが、社会のさまざまな場での学びとは似ています。一般の職場では先輩後輩が一緒に仕事をしています。同年齢のメンバーだけが仕事をしているという場はありません。異年齢で社会がつくられ、そこに興味・関心、知識の程度や内容等の異なったメンバーが一緒に過ごすからこそ、多様な学びが行われるのです。ただし、メンバーが自由に交流できる集団であることが条件ですが。

それに対して、同年齢の集団は、同じ程度の理解力、知識の集団ですから、教える側は配慮することが少なくて済みます。また、試験などで圧力をかけると、競争させやすくなります。つまり、管理する側には、ある程度扱いやすい、その限りにおいて「効率的な集団」になるわけです。

しかし、同年齢だからといって、同じ程度に知的興味を持っているとは限りません し、皆が先生と同じ思考回路で思考するとも限りません。そしてこれがもっとも大事なことですが、皆が今これを知りたい、学びたい、という同じ願いを持っているとも限らないのです。

一斉授業というのは、皆が同じことに同じ程度に関心を持っている場合には有効な教育方法になるでしょう。有名人の講演を聴きに行く場合などがそうです。皆が、その人のその話を聞きたいから、ときにお金を払ってでも聴きに行くわけです。でも授業はそうではありません。教員が示す内容に、同じように興味を持ちなさい、という前提で教えの営みが行われる場なのです。

学校と教員が提供する知的世界に、子どもたちも親たちも深い信頼を持っていて、知らないことを知ることが立派な大人になることなのだと信じられていた時代には、このような場はとても大事でした。

しかし今は違います。情報の量が飛躍的に増大し、その内容も多様化し、何が大事な情報かそうでないかは、個人個人違って当然です。そうした多様な関心を持っている子どもたち全員に、これが大事、といって教えても、心からそう思ってくれる子どもは必然的に少数になります。しかもネット環境が無尽蔵に発展し、情報が次々に訂正されて発信され、子どもにも届く時代です。教員が提供する情報が最新で最適である保障はないのです。

学校や教育機関が、これまでの教育のやり方を大きく変えなければならなくなっている最大の理由は、以上に述べたことなのですが、しかし、では新しい教育の原理はどういうものか、となると、まだ経験のないことを原理としていくわけですから、そう簡単にはわかりません。

それに対してさいかち学級では、これまでの学校教育の前提や原理がほとんど通用しません。人数も一定していません。日によっても違います。子どもたちの病状もみな違いますし、年齢もまちまちです。当然一斉授業はできません。それに学習意欲もそれぞれです。受験教育に過剰適応してしまっている子どももいます。ベッドでも問題集を解いていないと気が済まない子と、学校はもういやだと思っている子に、同じ姿勢で教育はできません。その上さいかち学級は、子どもたちが自由意志で参加している学級です。

さいかち学級は、こうした文字通りさまざまな子に、「でも誰もが、学ぶこと、学びを通じて自分が少しでも自分らしくなっていくことを喜びと感じたい！　という願いは必ず持っているはずだ」という一点にこだわって、その子に応じた教育を徹底してていねいに探るのです。

キーコンセプトは、子どもの一人ひとりの尊厳を大事にすること、そしてその子の求めている教育環境をていねいにつくっていくこと、この二つでしょう。さらに、ここに来て学ぶことで、参加する一人ひとりに希望を育むことを、教員のほうが義務としていることも、キーコンセプトかもしれません。

子どもの尊厳の重視、ていねいな環境づくり、希望の育み、こうしたことが通常の学校の原理となれば、さいかちとはまた違った方法と内容の、新しい、子どもたちが通いたくなる学校をつくることが可能になるのではないでしょうか。

この章の事例を、特別支援学級の事例として読むのでなく、教育の原点、原理が展開されている事例として読めば、そこからえられるものは実に多い実践例として読めるのではないでしょうか。少なくとも、参加している子どもたちは実に多様で興味・関心も学びへの姿勢も教育に期待していることもみな違う――そういう子どもたちを相手としているという前提で、その多様な子どもたち一人ひとりが納得してくれるような授業をつくるには、ここで示されたような原理・原則こそが有効になるということは学びとれると思います。

子どものつぶやきと「失敗」の価値を考える

親の教育意識がとても高い地域にある桜木小学校。

本文ではこの学校で、子どもが主体になって授業を教員と一緒になって作っている姿がいきいきと描かれていました。保護者もそうした子どもの姿に大きな安心と満足を得ているのではないでしょうか。

黒須先生は、本文のある箇所で「子どもたちの直感的な発見やつぶやきは、授業が楽しくなる大切なきっかけです。正しいか、指導案に沿っているかではなく、どんなつぶやきも意識して取り上げ、できればポジティブに受け取って、価値づけたいと考えています」という趣旨の話をしていました。

このことは、実は教育を変えるとても大事なきっかけになります。

子どもたちのちょっとした「つぶやき」は、一般的には、それにこだわっていると、授業が脱線し計画通りに進まなくなってしまうものだと捉えられてしまいがちです。しかし黒須先生たちの捉え方は違っていたのです。

子どもたちが真剣に授業に参加しているときのちょっとした「つぶやき」は、子どもたちが懸命に考え、模索している途中に飛び出る言葉です。まとまっているわけではないが、考えているうちにひょいと浮かんだアイデアや問いなのです。

そこに、教員や友達が気づかないとしても、実はその問題を考える大切な視点やヒントが隠れている場合があります。

子どもたちは一人ではたいしたことを考えつかないと思われるかもしれませんが、集団で考えていると、思考がいつの間にか研ぎ澄まされ、ときに大人顔負けの思考の世界を具体化することがあります。私は、子どもたちが真剣に集団で思考しているときの内容の鋭さ、深さにこれまで何度も感銘を受けてきました。

ある中学校の国語教師は、例えば万葉集の授業をするときに、「〇〇中学校万葉学会」を立ち上げて生徒たちに研究させていました。生徒たちは「防人は東北からも九州の防衛に行ったというけど、残された家族はどうやって食べていたんだろう?」「東北から九州までどんな手段で移動していただろう?」「どのくらい給与をもらっていたんだろう?」等の疑問を出し、それを図書室でみんなで調べ上げていきます。その結果を発表するのが万葉学会です。中には本当の研究者のような内容を発表する生徒も出てきます。「奥の細道学会」では、「夏の蝉のうるさい声を岩に染み入ると表現し、それを静けさと言ったのはなぜか」をひたすら追求した子がいて、その発表は感動的なものでした。

真剣な思考の過程で、子どもたちが独自の思考の刃を研ぎ澄ましていく、その過程は大人顔負けです。その過程でちょっとしたアイデアや疑問を言葉にすることがあり、それが「つぶやき」です。それを無視すると、子どもたちの思考の世界の奥には入れません。ですから、教員はその「つぶやき」を無視せずに、「へぇー、○○さん、そこもう少し説明して」と言語化を促し、共有化させていく。「つぶやき」は、子どもたちの思考の未分化のかたまりの中で、なんとなくこだわってみたいと感じていること、感情と混じったままのアイデアなどが、ふと外に出てきたものです。ていねいに言語で説明できるようになる前にポッと浮かび出てくる原発想です。それは興味深いアイデアの卵かもしれません。それをもう少し説明して、といわれた子どもたちは、教員から与えられた問いではなく、自ら見つけたアイデアや問いをもっと突っ込んで形にしていくことになりますから当然真剣になります。

しかし、つぶやきに基づく問いやテーマを解いていっても、その過程が生産的な結果につながるとは限りません。なるほどという結果が導けないこともたくさん出てきます。しかし、これもまた大事なのです。

子どもたちは授業の場で大小たくさんの失敗をします。しかし人間は、失敗するからこそ、どうして失敗したのか、失敗しないためにはどうすればいいか、などと考え始める動物です。失敗しなければ、深い思考を導くことはできません。ですから、うまく思考がめぐらない、成果がでないと子どもたちが思い始めたときに、それを教員がとがめないことがとても大事になります。うまくいかなくともいい、でもどうすればもっとうまくいくか、ヒントをつかもうとするような気持ちになればいいのだと見守るのです。

残念ながら、学校というところは、できるだけ子どもが失敗しないように、失敗しないようにと導いていく傾向があるようです。そのために思考の過程を教員が教員の考える方向に引っ張っていこうとする。しかしそれは、他者（教員）の思考過程に沿って思考しなさい、という無理難題を押しつけていくことになります。それでは多くの子どもには楽しいわけがありませんし、強行しても深い思考は生まれません。

黒須先生たちは、そのことのもつ問題点をよくわかっておられるのだと思います。その実践は国が今言う「個別最適な学び」の好事例になっています。個別最適な学びは、指導の個別化だけでなく、学びの個性化を含んだ概念ですが、学びの個性化は、このようなつぶやきから生まれることが多いのです。

第3章

自分に合う「学び」方
——一斉授業からの脱却・本来の自由進度学習

子どもが自分たちでつくる授業——神奈川県横浜市公立小学校

目指すのは何もしない先生

横浜市内の公立小学校、宮下章先生が担任を務める六年一組の算数の授業が始まった。

「ひろばに集合してください」

その日の日直が声をかけると、子どもたちは教室の中央に集まって座った。この教室では、座席の配置に工夫が見られる。教室の壁にぐるりと沿うように四人ずつの「アイランド型座席」をつくり、中央に大きなスペースを確保。そこは「ひろば」と呼ばれている。

この時間のめあてや流れを確認すると、それぞれが自分の班の席についた。座席は、宮下先生が児童の様子を見ながら教科ごとに四人ずつの組み合わせを決めている。算数の時間は「算数班」。班のみんなで一つの問題に取り組み始める。

単元は分数の割り算で、これまでの授業で理解した解き方を使って、少し難しい問題にチャレンジする時間だ。班の全員で協力しながら黒板に書かれた問題を解いていく。困ったら友達に相談し、余力のある子は困っている子にアドバイスをしながら一緒に考える。

宮下先生は、「応え合い」を最も大切にしている。「話し合い」とはニュアンスが少し異

班のみんなで１つの問題に取り組む

なる。

「私は、『話し合い』を超えて『応え合い』を大切にしてほしいと願っています。『応える』は英語でレスポンス（response）です。反応するということです。レスポンシビリティ（responsibility）は責任という意味ですが、子どもたちには、自分と意見の異なる相手に対しても、責任を持って反応し、行動をしてほしいと願っています。同じクラスの仲間だけでなく、世界のどんな人に対しても応え合ってほしい。ただし、行動しないことも反応です」

「わからない」「教えて」と言いやすい環境の中で、教える側も、どうすれば相手にわかりやすく伝わるのかを試行錯誤しながら、子どもたち自身で考える過程を大事にしている。自分とは違う相手を尊重しながら「応え合う」ことで、いろいろな教科を通して支え、支えられながらお互いが変化し、成長する姿が授業を重ねるごとに見えてくるという。

全ての班が一問解けると、班ごとに完成させた解答を黒板に貼り出し、全員でそれぞれの解答を検討する。分数の約分の仕方など、途中の式を含めて「美しい解答」をみんなで選ぶ。その際も先生がジャッジすることはなく、子どもたちで話し合う様子が見られた。

「一班がいいと思います。字がきれいで答えもわかりやすいから」

「六班は分母より分子が大きいところを帯分数にしています」

宮下先生は、教科書のテーマを全て授業に取り入れ、業者のテストも全て実施しながらも、教科書のテーマにどう取り組むかの部分で子どもたちがどうすれば楽しく取り組めるかに工夫を凝らす。子どもたちに授業を任せることも含め、グループディスカッションやゲーム的な要素を取り入れながらそれぞれの授業をデザインしている。

新人の頃から、指導書（教え方の解説書）、指導案（教員自身が考える学習指導・支援の計画案）にとらわれることなく、目の前の子どもたちを見て、子ども同士が「応え合う」ことを目指し、大切にしてきた。

「指導案に頼りすぎると予定調和やノルマが生まれます。指導案に沿うように子どもたちを誘導し、どうしても『がんばれ』と言いたくなってしまう。私は、子どもたちを観察し、子どもたちを信頼して任せ、『何もしない』ことができる先生でありたいと考えてきました。毎時間、何が起こるかわからない一度限りの授業をつくりたい。

例えば、今日もみんなで問題を解くときに、ある子が参加せずにぼーっとしていましたよね。そこで私が声をかけるのは簡単ですが、しばらくそのままにしておくと、子どもたちの誰かが気づいてその子に声をかけ、肩を抱いて『一緒にやろうぜ』という雰囲気を出してくれた。すると、その子も参加するようになっていきました。そうやって、先生が介入しないからこそ起こることがある。もちろん、介入しなければならない場面もありますが、どの教科でも、できるだけ教室全体を俯瞰しながら、子どもたちの間で生まれる小さなエピソードを拾うことを大事にしています」

板書もしない「立学」のススメ

この日の国語の授業では、子どもたちが自分の担当する漢字について調べ、前に出て発表していた。担当する漢字や調べる項目は、宮下先生から数日前に知らされている。

一人四枚の画用紙を使い、一枚目に担当する漢字を大きく書いて、裏に読み方、二枚目には意味を書く。三枚目に書き順、四枚目に使い方の紹介や例文作りをする。自分が作ったそのカードを使いながら、みんなの前でどのように説明するかは子どもたち次第だ。授業中、宮下先生が話す時間はほとんどない。

中には割り当てられていた準備を忘れてしまう子もいるが、そんなときは先生ではなく、みんなに対して忘れてしまったことを伝える。授業をする側として、みんなに対して忘れてしまったことを伝えて詫びる。

「大人だって忘れることはありますよね。社会に出てから大事なのは忘れてしまったときにどうするか。どうしてもできない事情があったかもしれないし、ただ忘れただけかもしれない。ノートや鉛筆、消しゴムなどの筆記用具を忘れても、私はチェックをしたり叱ったりはしません。新しいものをいくつかストックしてあるので、それを渡します。教科書を忘れたら誰かに見せてもらえばいい。忘れ物をした子を叱っても忘れ物はなくならないと思うんです。言われるほうも嫌だと思いますし、こちらでできる準備はしておく。

そうすると気をつけて持ってくるようになる子もいるし、ずっと忘れてくる子もいます。でもその子はきっと、言われても言われなくても忘れてしまうと思うんです。じゃあ、そんなときにどうやってその場を乗り切るか。自分一人で難しければ誰かに手伝ってもらってもいい。先生がストックを持っているなら借りればいいわけです。自分ができないことは誰かに助けてもらう。でも迷惑をかけてしまったら詫びることも必要になる。そういう経験も、社会に出ていくために大切な学びだと思います」

教科が変われば、子どもたちの関係性は自在に入れ替わる。算数が得意な子もいれば、歴史に興味がある子、漢字に詳しい子などもいる。それぞれが自分の得意なことを生かしながら授業に参加し、苦手な子に教え、ヒントを出し、サポートする。自分が苦手な教科では、難しいと感じるところを得意な友達に教えてもらい、授業に取り組む。どの授業でも参加していない子どもは見られなかった。

宮下先生は、班の仲間を頼ることや、時には班を超えて自分の足で移動して違う班の仲間に問いかけることも推奨している。応え合いながら情報を集め、取捨選択して自分の考えを組み立てることが大事だと子どもたちに伝え続ける。これを「座学」に対して「立学」と呼び、そのため授業中に立ち歩くことも全く厭わない。

授業では板書をしないので、子どもたちは自分で大切だと思うことをそれぞれに書き留めてノートを作る。まとめ方がわからなければ、教室を立ち歩いてみんなのノートを参考にしてノートを作っていく。ノートの書き方を自分で組み立てていく子もいれば、たくさんの仲間のノートから自分に合うものを選んで真似をする子もいる。宮下先生は、その際にも「このノートが良い」「あの子をお手本にするといい」などとアドバイスすることはない。それぞれが、「真似したい」「自分にとってわかりやすい」と思うノートの取り方を自分で選ぶことを大切にし、正解は一つではなく、自分で試行錯誤するプロセスが重要だと考えている。

GIGAスクール構想で一人一台端末が配備され、端末で情報共有できるようになったため、最近は友達の意見やまとめ方を一覧で見られるようになり、参考にできるチャンスが増えてきてはいるが、宮下先生がそれを始めたのは、端末が配備されるずっと前、学習の個別最適化や協働学習などが盛んに推奨される以前のことだ。このように立ち歩いて友達から情報を集めるスタイルを「アナログ版インターネット」と呼んで進めてきた。

「私は『立学』を推奨してはいるのですが、中には、ずっと座ったまま一人で集中して調べたり考えたりしている子もいます。それについて『どう思う?』と子どもたちに聞くと、『みやしー(宮下先生)は立学を勧めるけど、人によっては座学の日があってもいいんじゃない?』と返ってくることもある。それを聞いて、私はほんのちょっと傷つきながら、なるほど、座学だって価値があるよね、と応えます。こうしてお互いの違いを認められる子どもたち、素晴らしいですよね」

「みんなはどう思う?」「どうしてそう思うの?」

宮下先生は、子どもたちから「みやしー」と呼ばれている。中休み、昼休みは毎回運動場に出て、子どもたちとドッジボールを楽しむ。担任しているクラスでドッジボールを始めるが、ほかのクラスやほかの学年の子も混ざることが多い。子どもたちは、昔の子どもたちが近所で年齢を超えて一緒に遊んでいたように、小さい子に手加減をしたり、声をかけたりしながら遊ぶようになっていく。ほかの学年の子どもたちもドッジボールで「みやしー」を知り、校内で見かけると遠くから手を振って挨拶をする。

「特別なことはしていないんですけど、新しく担任を持つと、子どもたちはなぜか最初から私を歓迎してくれるんです。あんまり怒ったりしないし、いつもヘラヘラしているから、休み時間にドッジボールをしているときや廊下で会ったときに、『楽しそうなおじさんだな』と思ってくれているんだと思います。

僕はそんなに素晴らしい授業をしているわけじゃないんですよ。素晴らしいのは子どもたち。これまでいろんな学校に赴任してきましたが、担任した子どもたちの言葉で印象的なのは『こんなに話を聞いてくれる先生に初めて会った』ということです。何かあったときも何もないときも、私はまず『みんなはどう思う？』と問いかけます。『どうしてそう思うの？』『じゃあどうしたらいいと思う？』とたずねます。そして一緒に考える。今は先生たちが忙しくて、あんまりそういう時間を持てないんだろうなと思いますね。

素晴らしい先生が私の前に担任したクラスだと、私は『まあこんなもんだね』という雰囲気で迎えられ、残念ながら特に大歓迎はされない。その子たちはそれまでもちゃんと話を聞いてもらっていたわけです。本当はそれくらいのほうがいいんですけどね」

取材した日は一学期の終わりごろ。新年度を迎えて三か月が経ち、宮下先生の授業に子どもたちはすっかり馴染んでいた。休み時間も「みやしー」の周りには子どもたちが集まってくる。宮下先生の授業の感想をたずねると、こんな答えが返ってきた。

「みやしーが授業をするんじゃなくて、自分たちで資料を作って授業をすることが多いから、自分の理解も深まるし、友達の話（授業）を聞くのは楽しい」

「算数や国語の時間も、穴埋めゲームとか、ロミジュリっていうゲーム形式の授業もあってすごくおもしろい」

「ロミジュリっていうのはロミオとジュリエットの略で、算数だったら、問題と式でカードを作って、みんながそれぞれカードを持って、よーいドンでペアになるカードを探して、相手が見つかったら座るの。国語でも文を二つに分けてペアを探すこともあります」

「教科によって席とか班が違うから、いつも移動して、それでみんなで教え合ったり、ゲームのときはみんなで協力しながらやったりして、すごい楽しくてわかりやすい」

子どもたちは、楽しそうに次々と説明してくれる子が多い。日常的に楽しみながら授業に取り組んでいることが伝わってくる。

取材日の国語の授業では、「ロミジュリ」方式で文のペアを探す場面もあった。子ども

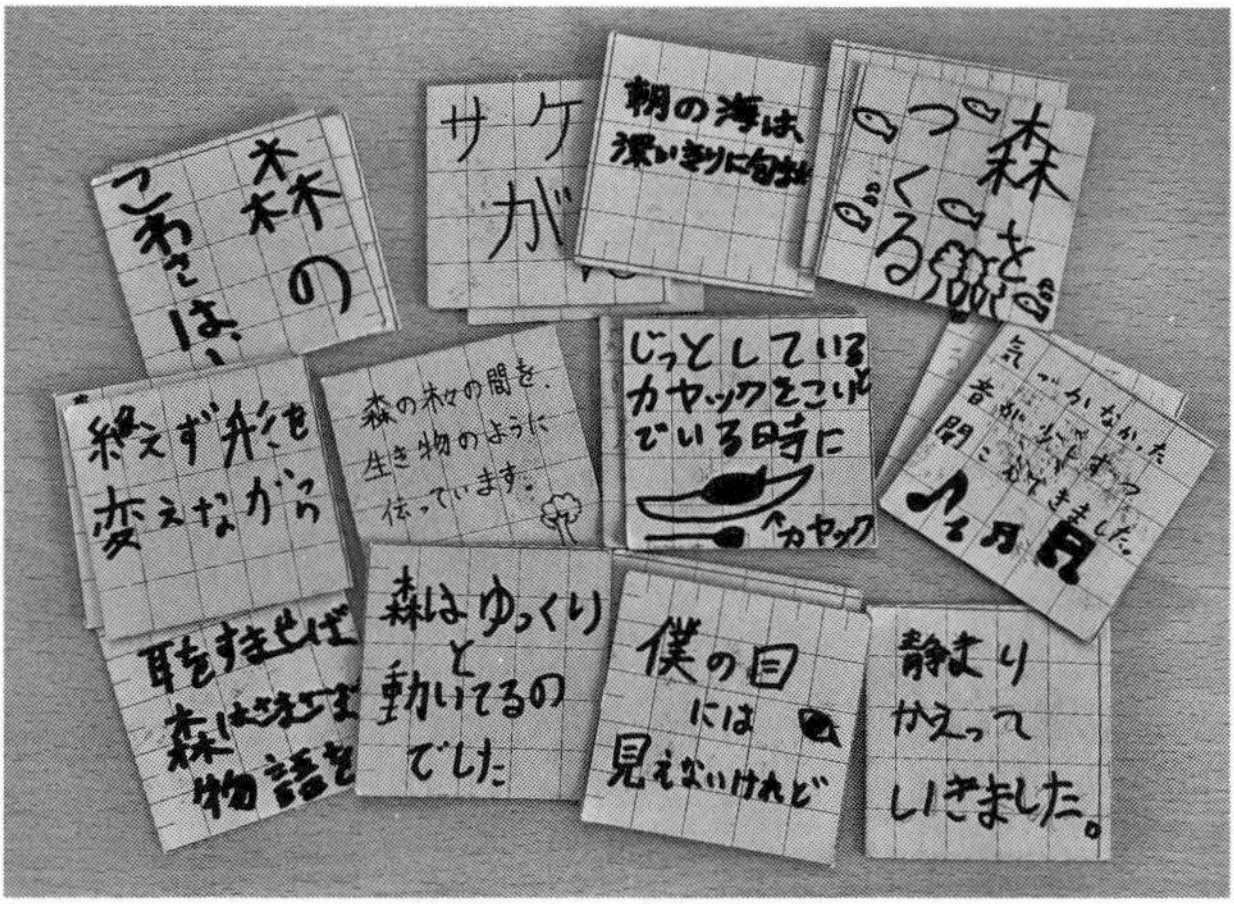

文の一部を書いたピース。ひとり一枚を手に持ち、ペアを探す

たちは手に文のピースを持ち、嬉々として声を出しながら歩き回ってペアを探す。自分が持っているカードの内容をみんなに知らせるためだ。時々、タブレットを開いて教科書の文章と見比べている子もいる。この時間のテキストは、星野道夫さんの「森へ」から抜粋された文章だ。

「私のカードは『僕の目には見えないけれど』です！」

「その続きは、『気づかなかった音が少しずつ聞こえてきました』じゃない？」

「『森はゆっくりと動いているのでした』のほうがいいと思う！」

　そうしてペアを見つけた人から座っていく。教室は熱気に溢れ、子どもたちは頬を紅潮させワクワクしながら答え合わせをする。正しい組み合わせの人もいれば、元の文とは違うけどその文もいいね、という組み合わせも現れる。ペアが見つかった後も、子どもたちはみんな真剣にそれぞれの文について話し合っていた。

一人も置き去りにしない授業のしくみ

「クラス全体の学習のめあてを毎時間黒板に書きますが、そこには必ず『全員が』という言葉を入れています。これは、全員ができなければならないということではありません。それぞれに取り組み方は異なってもいい。でも、自分が終わったらそれで終わりではなく、一人も置き去りにしないということを大事にしています」（宮下先生）

例えば、社会の時間には、黒板にこんなめあてが書かれていた。

「全員が、聖徳太子の政治アイデアでいちばんよいと思うものはどれかで応え合える人になる！」

めあての文章は、毎回このパターンにさまざまな文言が入る。このようなめあてを確認することで、「よし、やってみよう！」と、子どもたちのスイッチが入る。

社会の時間も宮下先生は板書をしない。前日の社会の時間には、三人の子どもたちが、聖徳太子についてそれぞれ調べ、どんなことをした人かについて授業を行っていた。この時間はそれをもとに、聖徳太子が行った中で自分がいちばんよいと思うことを一つ決め、違う意見の人と話し合いながら、考えを深めていく。黒板には、項目が五つ並んでいる。「天皇中心」「十七条の憲法」「冠位十二階」「遣隋使」「仏教」

黒板に書かれたそれぞれの項目の下に、現時点でこれがいちばんだと思うところに自分のマークをつけてスタート。子どもたちは教室の中を歩きながら、「十七条の憲法」を選んだ人と「遣隋使」を選んだ人、「仏教」を選んだ人と「冠位十二階」を選んだ人など、自分とは違うものをいちばんよいと考えている人を探し、自分がそれをよいと思う理由を伝え合い、互いの話に耳を傾ける。考えが変われば自分の意見を変えていい。そうして何人もとやり取りをしていくうちに、聖徳太子の行った政治アイデアへの理解は自然と深まり、自分の考えを伝える練習もできる。さらに子どもたちは、違う意見を持つ相手の話をしっかりと聞くことで、自分の考えも変化していくという体験を重ねていた。

算数の小テストをする時間には、「全員が満点を取るための空気感作りができる人になる！」という目的が書かれていた。テストに取り組む前にもみんなが夢中になるようなゲームが用意されている。班ごとに暗号が手渡され、暗号を解読するとテストが入った封筒が隠された場所を見つけることができる。見つけた班から各自テストを解いて、終わった人は終わっていない人を手伝ったり、ヒントを出したりすることもできる。

「算数で全員が満点を取ることは別に目的ではありません。実は、満点を取らなくてもいいんです。そこをみんなで目指したときに、どんなふうに子どもたちがやりとりするかを体験してほしいんです」

全ては世界平和につながっている

一斉授業では、理解の早い子どもたちが時間を持て余すというデメリットがあるが、宮下先生の授業では子どもたちが自ら調べたことをみんなに話したり、それぞれの班の中で仲間に教えたりすることが多い。そのため理解の早い子どもたちにとっても、授業中は充実した時間になる。教科によって差はあるとしても、常に教える側に立つ子どもたちも数人出てくることが想定されるが、それについてはどうしているのだろうか。

「学校では、人のノートを見たり、真似をしたり、ほかの人に教えたりするのはダメだということも多いのですが、私はどんどんやってほしいと思っています。人はほかの人に教えることでいちばん学習が定着するということを新年度のはじめに子どもたちにも伝えています。アメリカ国立訓練研究所によるラーニングピラミッドを見せるんです。そうすると、そうか、教えるのも大事なんだと理解してくれる子も多い。

苦手な子にわかりやすく教えることは本当に難しいので、苦労して教えた結果、相手が

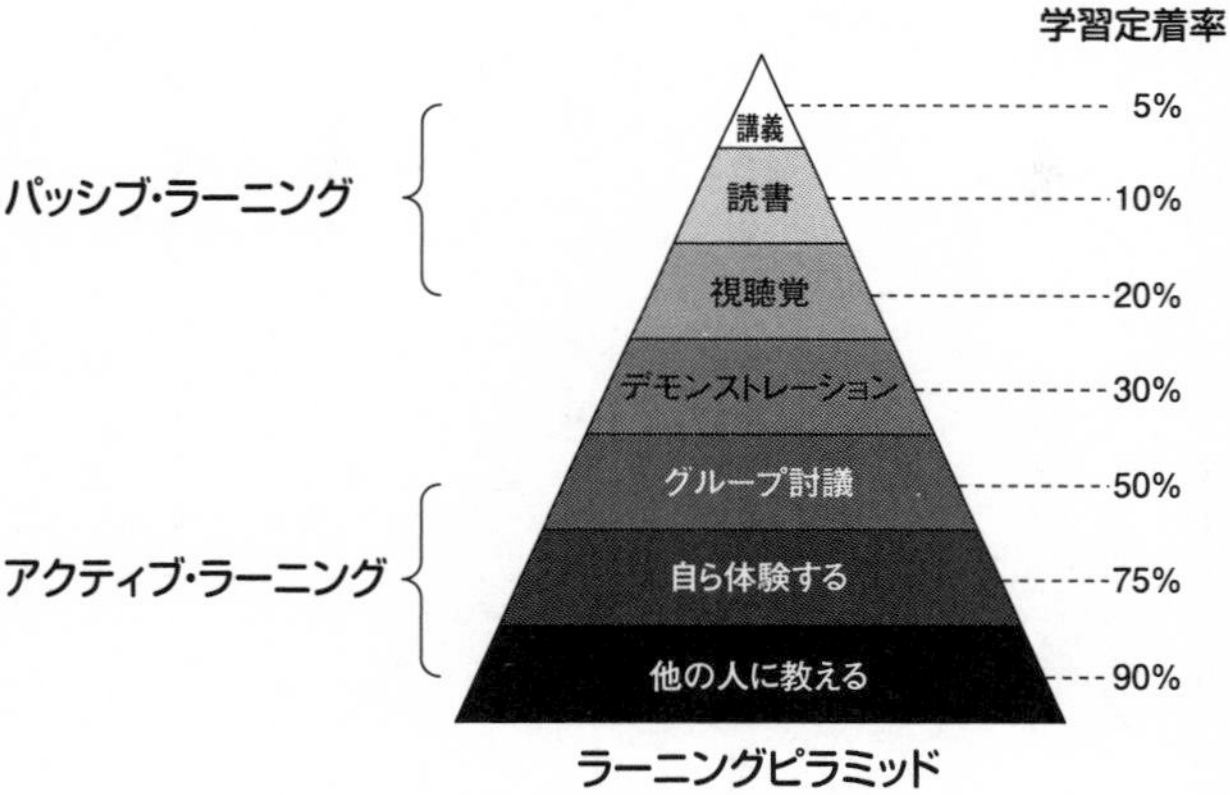

図3-1　ラーニングピラミッド（アメリカ国立訓練研究所の資料より）

わかって喜んでくれたら、自分も嬉しいですよね。仲間に教えるっていいもんだなと感じることができた子は、自分のことも後回しにして仲間に教えることもあります。

そういう関係性の中で学んでいると、これまで勉強ができないと言われて勉強嫌いだった子も、学校の勉強は簡単だからつまらないと言っていた子も、どんどん変わっていく。苦手だった教科、嫌いだった教科が好きになる子がたくさんいます」（宮下先生）

一方で、「究極的にはいろんな教科をまんべんなく好きになることも目的ではありませんよ」と宮下先生は笑う。社会でお互いの意見に耳を傾けたり、算数の問題を解いたりしながら、子どもたちはその教科のことだけを学んでいるのではないと話してくれた。

「分数の割り算なんて将来役に立つの？　という問いには私も答えられないんですよ。でも、できなくて困っている子がいるときに見て見ぬ振りをするとか、自分だけみんなより早くできればいいというのではなく、困っている子のところに行って自分にできることをするのは、自分にとって大事なことだと体験としてわかってほしい。そんな子どもたちが増えれば、世界は平和になると思うんです。

自分と意見の違う人と話し合いを超えて応え合うときも、これが絶対正しいとかどちらが間違っているかを競うのではなく、自分とは違うけど、なるほどそれもいいね、と思って意見が変わることもある。そういうことができればいいなと思います。

だからといって、世界平和のことを考えなさい、と子どもたちに言って聞かせることはしません。私自身が子どもたちのやりとりを見ているときに、ああ、このやりとりは世界平和につながっているなあ、大人はこれがなかなかできないんだよねと思うことがあるので、それをそのまま子どもたちに伝えています」

毎日は実験と検証の繰り返し

授業の新しいアイデアへの挑戦も、班の分け方も、もちろん初めからうまくいくことばかりではない。それでもとにかくまずやってみる、と宮下先生は言う。

「私はいつでも、実験だと思って軽い気持ちで始めます。これが絶対ではないし、パーフェクトでもないという気持ちでとにかくやってみるんです。前のクラスでよかったからといって全てのクラスに同じやり方がいいとは限らない。子どもたちにも正直にそう言います。『算数でこんなふうにグループ分けして実験してみたいんだけど、やってみていいかな？』とたずねます。そこで大事なのが子どもたちからのリフレクションです。『やってみてどうだった？』と聞くと、『結構いいね』とか『ここはこうしてほしい』という意見が出ます。

実験って、うまくいかなくても、ある結果が必ず得られますよね。最初からうまくいくことではなく、やってみて結果が得られることが大事。科学の実験でも、この方法はダメだということがわかることが成果です。ああ、このやり方だとこうなるんだな、ということがわかる。わかったらまたアレンジしてやってみればいい。その繰り返しです」

宮下先生は、子どもたちのリフレクションをしっかりと聞く。毎日、一日を振り返りながら、お互いのいいところについての気づきを報告し合うが、授業中のことや休み時間のことなどについても、何か困りごとなどがあればそれについて意見を出し合い、みんなで今後どう改善していけばいいかを話し合う。子どもたちが感じたことや気づいたことが生かされ、微調整することもあれば、全く違うやり方に変えることもある。そのプロセスに子どもたちも参加し、体験しながら考える。

「これが絶対に正しいからこのやり方でやりなさいというのでは独裁的になりますし、子どもたちはそう言われると多分やりたくないと思うんです。でも、『実験してみる？』と聞くと、いつも『やってみたい！』と言ってくれます。要するに、やってみた後に自分たちで検証して壊せるフレームだということが大事なんだと思います」

このような体験は、きっと子どもたちにも勇気を与えているはずだ。自分が新しいチャレンジをするときに、「最初から完璧じゃなくてもやってみていいんだ」「失敗しても大丈夫」「やってみて少しずつ変えていけばいい」と背中を押されるだろう。

クラスの中には、年度はじめに学校があまり楽しくないと感じている子や、友達との関係性がうまくいかない子がいるときもあるが、その子たちも少しずつ変わっていく様子が見られるという。

「新年度、四月の段階ではお互いに近くにいると落ち着いて学べない子どもたちがいることもありますが、その子たちをただ別の班に分けるだけでなく、この教科では同じ班にして一緒にやってみるといいんじゃないか、算数が嫌いな子もこのメンバーにすれば落ち着いて仲間に教えてもらえるんじゃないかと、そういうことを実験します。すると、いつの間にかうまくいかなかった子ども同士がとても仲良くなっていることも、算数が苦手だった子が仲間に教えてもらうことで算数の時間が楽しみになることもある。

人には必ず好き嫌いがあって、仲良くなれない子もいるのは当然だから、仲良くしなさいとは私は絶対に言わないんですけど、全員がまず楽しく過ごしながら、好き嫌いを超えて協力したり、一緒に考えたりできるようになってほしい。私は、子どもたちがそういうことができるようになる環境を整える実験をしているのかもしれません」

教師は子どもと社会をつなぐ「中間支援人」

宮下先生は、保護者にも積極的に授業に参画してもらう。自身が出会った地域の大人もゲストティーチャーとしてどんどん学校に招く。保護者や地域の人に、仕事に対する思いを語ってもらう。子ども同士だけでなく、子どもと保護者、子どもと地域、子どもと社会をつなぐ「中間支援人」だと自らを表現する。

コロナ禍には地域の人が校内に入ることや子どもたちが地域に出ていくことに大きな制限がかけられてしまっていたが、コロナ以前には保護者や地域との連携で多くのコラボレーション授業を生み出してきた。子どもたちの保護者や地域の人はみんなそれぞれ社会の一員だ。仕事を持っていたり、子育てをしていたりする。それぞれの職業について子どもたちに話をしてもらうことも、赤ちゃんを連れてきてもらうこともあった。

例えば、料理人、テレビプロデューサー、環境活動家、交通安全ボランティア、英会話教室講師、学習塾講師、画家、児童委員、裁判官、橋梁設計士、高速道路整備、語り部、太鼓奏者、カウンセラー、配送業、農家、バス運転手、警察官、美容師、看護師、介護士、小学校校長、中学校校長、ユニセフスタッフ、キャビンアテンダント、航空会社社員、絵本作家、消防士、ネイチャーレンジャー、カメラマン、小児科医、耳鼻科医、ホスピス医、IT会社社員、デザイナー、朗読家、ミュージシャン、ファシリテーター、ベンチャー企業起業者――。

保護者や地域の人だけでなく、宮下先生が学校外で個人的に出会った人も、興味を持った人には声をかける。取材の際にも、国語の時間に筆者にこんな声がかかった。

「国語の時間に、星野道夫さんの『森へ』を紹介するキャッチコピーになる一文と、その解説文をみんなに書いてもらっています。編集者でありライターの視点から、いくつか気になるものを選んでもらえますか?」

取材に来た私自身も子どもたちの教材となり、編集者やライターの仕事について話すことになった。そして、職業の視点から子どもたちが書いたものをさまざまなテーマで選ばせてもらった。授業参観に来た保護者や、授業を見学に来た人も「参観」では終わらせず、「参加」「参画」まで巻き込むのが「みやしー」流だ。授業参観日などにも、子どもたちで応え合う際に、保護者もどんどん入ってもらう。実際の社会で生きている大人たちから、生の声を聞くチャンスを最大限に生かしている。

地域の課題を自分たちの「好き」で解決

二〇一九年、コロナ以前に宮下先生が勤務していたある公立小学校では、担任していた学級だけで地元産小麦と野菜を使った商品化プロジェクトに取り組んだ。地元で小麦作りを体験させてもらい、地元のパン屋の協力も得て商品を開発し、どう発信するかまでを含めた一年がかりのプロジェクトだ。学年の単元は「地域や学校のためになる活動をしよう」。その四十六時間をベースに、道徳、学活と関連させながらの活動だった。

きっかけは、クラスのある子がこんな募集を見つけてきたことから始まった。特定非営利活動法人「I　Love　つづき」という団体の「地元の野菜と小麦を使って商品開発をしている。子どもたちの意見も取り入れながら作っていきたい。PRの仕方も考えてほしい」という都筑区内のプロジェクトだった。「I　Love　つづき」は、区の生涯学習学級グループで環境講座を実施した人たちが中心になって作った団体で、区内をフィールドワークし、気づいた課題に、行政やまちの人たちと協力し合いながら、解決するプロジェクトに取り組んでいる。

地元で小麦を作っているのは、特定非営利活動法人「都筑ハーベストの会」。そこでは、農を実践することで心の健康の回復を図り、「農」を通じて当事者、農家、ボランティア、地元住民が一体となるコミュニティを作り、相互に支えあい、助け合える地域社会づくりを実践することを目指していた。

宮下先生の授業スタイルのもと、子どもたちはそれぞれに主体的に動くことが身についており、地域へのアンテナも高くなっていたのだろう。提案を受けたクラスの仲間たちからも、新しい試みに対して「やってみたい！」という声が高まった。

「子どもたちの課題発見力を育てようとよく言われますが、課題はわざわざ発見しなくても、すでに世の中にたくさんあります。この時も、地域にすでにある課題をテーマとして、子どもたちが自分たちの好きなことと組み合わせてどうやって解決に向けていくか、それを誰にどうやって発信するかを考えることにチャレンジしました。その中で子どもたちが新しい課題に気づき、テーマから外れていってもいい。この年は、地域や世界の課題について学んで商品開発をするだけでなく、子どもたちのアイデアから、みんなでダンスパフォーマンスをしてPRするところまで辿り着くことができました。ラジオやテレビ、新聞でも取材を受けましたし、小麦の種まきに卒業前に参加した子どもたちは、学校を卒業しても野菜の収穫、小麦の刈り取りなどに自主的に参加していました」

子どもたちが学校を飛び出し、障害のあるなし、年齢や世代を超えてお互いに異なる環境に飛び込んで活動を続けたことで、地域の人たちもまた、学校の子どもたちや教員と知り合い、新しい交流が始まったという。

子どもが一人きりでは学ぶことができないのと同じように、教師一人だけで子どもたちに世界を教えることはできない。子どもと保護者、子どもと地域、子どもと社会をつなぐ「中間支援人」として、教員の役割を柔軟に考えることで、可能性は広がっていく。

宮下先生は教員になって三十七年目を終え、二〇二四年三月で教員を退職した。五十九歳の春だ。

「私が思う公立の学校のおもしろさは、世界に一番近い状態にあるというところです。いろんな人がいて、いろんな思いがあって、自分の思い通りにはならない。だからおもしろい。逆に言えば、大変だからおもしろがるしかないということもあります。

そして、そこで『応え合い』が必要になるのです。

長年の教師生活には、うまく行かないこともたくさんありました。私はどちらかというと子どもたちや保護者の視線で授業を作っていきますが、ほかの先生から『宮下先生のクラスだけ、ほかのクラスと違うことをされては困ります』などと苦情が出たこともももちろんあります。そんなときは、じゃあどうしようかと子どもたちに相談し、応え合い、こうしてみたらどうだろうという実験を繰り返してきました。

私が子どもたちに何かを教えるというより、子どもたちに生きる元気をもらってきました。たぶん、教室に来て関わってくれた保護者の皆さんや、地域の皆さんもそうだったと思います。そうして、私自身が世界平和を目指すプロセスを楽しみながら、ここまで公立の小学校の先生を続けてこられたのだと思います」

エラー&トライで自分に合う学び方を選ぶ――東京都新宿区立柏木小学校

「板書を書き写すだけのノート」を廃止

「柏木小学校に校長として赴任した二〇二〇年当初より、一斉指導からの脱却を目指してきました。私自身、現場に立っていた頃から一斉指導にずっと違和感を感じていたので、教科書や指導書をほとんど使わずに授業をしていました。先生の板書を全員がそのままに転記するノートもあまり意味がないと考えています。柏木小学校では、『板書を書き写すだけのノート』も廃止しました」

そう話してくれたのは校長の竹村郷《さとし》先生だ。これまで東京都内のさまざまな小学校に赴任してきたが、外部の民間企業と連携した実践も数多く、授業用機器の共同開発を行ってきた実績もある。新しい授業スタイルやアイデア、授業用の最新機器など、子どもたちの学びに役立つものは、前例がないものでも積極的に授業に取り入れてきた。

「最新機器を取り入れてきたのは、私が初めて副校長として着任した小学校が、たまたまデジタル機器の導入で全国的に注目されている学校だったことがきっかけです。当時の総務省の『フューチャースクール推進事業』がスタートしたのが二〇一〇年で、その学校は実証校のひとつでした（学校現場におけるＩＣＴ環境構築を推進するため、総務省主導で全国で二十校が実証校となった）。私自身はノンデジタルな人間なので、ＩＣＴはあまり詳しくありません。ただ、ノンデジタルな考え方からデジタル機器をどう見るか、デジタル機器を授業でどう使うかを検証することはできました。その視点を持って企業の皆さんと一緒に授業をつくり、その機器が何に使えるのかを試行錯誤したわけです。

ＩＣＴは便利な面もありますが、実際に授業に取り入れて検証してみると、全てをＩＣＴで置き換えるのは良くないということもわかりました。デジタルが得意な先生たちは使い方が得意なだけで、本来の深い授業ができないことも多かったのです。大切なのは授業をどのようにおもしろく構成できるかですから、デジタル機器を使う授業を行う前後に、企業の方々、担任の先生、そして当時副校長だった私で、何時間にもわたって検討を繰り返したものです。

つまり、アナログでも十分におもしろい授業をまず構成することが最も重要で、そこに手段としてデジタル機器を組み込むことで、いかに効率を上げ、できることを拡張するかというだけなのです」

グラフィックレコーディングからのひらめき

個別最適化学習や主体的・対話的な学習の推進は、デジタル機器によってのみ可能になったわけではない。竹村校長先生は、以前から民間企業とコラボレーションの機会を多く持っていたため、民間企業の仕事の進め方からヒントを得て改善してきたことも多い。

社会科で「板書を書き写すだけのノート」を廃止し、一斉指導の時間を減らしたところ、子どもたちは自らの興味関心をもとに学習課題を設定できるようになり、学びへの姿勢が大きく変化したという。これは企業との会議がヒントになった。

「学びは定型のまま伝える部分も必要ですが、その過程で自分自身が自由に発想したことを言語化し、表現するプロセスが必要です。例えば企業では、会議でホワイトボードを使い、思いついたことやそれぞれのアイデアを共有し合いながら全く新しい考えを生み出しますよね。以前から、あれはいいなと思っていて、授業にどう取り入れていけばいいかを考えていたんです。そんなとき雑誌をパラパラとめくっていたら、グラフィックレコーディングというものに出合いました」

グラフィックレコーディングは、イラストや文章、図などを多用しながらリアルタイムで会議や講演内容をまとめていく手法だ。近年、企業の会議をはじめ、さまざまなセミナーや講演会などでも多く取り入れられるようになっている。

「最初の頃はグラフィックレコーディングも手書きで模造紙に描いていたようですが、今はタブレットで描く人が多いですよね。グラフィックレコーディングは、自分なりに一度かみ砕き、絵と文字を使いながら配置を工夫して関係性を含めて表現する記録です。また、それを見る人にもわかりやすく伝えられるように作成していきます。本質をつかんでイメージを可視化するにはデザイン力も必要です。つまり、自分で考え、咀嚼しなければ描けません。これを授業に活かしたいと思っていたんです。

まず、教師がグラフィックレコーディングをできるといいなと思いました。グラグリッドという会社に協力していただき、教師への研修をお願いしたのが二〇一七年のことです。それ以来、新宿区立落合第六小学校（二〇一五年度から二〇一九年度まで校長として勤務）では教師だけでなく子どもたちにもワークショップを行いました。柏木小学校には二〇二〇年度に着任しましたが、引き続きこちらの学校でもさらに進めてきました」

学校では、文章でノートにまとめることがほとんどだが、子どもたちの中には言語的な理解や表現が得意な子もいれば、視覚的な理解や表現が得意な子もいる。自分なりに工夫しながら絵を描き、色分けし、好きな場所に配置しながらノートをとることで、その単元に関する理解が深まる効果も高まる。四コマ漫画を作ったり、好きなキャラクターを登場させて自分が気づいたポイントを書き込んだりすることで、その記憶はしっかりと定着するだろう。子どもたちはオリジナルのノートづくりを楽しむようになっていった。

さらに、一人一台の端末が配備されたことで、いっそう手軽に感覚的にノートをまとめられるようになった。絵が苦手な子でもイラストや写真を貼り付け、色をつけることが簡単にできる。新宿区ではベネッセコーポレーションのミライシードというソフトが使用されているが、その中にパッケージされているオクリンクという機能を使うと、それぞれが作成した画面を瞬時に全員で共有することも可能だ。ほかの友達の違う視点やアイデアからさらに刺激を受け、新しい考えが生まれるチャンスは格段に増えている。

「これまでの教育は『AからA′』をつくるものでしたが、これからは『AからB』『AからC』を生み出す教育にしていく必要があると思います。その点でも、デジタル化によって可能になったことがたくさんあります。私自身はデジタルの端末を使いこなせませんから、そろそろ次の世代につなげていきたい。柏木小学校でも今、現場の先生たちがとても頑張ってくれていますよ」

自分に合う学び方を手にいれる

柏木小学校では、一人一台のタブレットを文房具のような位置付けにして、いつでも自由に使えるようにしている。子どもたち自身が調べ物をしたり意見などを共有したりするほか、教員が教科書をベースに単元ごとの学習問題を設定し、その単元に入る前にタブレットで子どもたちに学習計画を提示することが多い。

六年生担任（二〇二一年度）の高橋蔵匡《そうま》先生に、具体的な授業の進め方をお聞きした。

「例えば、六年生の社会科では歴史を学んでいますが、単元に入る前に図書館支援員と相談し、参考になる歴史の本や資料をたくさん用意していただきます。また、私自身で、社会科資料室にあるその時代に使用されていた道具の模造品を取り出してきて、教室の棚に配置し、環境整備に力を入れています。実際の授業では、三、四時限をかけてその環境を子どもたちそれぞれが自由に使いながら、デジタル教科書やインターネットも参考にして各自で調べ、絵や文章を使ってタブレット上でまとめます。まとめ方は自由ですので、文章でまとめる子もいれば、絵を多用する子もいます」

ただ、各自で自由にノートをまとめるとなると、自分では進められない子も出てくるのでは、という疑問も残る。

「最初の頃は、ほかの人はどうしているかばかりを非常に気にしたり、とにかく先生が答えを提示するのを待っていたりする子が多かったのですが、徐々にそういうことはなくなっていきます。子どもたちには、自分なりに試行錯誤しながら、こうやれば上手くいきそうだと思う方法を手に入れていく力があるのです。

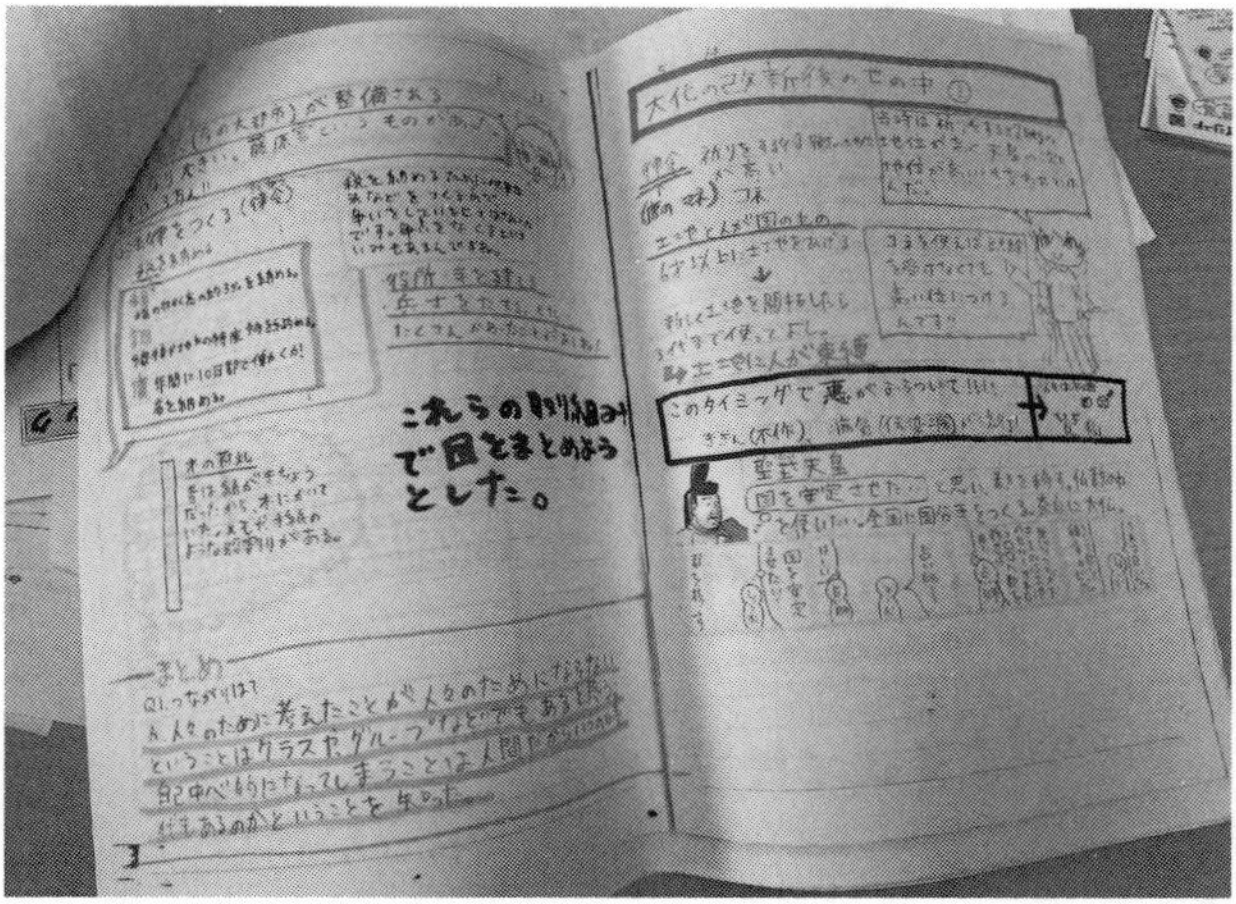

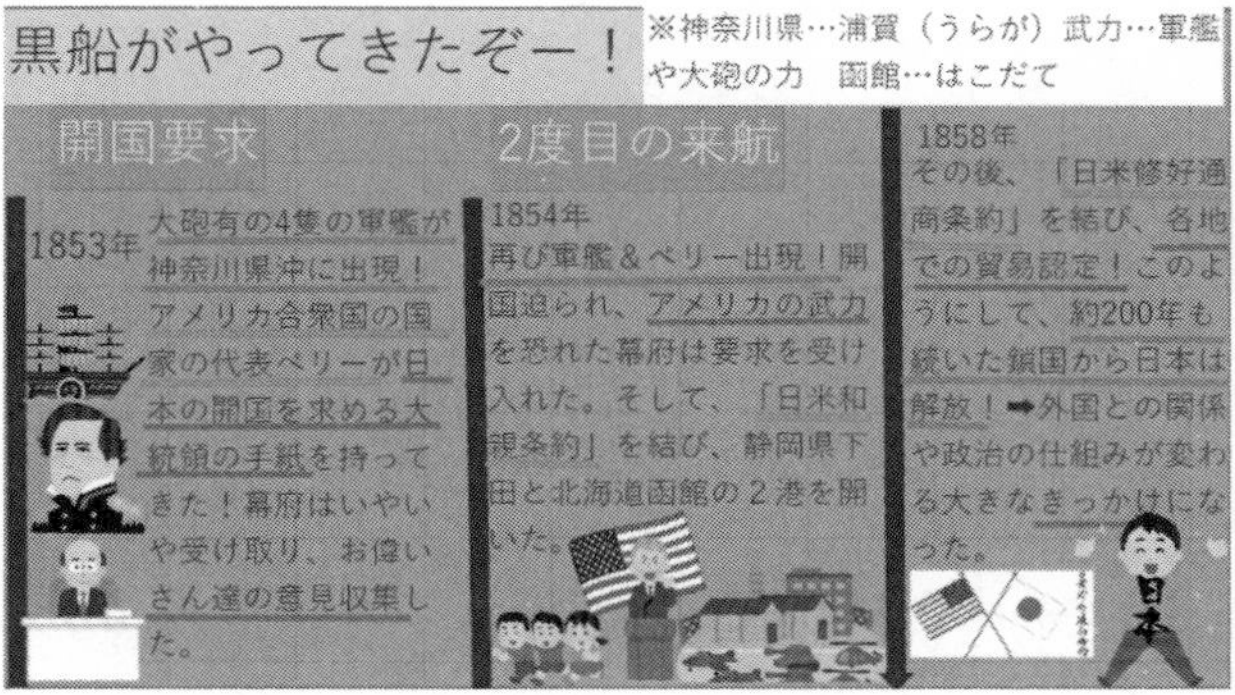

ノートにまとめた様子（上）とタブレットでまとめた様子

先ほどお話ししたように、ミライシードのオクリンクの機能を使えば（他社の製品でも一斉に画面を共有できるソフトがある）、社会では、各自でノートをまとめている途中でも、自分のタブレットで一覧表示ができ、みんなのまとめ方を随時参考にできます。すると、もっとわかりやすくまとめたいという気持ちも出て、工夫が見られるようになります。最初はただ教科書の文章をそのまま打ち込んでいただけでも、徐々に矢印を入れてみたり、画像を自分で貼り付けてみたりする。半年で子どもたちのまとめ方は大きく変わっていきます。特に、必要なキーワードを使ってまとめる力はとても伸びています」

そして最後の一時間で、『この人のまとめがすごい！』を選び、選ばれた本人がそのまとめを使いながらみんなの前でプレゼンテーションを行う。子どもたちは発表を聞いて、自分で参考にしたい部分を取り入れ、単元を終えるごとにクラス全体でお互いに高め合っていく姿が見られるという。

「あらかじめその単元についての知識がある子は、よりマニアックな知識をどんどん自分で深められますし、うまく進められず困っている子はリアルタイムで私がフォローできるので、理解度や習熟度にかかわらず自分のペースで取り組むことができています。

また、それは体育でも同じです。例えば器械運動などでは、自分はひたすら反復したほうがやりやすいという子もいれば、簡単なところから少しずつステップアップしていったほうがいいという子もいます。資料を見比べながら理論的に理解してやってみる子もいます。自分にどういうやり方が一番合っているのか自分でわかることはとても大事です。『次の時間はこれをやろう』と自分で主体的に考えて授業に臨んでいる子が増えたこともうれしい変化です。休み時間の子どもたちの会話を聞いていると、大学のゼミのやりとりのようだなと思うこともあるくらいです」

一般的に自由進度学習というと、自分のペースでデジタルドリルなどに取り組むことをイメージするかもしれない。もちろん、柏木小学校でも算数などはＡＩドリルも使用している。正解不正解に応じて補習問題が出てきたり、発展問題が出てきたりすることで一人ひとりの習熟度にカスタマイズされた問題を次々に解くことができる。教員もプリントの準備が不要になるメリットは大きい。

しかし、このように、同じテーマについて自分の興味をもとに自分なりに調べてまとめることや、自分に合った学び方を自分で見つけてカスタマイズしていくこともまた、自由進度学習ではないだろうか。子どもたちは自分が知りたいことを調べ、楽しみながらノートをつくる。体育ではどの練習方法が自分に合っているかを自分で選ぶ。もっとこうしたほうがいいと気づけば途中でやり方を変えることもできる。さまざまな教科で試行錯誤するそのプロセスで、自分に一番合う学び方を自分で選ぶ体験を繰り返している。

教員の役割は「学びの足跡を整理し見える化すること」

「板書を書き写すだけのノート」を廃止し、一斉授業を減らしたことで、教員の役割や時間の使い方にも変化が出てきたと高橋先生は言う。

「今は、単元ごとの事前準備、主に環境整備と、その単元の時間の中でのタイムマネジメントに力を入れています。そこまで準備したら、あとは出たとこ勝負です。毎時間、子どもたちから出てくるもので授業を組み立てていきます。もちろん、押さえておきたいポイントや気がついてほしいところは個別に声をかけています。

以前は各自がノートやワークシートに取り組んでいるところを一人ひとりじっくり見る時間はほとんどありませんでしたが、今は、教卓にいても私自身が手元のタブレットで全員の進み具合を確認できますから、なかなかひとりでは進められない子や困っている子に声をかけたり、寄り添ったりできるようになりました。私自身も、授業の準備にかかる時間がずいぶん短縮できて助かっています。板書の準備や、プリントを作成して印刷する必要もなくなりますので、物理的に印刷の時間も不要になりました。

また、本校では、体験とタブレット端末の活用のベストミックスを研究の視点にしてきました。私の授業でいえば、タブレットを使用してノートを廃止する以外にも、コンパクトに指導内容がまとめられている動画を取り入れることで指導時間に余裕ができ、実物に触れたり、実際に外に出て活動したり、子ども同士で交流する時間が確保できるようになりました。時間的な余裕が生まれることは、ＩＣＴの強みだと思います」

しかし、だからといって教員が板書を全くしなくなったわけではない。

竹村校長先生は、「板書を書き写すだけのノート」を廃止したことで、教員の本来の役割を取り戻してほしいと願っている。

「子どもってすごいんですよ。多くの子どもたちは、先生を見ながら力加減をしています。ここまでは言ってもいいだろう、これはちょっと先取りしすぎかな？　などと考えて行動します。保護者の方も子どもの頃にきっとそういう経験があるはずです。極端な話で、習っていない漢字を使うとバツにするなんていう話を聞きますが、教科書の順や段階にこだわり過ぎると、子どもたちには何の自由もなくなってしまうのです。

本来、子どもは大人が設定した範囲を超えてさまざまに伸びていきますし、伸び方も違う。大人は子どもたちの発想にはかないません。子どもたち自身がまず『自分たちは自由だ』という認識を持って、相互に交流し合うことができれば、たくさんのことに気づき、学べます。学習の範囲に関係なく、興味を持てばどんどん力を発揮します。子どもたちの力に制限はありません。私は子どもたちを心から尊敬しています。

学校などではよく、教員から『学習の範囲や制限をはずして自由にやらせると、学力が低い子との差がひらいてしまう』という意見が出ることもあります。しかし、伸びる可能性がある子を押さえつけるのではなく、誰もが自由に伸びていけるようにすれば、その子たちが助けてくれるのです。

子どもたちに授業をしてもらうとおもしろいですよ。たとえば、体育の授業で逆上がりをするときには、逆上がりができる子に、どうすれば逆上がりができるかみんなに説明できるかな、とたずねれば、その子なりのやり方をみんなに教えてくれます。

先生がするべきことは、その子が話したことや、それに対するほかの子どもたちとのやりとりを板書して見える化することです。どんな考えが出て、そこからどのように展開したのか、『学びの足跡』を整理し、記録する。そのときに、先にお話ししたグラフィックレコーディングを使うと子どもたちにもわかりやすくなります。子どもたちの授業中の発言は、正解が出るまで板書されないことが多いようですが、どんな意見でも分類しながら書き留めていけば、『正解を言わなければならない』という子どものプレッシャーがなくなりますし、教師自身も子どもたちの発言を受け止めて可視化できます。

アナログでもデジタルでも、子どもたちがそれぞれに進めている学びの足跡を整理して見える化することが先生の役目ですし、それこそが本来、先生たちがするべき板書なのだと私は考えています」

柏木小学校では、先生が教壇に立ち、一方的に話をし、知識をつたえる「教え」から、子どもたちが主体となって「学ぶ」様子を教師が見守ることへの転換が行われている。

このような取り組みについて、保護者からもうれしい声が高橋先生に届く。

「今は宿題をほとんど出していませんが、これまで学習が苦手だった子も、家庭でタブレットを使って積極的に授業のまとめの続きをしていると保護者の方が教えてくださいます。以前よりも勉強を楽しみながら頑張っています、という声も届きます。学びに対する姿勢が主体的に変わってきているという手応えはありますね。一律でノートを取らないことへの不安はあまり聞きません。姿勢が主体的に変わると結果もついてきますから、保護者の方も安心してくださっているのだと思います」

「失敗を経験する場」としての屋上農園

各クラスの授業以外に、竹村校長先生が自ら子どもたちの体験活動の場を作っていることも柏木小学校の特色だろう。

「人は体験を通してからしか学べません。私は、学ぶためには体験活動が必須だと思っています。本校の体験活動のひとつとして、今、学校の屋上を利用して畑を作っています。

社会の教科書には、農業は大変だ、作物を作るには苦労がたくさんあると書いてあるのですが、字面だけではその大変さや苦労はわからない。収穫の喜びも、実際に収穫したことがなければどんな喜びか知ることはできません。頭でわかったつもりになっても、本当の共感はできないでしょう。デジタル化が進む今だからこそ、デジタルで得た知識をリアルに想像できるような体験をこれまで以上に大切にしたいのです」

東京のど真ん中、新宿からひと駅の大久保駅から程近い柏木小学校では、学校の敷地が限られているため、畑にするスペースはない。そこで、それまで使用されていなかったおよそ千平方メートルの屋上に、協賛企業から提供を受けた土を敷いて畑を作り、有志の子どもたちや保護者と一緒に野菜作りから販売までを行っている。四十人ほどが毎週末に集まり、水やりや手入れをする。平日は校長自ら水を撒く。大根、小松菜、イチゴやスイカ、トウモロコシ、オクラ、トマトやキュウリなど多彩な作物の収穫量は、年間一トンを超える。収穫した野菜や果物は、地域で販売を行うことも、子どもたちが持ち帰ることもある。

夏休みのある日、収穫と販売が行われた。校長先生が、集まった子どもたち、保護者たちを前に口火を切る。

「今、夏野菜が育っています。トマトとナス、ピーマン、キュウリ、トウモロコシ、それからスイカも収穫できそうですね。さてここで問題です。トマトは何の仲間でしょうか?」

「何だろう」と子どもたち。

「果物かな?」

「ナスじゃない?」

「あたり。実は、ナスとピーマンは、トマトの親戚です。今日は販売の日なので、自分で野菜をよく見て、売れそうな野菜を収穫してください」

子どもたちは、収穫できそうな野菜を探しにいくが、迷うと校長先生に確認していた。

「校長先生、このトマト売れるかな?」

「あなたはどう思う?　売れると思う?」

「売れると思う!」

「じゃあそれを収穫しよう。あなたが売れると思ったらそれを収穫すればいいんだよ」

都会の子どもたちは、自分で決めることに慣れていないと竹村校長先生は言う。先生や保護者の顔色をうかがいながら、失敗しないように行動することが多い。

「次はスイカを選ぶコツを教えるよ。どんな選び方があるかな?」

「大きいスイカ」

「重いやつ!」

「模様とか色かな」

「じゃあ、お母さんにも聞いてみようか。スイカを買う時、どうやって選びますか」

「叩きますね」

「どんな音だと美味しいんですか？」

「高い音、かしら」

「そうですね。ポンポンと弾むような音のスイカは、ハリがあって美味しい。ドンドンという低い音のスイカは、収穫時期を逃してしまったから中が崩れていることが考えられます。同じ大きさのスイカ、叩いて比べてみよう。同じ大きさなのに音が違うね」

子どもたちはうれしそうにスイカを叩きながら、これはと思うものを収穫していく。大きいスイカは八キログラムを超えるものもあるため、一、二年生は上級生に手伝ってもらい、二、三人がかりで収穫していた。手を動かすのは子どもたち。保護者はその周りで子どもたちの様子を見守り、夏場は水分補給の声かけをする。

収穫が終わると、今度は袋詰めが始まる。校長先生からはこんな声掛けがあった。

「では皆さん、ビニール袋に百円で売れる量を詰めてください。これなら百円で買ってもらえるという量だよ。みんなで相談しながら考えてみよう。スイカは、いろんな大きさがあるから、六年生が値段をつけてみようか」

袋に入れる量が少なすぎると、売れ残ってしまうこともある。値段をつける時や袋詰めをするときにも、最初のうち子どもたちは校長先生に確認を取ることが多かったというが、今ではそれぞれが考えてできるようになった。この活動で竹村校長先生が子どもたちに体験させたいのは、「失敗を経験する場」だ。

「子どもたちは失敗をしたくないので、最初は周りの様子や大人の顔色を見ておそるおそる動きます。でも、屋上での野菜作りなんて失敗ばかり。一年目は芽が大きく育たなかったし、二年目、三年目には台風で収穫前にダメになってしまった。屋上は非常に気温も高くなり、水やりを欠かすとすぐに干上がるので枯れてしまったこともある。収穫した野菜が美味しそうじゃないことも、虫に食われていることもある。袋詰めした量が値段に見合わないこともある。それはもう、大変なことが次々に起こります。

でも、そういう失敗をしてほしいんです。なんでもエラーはつきものなんですよ。成功することより、正解を出すことより、自分で考えたり選んだりして、自分で決めることが大事。それで失敗すれば次は何か工夫すればいい。いろんな学年が一緒になって取り組む機会でもあるから、そういう意味でも貴重な場だと思っています」

子どもたちは袋詰めした野菜をリヤカーに載せ、自分たちでリヤカーを引いて、学校から徒歩数分の地域センターに運ぶ。地域センターに到着すると、野菜販売を聞きつけた地域の人たちがまだかまだかと列を作って待っていた。

学校の近くの地域センターに野菜を運び、子どもたちが販売する

「一個百円ですよ。トマトどうですか」

「農薬も使っていません。おいしいよ！」

子どもたちが野菜を並べ、計算もお金のやり取りも行う。この日は、十五分もしないうちに全ての野菜が売り切れた。地域センターの所長や町会長も子どもたちを歓迎し、地域の人たちとの交流の様子を微笑ましく見守っていた。

「こういうことを繰り返していると、畑に詳しい人が手伝いたいと手を挙げてくださるんですけど、そういう方は、失敗しないように指示を出してくださいます。そうすると、子どもたちが言いなりに動いてしまってあまり良くない。失敗も減るでしょうね。人手があるのは助かるのですが、そこはちょっと難しいところですね」（竹村校長先生）

学ぶ目的は「正解を出すため」ではなく「自分自身を知るため」

竹村校長先生は大学時代、教師を目指していたわけではなかった。両親は教師だったが教師という職業にあまり興味がなかった。実家のある茨城県の教員採用試験に受かっていたため、教員に空きが出たタイミングで声がかかり、成り行きで教員になったと笑う。

年度途中で受け持つことになったクラスは学級崩壊寸前。とにかく結果を出さなければと、当初は子どもたちをプリント漬けにした。

「指導書を見ても出てくる単語がよくわからず頭に入ってこなかったので、とにかく学力テストで結果を出せばいいんだろうと、東京に出ていろんな問題集を買ってきて、片っ端から印刷して、大量のプリントを子どもたちにやらせていました。ある年には、うちのクラスの四教科全ての平均点が九十五点以上になり、茨城県一位になったこともあります。そうしたら、校長に呼び出されました」

ほめられるのかと思っていたら、その時言われたのはこんな言葉だった。

「あなたがやっているのは塾のやることだ。印刷も禁止です」

それでも隠れて印刷をし、本を読ませようと自腹で本を買って教室に並べ、数年間はテストで結果を出すことばかりを追い求めた。

風向きが変わったのは東京都の教員となり、三宅島に異動になった頃からだった。竹村先生が担任すると、そのクラスだけテストの点数や成績がぐんと上がる。卒業させた子どもたちが通う中学校の先生からの評価は高いものの、子どもたちからは全く好かれない数年だった。それでも何がダメなのかあまりわかっていなかった。その後、今度は島とは正反対の環境にある、表参道の区立の小学校に異動になった。

「表参道のど真ん中にある小学校で、教育熱心な保護者のもとで育った子どもたちです。当時は有名小学校を受験して入れなかった子もたくさん通っていました。最初の年は一年生を担任したのですが、みんなすでに小学校に入る前にプリント漬けにされていた。そうすると、その子たちにただ問題集をコピーしたプリントをさせても、もともとできますから楽しくないんです。子どもたちも、そして私自身も楽しくない。今思えば、茨城県でプリントばかりやらせて点数を上げて、それが一体何になったんだろうと思います。あの時間で、ほかにできることがあったんじゃないかと思う。でも、その時私にできる精一杯はそれしかなかったんですね」

表参道の学校で、今までのやり方ではダメだと気づき、子どもたちが夢中になって取り組んでくれるものは何かを必死になって考えた。そこで編み出したのが算数の問題をロールプレイング方式にしてプリントを作ることだった。すると、子どもたちがおもしろがって「先生、次のプリント早く作って！」というほど積極的に取り組み始めた。

「私はその学校で一番若くて指導力も何もありませんでしたが、子どもたちも親も一緒になってそのロールプレイングゲームを解くことに夢中になってくれました。子どもたちは興味を持てばどんどん取り組んでくれる。私が楽しめば楽しさは伝わる。どうすれば興味を持ってくれるのか、どうすれば楽しんでくれるかをようやく考えるようになりました」

竹村先生は、その後もさまざまな方法を試しながら、失敗を繰り返し、自分も楽しめる授業を追求し、授業を作り替え続けた。

「私はトライ&エラーではなく、エラー&トライです。とにかく失敗が先。常に失敗ばかりです。教師も子どもたちも、失敗してもいい。大事なのはそこから次にどうつなげるか。自分が思い描いていた姿まで辿り着かなかったとしても、それは最初に思い描いていたものがそれだけ大きなテーマだということ。エラーしてもトライし続ければいい」

そして、全ての根底にあるのは、「教員自身が楽しくなければ子どもたちに楽しさは伝えられない」という信念だ。

「成績もテストの点数も意味がない。僕が新任の頃にテストの点数を上げるためにやってきたことは何の意味もなかった。本校（柏木小学校）ではワークテストもやめました」

ワークテストとは、カラーで印刷された既製のテストだ。業者が教科書に沿って作成し、同じ教科書を使っている学校では大体同じようなものが使われている。

「ワークテストを使うと、そこに掲載されている問題を解くことがゴールになってしまいます。そしてそのテストでの点数を記録して、その平均点から成績をつける。それは本当に意味がないと思うんです。四月、五月、六月が全然ダメでも、七月に深く理解することができればAでいいじゃないですか。大事なのは、失敗しても、間違ってもまた次に取り組もうと思えるかどうかであって、コンスタントにいい点を取ることではないのです。

例えばスポーツ。ラグビーと水泳とバスケットボール全部できないと運動ができないことになるのでしょうか。何か一つでも取り組んで、運動の楽しさに触れられたらいい。図形が苦手でも、算数の本質をつかみ、自分なりに取り組むことができればいいんです」

現在、柏木小学校では、三年生以上の算数と国語は学習方法を問題解決学習か課題解決学習かを子どもたちが自分で選べるコース別学習とし、それぞれに問題解決学習のルーブリック、課題解決学習のルーブリックを使い、評価を行っている。

ルーブリックとは、子どもたちを点数だけで評価するのではなく、学習目標に対する達成度をどのような観点で評価するかを明確に示したものだ。教員が事前にルーブリックを作成して子どもたちにも伝えておくことで、自分の現在の取り組み方を捉えながら、次に何を目指すべきかがわかりやすくなる。

問題解決学習より課題解決学習のほうが難易度は高いが、そちらのクラスを選んだから

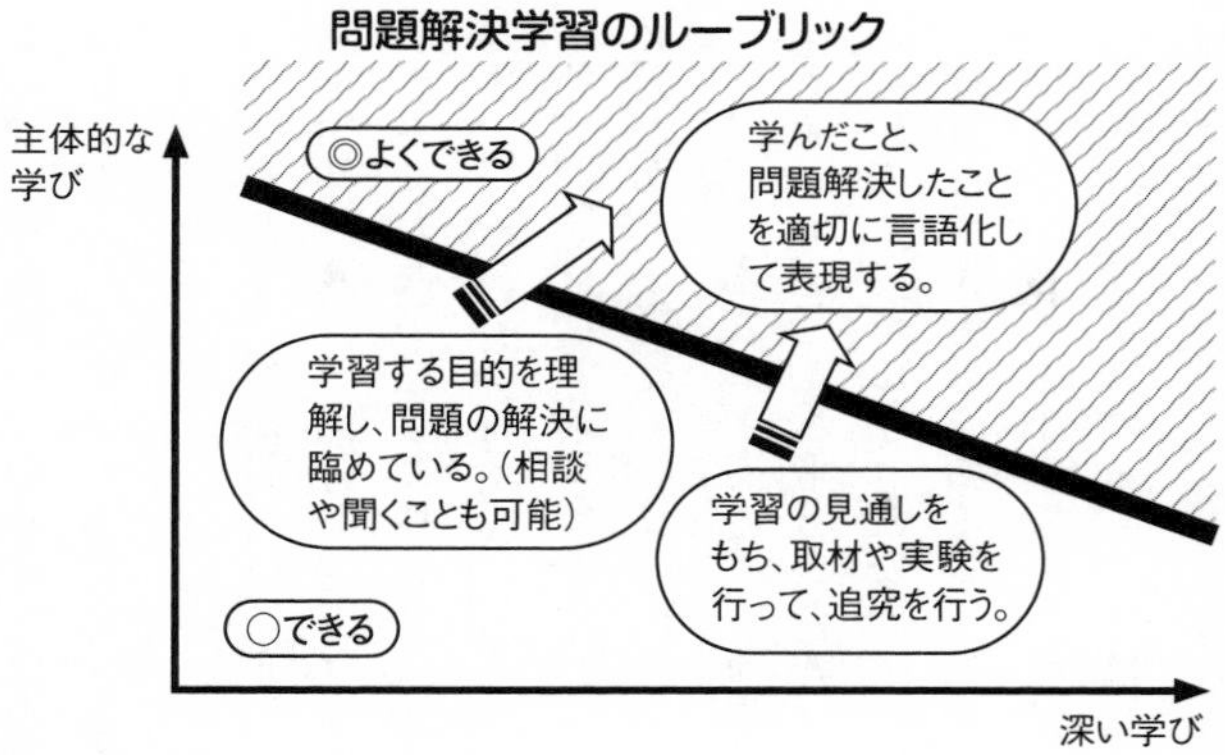

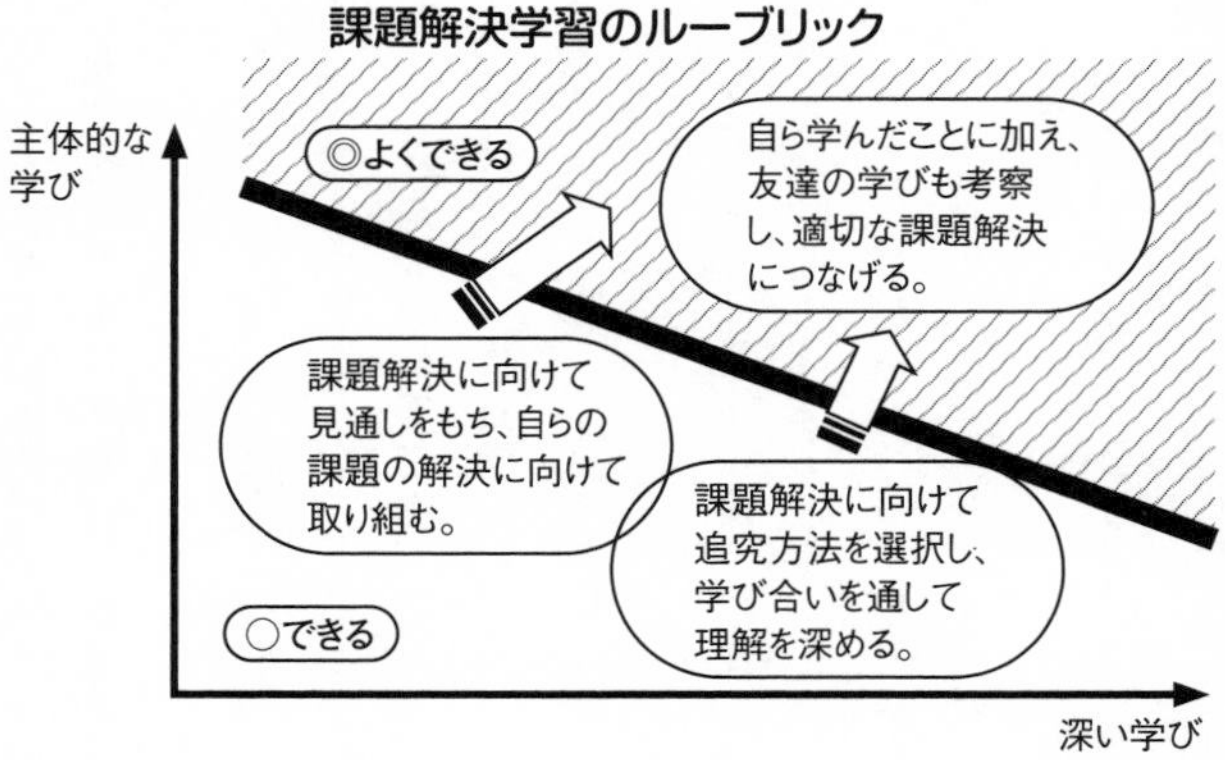

☆コース別学習で、問題解決学習を選んでも、課題解決学習を選んでも、評価はそれぞれに行います。課題解決学習が難易度として難しいので、そちらを選ぶと好成績ということではありません。

図3-2　問題解決学習と課題解決学習のルーブリック。(「令和5年度新宿区立柏木小学校学校経営方針」より)

といって好成績になるわけではない。子どもたちは自分のペースや学びたい方法を選び、自分が選んだ学習法の中でどのように取り組んだかを評価される。子ども自身の判断で、コースを途中で移動することも可能だ。

「子どもたちが学ぶ目的は、正解を出すためじゃない。自分自身を知るためです。自分自身を知り、社会や他者の役に立つためにどのようなことができるかを知ることです。子どもたちは大人が思うよりもずっと新しいことを吸収してどんどんバージョンアップしていきます。教員も、HOW（どうやって）ではなく、WHY（なぜ）、WHAT（なんのために）その学びが必要なのかを常に考えながら、新しいことを取り入れ、常に変化していく必要があると考えています」

柏木小学校では、二〇二三年度より、主に中学年以上は学年をまたいで同一教科を指導するチーム担任制も取り入れた。教員たちも時間の削減となり、担当教科の研究を進める時間に充てられるようになっている。よりよい仕組みはすぐに取り入れ、改善を進める。

竹村校長先生は、ある時、柏木小学校の三年生にインタビューを受けた。

「校長先生、柏木小学校の特徴はなんですか？」

「特徴は校長が決めることではなくみんなで作るものだから、そのときによって変わります」

学校ごとの特徴は最初から決まっているわけではない。こんな学校にしたいとみんなで考え、エラーを繰り返しながら、それでもトライし続けることで特徴が出てくる。それは、教育も同じだと言う。

「これからの時代、子どもたちが将来にわたってどう生きていくのかを考えた時、今必要なのは子どもたちを出来合いの型にはめようとするのではなく、一人ひとりの子どもたち自身を磨くことだというのは間違いないと思っています。最適解は教科書にはない。デジタルでもアナログでも、本質は同じです。教員自身がエラーを恐れず楽しみながら、自分がおもしろいと思う授業を考え、トライし続けることだと思います」

教えから学びにふみ出すために

一斉授業からの脱却・自分に合う学び方

「応え合い」から始めていく

宮下先生のクラスでは、「話し合い」ではなく「応え合い」を大事にしているということが実践紹介の文章の中に出てきます。これは宮下先生の実践の鍵にもなっていることがらです。この二つ、似ていますが、実は似て非なるものなのです。

「話し合い」という日本語は、わかりやすいのですが、実は明確な指示内容がなく、どれが正しいかを競い合うような言葉のやりとり（議論、討論）を指すこともあれば、楽しく気軽な言葉のやりとり（談笑）を指すこともあって、一義的な定義が困難な用語です。

言葉でやりとりするときは、かつてソクラテスが大事にしたような、ことばの「やり－とり」を通じて、真理・真実を探求するというディア・ロゴス（真理の分有）という文化は古くから重視されてきました。一般に対話（ダイアローグ）と訳されています。

その後ヨーロッパの大学では、問答法（ディアレクティケー）や弁証術等として言葉でのやりとりが洗練されていきますが、最近では弁護士の訓練をするために相手を論駁することが目的のディベートがアメリカの大学で行われるようになっています。これが形だけ日本の学校に入ってきたことはご存じでしょう。ディベートは自分のほうが正しいということを競い合うディスカッションとは異なり、ともかく相手を説得し、論駁したら勝ちという言葉のケンカの仕方です。皆が弁護士をめざすならともかく、これを小学校で行うことが大事かどうか、どれほど検討されたのか疑問です。

宮下先生は、そうしたちょっとした不鮮明さやおかしさに敏感で、あえて「話し合い」でなく「応え合い」という言い方をされているわけです。

ヒントになったのは「responsibility」だといいます。元の意味は「response」する「ability」ということで、何かに応答する能力という意味です。「責任」と訳されていますが、本当はわかりやすく「応答能力」と訳したほうがよかったのかもしれません。

この「response」はヨーロッパでは古くは法廷での弁明のことを指していたそうですが、キリスト教が普遍化する中で神の要請・意思等への応答という意味になっていきます。やがて神が世俗化していく中で、この応答も、誰に対して応答するかということ自体が世俗化していきます。

宮下先生は、相手に対するきちんとした応答をすることを人間の責任と考えたわけです。もちろん応えないことも応答です。そうすることで、言葉だけでなく身体全体で相手に応答する関係性を築いていく、絶対に無視をしない。誰をも、どんな発言、しぐさをも無視しない、全てに応答していく、そんな関係性が、本当の民主主義をつくっていくのだと考えられたのだと思います。応答することが民主主義のための責任です。

そう考えれば、教育では、これこそ子どもたちの責任と考えていいことになります。実に慧眼《けいがん》です。その先に、利害や意見の違いがあるとしても相手を殺し破壊することで自分の優位にもっていくという行為、すなわち戦争というものを絶対にしない、そんな人間になってほしいという宮下先生の願いがはっきりと見えています。平和教育は日頃の教育全体の結果であるということがよくわかります。

ちなみに、宮下先生は、授業内容も、一方的に決めるのではなく、可能な限り、子どもに提案して、その反応を見て議論しながら決めていくことが多いといいます。実はこれも応答性といえます。先生自身が子どもと応答的な関係を築いていくのです。教員と子どもとの応答的関係の中で、教材、学習内容が決まっていく、これも新しい教育原理になり得ます。

このことの延長で、宮下先生は、教員は文化と子どもたちの学びをつなぐつなぎ役であることを明確にしています。先生自身は「中間支援人」といっていますが、この中間性、つなぎ性ということも学校教育を考える上ではとても大事なことなのです。

教育は歴史的に古くからあったのですが、本書でも先に述べたように（七三ページ参照）、全てはすぐれた師を見つけ、弟子入りを願い、許されて教えを請う関係に入る形で行われてきました。

ところが現代の学校は異なります。教員は、教える方法のプロですが、教える内容のプロではないのです。教える内容に迫力がどうしても足りなくなる。そこで、宮下先生は、その道の専門性を持った人たちにたくさんきてもらって、あるいはこちらから出かけていって、さまざま知識スキルを教示してもらいながら、学びの内容に専門性を担保しようとしているのです。このことは、ネット社会で、情報だけなら簡単に手に入るというこれからの時代の教育に、リアリティを与える大事なヒントを与えてくれているように思います。学校は、さまざまな文化の持ち主がきて、子どもたちの要望に応答していく場所なのです。

宮下教室には、そのほかにもいくつも新たな教育原理が潜んでいます。たとえば四つの机がお互い対面で座れるように組み合わさって構成されるのですが、真ん中に広場がつくられているという教場づくりをしています。実は、これは長くヨーロッパの大学が行ってきた教室のつくり方とよく似ています。中世の大学の授業は、教場の壁に学生たちがコの字型に座り、真ん中に教員が立って話をしました。そしてどの意見が正しいと思うか、みんなで議論したのです。議論のためには、キリスト教の教会のような机の並べ方や座り方ではなくコの字型が合理的なのです。ときには激しい議論になり、負けたほうが夜中に勝ったほうを殺しに行ったという記録さえあるそうです(デュルケーム『フランス教育思想史』)。また、座学だけではだめで、立学が大事ともいっていますが、最近の脳科学では、人間は足の筋肉を多少動かしているほうが脳の活動は活発化することがわかっていて、ジョギングしているときによくアイデアがでるそうです。宮下先生は、何気なくなのでしょうが、合理的な教室運営をしていることを、氏自身の実感から生まれる実践で見事に表現されています。

自分と他者との違いに気づく

柏木小の実践を読んでいると、中身は違うのですが、どこかフランスのフレネ学校の教育の雰囲気と似たものを感じさせられました。子どもが主人公になっていきいきと学んでいる姿からそう感じるのでしょうか。これは宮下先生のクラスも同じです。

セレスタン・フレネは一〇〇年ほど間から一九六〇年代にかけてフランスで大きな教育改革を行った人物で、その考え方は今はやりのイエナプラン等にも影響を与えています。

フレネ学校は、現在南フランスのヴァンスという町にある山の中腹にありますが、今でも独特の教育をしています。まず学年制を敷いていません。三〜五歳、六〜八歳、九〜一一歳という三つのクラスだけです。当然、一斉授業やチョーク&トーク方式の授業はできません。小学校にあたる二つのクラスでは、個別にそれぞれの子が自分の（個別）学習計画を立てます。ですから月曜の一限の時間にどういう教科の学習をするかはそれぞれ異なります。教科書もありませんので、クラスにたくさんおいてある学級文庫（教材、物語、問題集など）から好きなテキストや問題集を自分で選び、自学します。時限の終わりに何を学んだかを書いて、教員に見せてその時間が終わります。次に毎朝、自由テキスト（作文）の時間が続きます。子どもたちが書いた作文を日によって人数を決めて本人がみんなの前で朗読します。その中からその日みんなが一番よかったと思う作品を選び、その文章を集団で修正していきます。そうして校正された作品を自分で朗読して終わりますが、そのあとその文章を本人がパソコンで印字します。そうして毎日のたまった文章をまとめて閉じて本にします。それが学校文集の『ピオニエ』ですが、これが教科書代わりに将来使われることになります。そのほか、子どもたちが自分で調べてきたことをみんなの前で発表し、疑問や意見をぶつけてもらってそれに応答していく授業等、多様です。

要するに学びの個別化と協働化が日常的に行われているのですが、その本質は、カリキュラムの原意、つまりそれぞれの子どもの経験をそれぞれに大事にするということと、いつでもアクティブに自分の意志、選択でその作業に向かうという原理です。手仕事を大事にすること、自分たちで印刷製本すること、等もその原理で行われています。

もう一つ、柏木小の実践で、なるほどと関心したことの一つは、ノートの取り方を上手に工夫させていることでした。

私は、講義を聴いたり、授業に参加したりするとき、自分が学んだこと、気がついたことをノートに縦線を引いた上で右側に書くことを習慣にしていました。左側は講師や教員の話した内容のエッセンスです。つまり左は客観的な知識、右側は主観的な思いです。それで関係するものを線でつないでおいて、あとで思い出すわけです。

これは私なりの方法で、それが自分に一番合っているノートの取り方と思っていました。柏木小では、今はやりのグラフィック・レコーディング（グラレコ）でノートを取らせることを試みています。グラレコは、イラストをうまく描ける世代が編み出した大事な記録の仕方で、イラストの中に主観を反映させて記録します。そして教員が話したこと、大事と指摘したこと等のポイントを簡単にメモし、その傍にその内容への思いをイラストで価値付けていくわけです。しかも、大事と思うものは上に、等の工夫ができますので、場所つまりトポスというものをも活用した現代的な記録になります。

グラレコを細かに見ますと、それぞれの子どもの思いがそれぞれのイラストとまとめの文ににじみ出ます。グラレコをその子の作品と考えると、その内容自体が個性の表現になります。ほかの子どもは、それを見て自分との違いを感じ取るでしょうし、そうした違いを議論させれば、子どもは自分の捉え方の特徴を他者との具体的な比較を経て理解することが可能になります。つまりグラレコをうまく使えば、これ自体が、子どもの自己知覚、自己認識の手段になるわけです。

教育には、世界を知る、自分と他者や他との関係を知る、そして自分を知るという三つの目標がありますが、日本の教育は一部、たとえば「生活綴方実践」（一九二〇年代から六〇年代に各地で実践された。生活の中で自分が感じたことをありのままに文章にする）等を除き、この三つのうち自分を知るということにはあまり熱心に取り組んできませんでした。それは日本の教育の大きな弱点です。しかし柏木小では、このことに意識的に取り組んでいるのです。その意味で、この学校の実践姿勢は、日本の学校教育のラジカルな転換の芽を含んでいるといえるでしょう。

第4章

正解のない「学び」——プロジェクト学習・縦割り

プロジェクト活動が動き出すための土台——新潟県長岡市立表町小学校

子どもと教師の「〜したい」を具現する学校

第四章では、一年を通じてプロジェクト学習に取り組む学校を取り上げたい。東京都渋谷区では、二〇二四年度より渋谷区の全小中学校で午後の授業を全て探究学習（探究学習とプロジェクト学習は、どちらも自ら問いを立てる正解のない学びであり、ほぼ同義で使用されるが、プロジェクト学習のほうがより地域課題の解決などと密接に結びついているものが多い）の時間に充てることになり、全国で初めての事例として大きな注目を集めている。これは、文部科学省の「授業時数特例校制度」（各教科の授業時間数を一割を上限に削減可能）を利用して総合的な学習の時間を七十時間から百五十時間へと倍増させることで可能になったとされている。これからの展開に期待はしたいが、実は、その制度を利用するまでもなく、これまでの学習指導要領の枠組みの中でプロジェクト学習に取り組んできた学校は公立学校でも多数存在している。

まず、新潟県公立小学校に勤務する水谷徹平先生の実践を紹介するが、プロジェクト学習の事例の前に、その土台となる教師と子どもたちの関係について触れておきたい。

水谷先生は、二〇一九年度から二〇二二年度の四年間、長岡市立表町小学校に勤務し、研究主任を務めていた。当時の表町小学校が目指していたのは、「ホンモノ体験×ICT活用」で「子どもと教師の『～したい』を具現する学校」だった。

子どもたちの「～したい」を叶えるための取り組みのひとつとして、自己の学びや成長を振り返る「リフレクションシート」があった。表町小学校では毎日、三年生以上の全員が教師が設定したテーマに対してリフレクション（振り返り）をタブレットで記入、担任がコメントを返す。リフレクションシートは担任とその子どもだけでやりとりされ、一部の内容を学級で共有したい場合は必ず本人の許可を取る。

テーマは、「今楽しいこと」「今悩んでいること」など日々の心境についてたずねるものから、「今日の総合はどうでしたか」などの授業への感想をはじめ、教員がその時々で設定する。子どもたちは毎日十分程度で記入し、教員が必ずコメントを返す。オンラインで瞬時に提出できるため回収や配布の手間もなく、タイムラグも少ない。作文や日記帳では、書字が苦手な子どもは筆が進まないことがあるが、タブレット上では修正も簡単で推敲もしやすい。決められた時間内に書き込むことを毎日繰り返すうち、文字量は自然に増え、内容は充実していく。六年生になる頃には十分で千文字程度を書けるようになる子もいるほどだ。評価されることなく、毎日のように自分の考えや意見を自由に言語化することで、

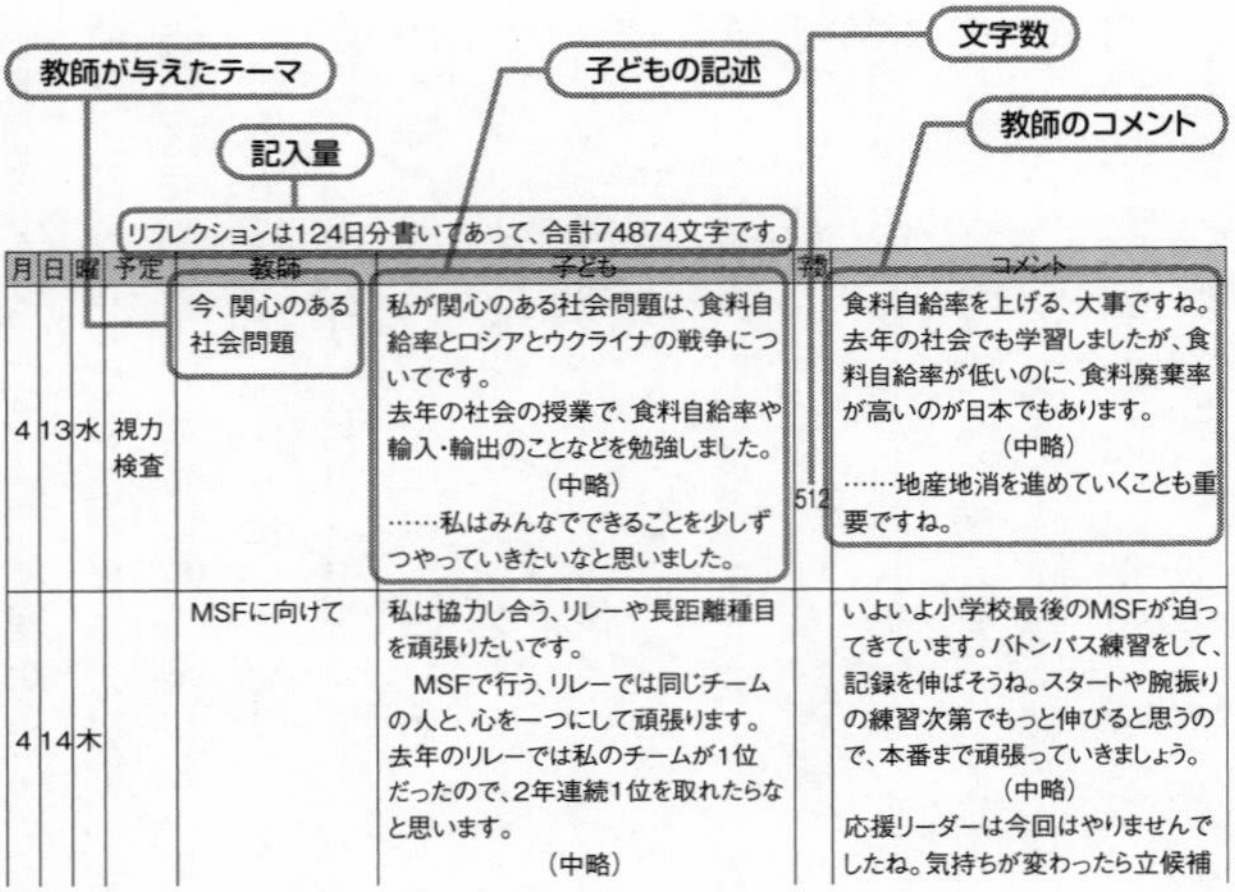
教師が与えたテーマ
子どもの記述
文字数
教師のコメント
記入量
リフレクションは124日分書いてあって、合計74874文字です。
月
日
曜
予定
教師
子ども
コメント
4
13
水
視力検査
今、関心のある社会問題
私が関心のある社会問題は、食料自給率とロシアとウクライナの戦争についてです。
去年の社会の授業で、食料自給率や輸入・輸出のことなどを勉強しました。
（中略）
……私はみんなでできることを少しずつやっていきたいなと思いました。
512
食料自給率を上げる、大事ですね。去年の社会でも学習しましたが、食料自給率が低いのに、食料廃棄率が高いのが日本でもあります。
（中略）
……地産地消を進めていくことも重要ですね。
4
14
木
MSFに向けて
私は協力し合う、リレーや長距離種目を頑張りたいです。
MSFで行う、リレーでは同じチームの人と、心を一つにして頑張ります。去年のリレーでは私のチームが1位だったので、2年連続1位を取れたらなと思います。
（中略）
いよいよ小学校最後のMSFが迫ってきています。バトンパス練習をして、記録を伸ばそうね。スタートや腕振りの練習次第でもっと伸びると思うので、本番まで頑張っていきましょう。
（中略）
応援リーダーは今回はやりませんでしたね。気持ちが変わったら立候補

図 4-1　リフレクションシートの記入例

結果的に、思考力・判断力・表現力も学年を追うごとに確実に伸びていく。

教員は全員にコメントを返す時間が必要になるが、子どもの本音を把握することができ、ていねいな支援や声かけができる。それが学級運営の改善や授業改善にもつながり、メリットは大きい。

リフレクションシート導入以外にも、ICTを活用して、子どもたちの自己選択や意思表示を重視している。日常的な授業のほか、縦割り活動や児童会、学校行事に至るまで、グーグルフォームを用いて無記名で意識調査を行うことも可能だ。

「リフレクションシートやグーグルフォームなどの活用で、これまで見えていなかった子どもたちの思考を知ることができ、子

ども理解の精度が圧倒的に高まりました。子どもの『したい』『嫌だ』などの本音がわかるとともに、それに対する意味づけや励ましをその都度行うことで、教員たちの教育観も大きく変化したと思います。

『よさそうなことはやってみて可能性を広げよう』『負担は大きいけれど子どものために頑張ろう』『一人ひとりが迷いながらも自分で決めて行動したくなる活動をつくろう』という考えに変わり、子どもに合わせた教育活動の改善や提案が増えたのです。同じことを同じ進度で理解させる一斉学習ではなく、個別最適な学びや協働の学びをどうすれば具現化できるかという視点を持ち、授業研究に取り組む教員が多くなりました」（水谷先生）

細やかに子どもの声を聴き、その声を授業や学校行事に反映するためには、教員にも余白が必要だ。表町小学校では、「教員の～したい」がまずしっかりと叶えられていた。当時の校長であった若月典明先生が、「子どもに関わること以外」の無駄な業務を可能な限り削減し効率化したことで、授業の研究に没頭できる時間が確保できるようになっている。研究授業は全てのクラス（二〇二二年度は単学級六学年と特別支援学級の全七クラス）で年に一度行うため、授業研究の話が始まると「次はこうやってＩＣＴを使ってみよう」「子どもからこんな意見があったからこんな改善はどうだろう」と盛り上がり、話し合いが止まらなくなることも珍しくない。

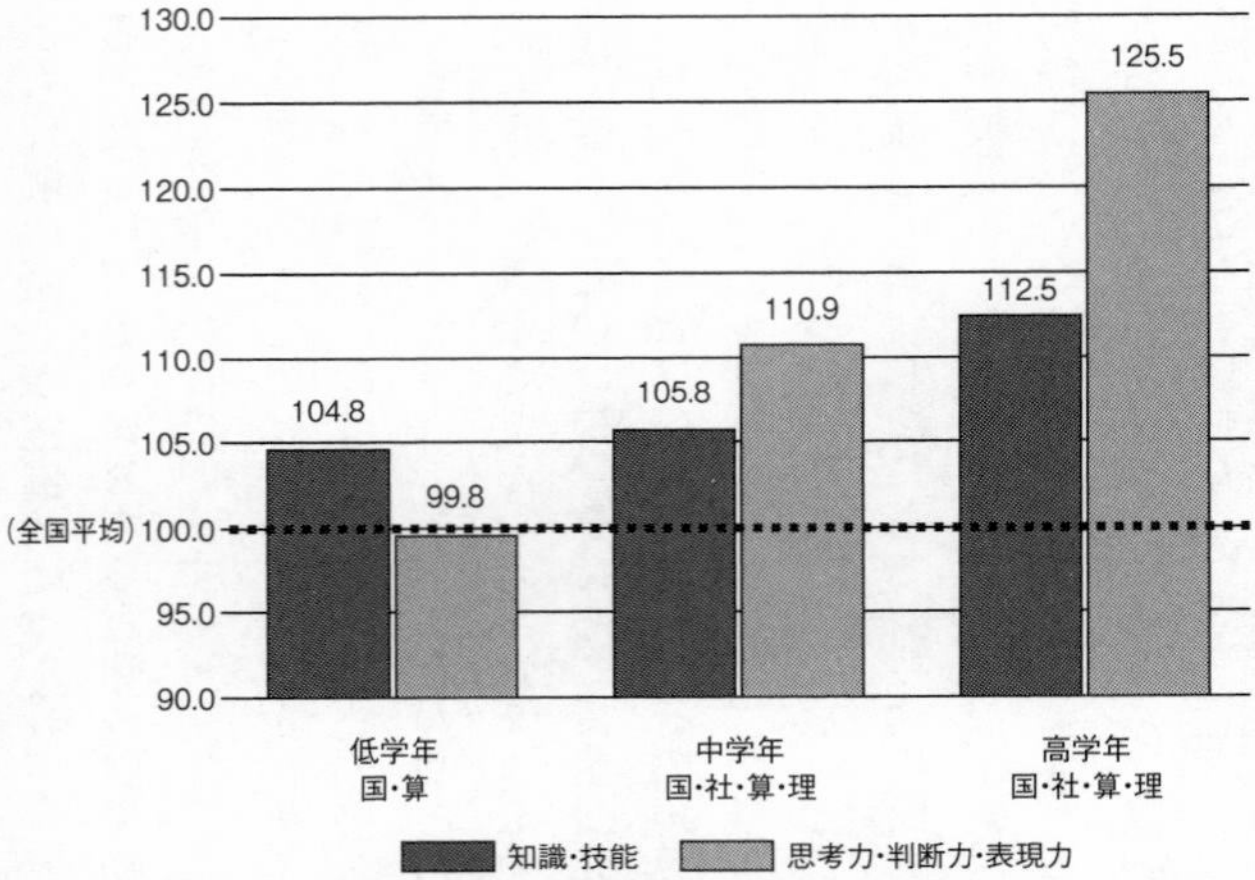

図 4-2　全国標準学力検査（NRT）の結果における低学年・中学年・高学年の全国比において、表町小学校では学年を重ねるごとに知識・技能以上に思考力・判断力・表現力が顕著に伸びている。（水谷先生作成のグラフを改変）

「先生は自分の意見を大事にしてくれる」と感じた子どもたちと教員との間では信頼関係が育まれ、子どもたちが学校生活で理不尽に我慢しなければならないことが減っていく。それは確実に、友達の意見を大事にすることにつながっていった。その結果、学校全体が落ち着き、いわゆる「問題行動」と呼ばれるものはほとんどなくなった。そうした対応が必要なくなったことも、教員が授業研究に集中できる理由の一つとなっている。

二〇二二（令和四）年度、長岡市の教育研究論文の入選は優秀論文含めて九編で、そのうち五編が表町小学校から選出された実績もある。

伝統的な学校行事を動かす子どもの声

表町小学校は長岡駅からほど近い地域の中心地に位置し、二〇二一年には創立一五〇周年を迎えた。地域からも親しまれる学校だ。マラソン大会や鼓笛隊、立山登山などさまざまな伝統的な行事が毎年行われており、中でも一九二六年に始まり百年近く続く「海の学校」では、現在でも毎年七月に五年生全員が二〇〇〇メートルを遠泳している。

伝統的に引き継がれてきたマラソンや遠泳などの行事は、体力や技術などの差が学年を重ねるごとに広がりやすく、どこの学校でもあまり積極的に参加したくないという子どもたちが出てくる場合が多い。長年続く行事ほど変えることは難しく、「これまで毎年やってきたのだから、苦手でも我慢して、とにかく頑張ることがよい」などと、子どもの不安が一蹴される風潮もあるが、表町小学校では、リフレクションシートやグーグルフォームなどによって、子どもたちの葛藤や悩みなどの声にていねいに耳を傾けるようになった。

例えば、マラソン大会は、以前は河川敷で学年ごとに距離を変えて行っていたが、上位の子どもたちは「順位を上げたい、競いたい」、下位の子どもたちは「自分の記録を伸ばしたい」と、それぞれの目指すところや願いが異なることがわかった。教員はそうした声を見逃さず、「全ての子どもたちが主体的に取り組めるようになるにはどうすればよいか」を話し合った。

「ある新聞記事で、小学校一年生は八割以上がマラソン大会が好きと答えるのに、高校一年生はその割合が一割になる。生涯学習という点で考えるとそれでいいのか疑問が残る」

「どうすれば全ての子どもたちが満足できるマラソン大会ができるのか」

子どもたちが目的を持って参加しやすいように、子どもたちの意見を反映させながら、練習や実施の方法を改善していった。最終的には、同じ距離でタイムを競うマラソン大会から、ペアの子どもが一〇〇メートルのラップタイムを伝えながら、一定の時間（低学年三分間、中学年五分間、高学年八分間）で二十メートルの区間を行ったり来たりするペース走に変更した。マラソンと違い、走るのが得意でも苦手でも、走る時間は全員が同じになり、同じペースで走り続けることを意識するようになる。すると、マラソン大会が苦手だった子どもたちの心理的な負担が減り、「自分の記録を伸ばしたい」と、一部の子どもは自主的に放課後グラウンドにやってきて練習するようになった。

同様に、五年生の七月に行われている「海の学校」でも子どもたちの本音が見えてきた。「海の学校」は、五年生のはじめに五メートルしか泳げない子や、けのびしかできない子も、柏崎の海で二〇〇〇メートル完泳を目指す校外学習だ。泳げない子にとっては不安な行事の一つでもある。毎年、「とにかく頑張ろう」と叱咤激励しながら行ってきた行事だが、水谷先生は、年度はじめに「不安な気持ちがあれば出していこう」と子どもたちに伝え、ますは無記名で全体の傾向が視覚的にわかるグーグルフォームを利用して子どもたちの気持ちを見える化した。選択肢は、「とても楽しみ」「楽しみ」「ちょっと嫌だ」「楽しみじゃない」の四段階。学年で集計したその結果を子どもたちと一緒に見ながら、こう声をかける。

「嫌だと思っている子も、不安な子もいるようだけど、どんなふうに声をかけてあげればいいかな」

リフレクションシートにもその時々の率直な気持ちや意見を書き込むように促した。不安に思っていた子どもたちも、そうしたやり取りの中で気持ちが徐々に変化していく。

「僕以外の子も不安だと思っていることがわかってよかった」

「みんなの応援を受けたので、頑張ってみたいと思う」

表町小学校はその年に一五〇周年を迎えたため、五年生の総合では、自分たちの学校の歴史を調べて校内のコンピューター室を「歴史記念館に作り替えよう」というプロジェクト活動（プロジェクト学習を含む実践的な活動）を進めた。その活動を通して「海の学校」が始まった背景も知ることになる。その時々の気持ちの表出が許される中で、先生や仲間とのさまざまなやりとりを通して、その行事に取り組む意味を見つけられると、子どもたちは自分なりに動き始める。

学校行事は教員や保護者のためのものではなく、子どもたち一人ひとりの学びや成長のために行うものだ。全国的に、コロナをきっかけに運動会の開催方法を見直した学校も多い。慣例や伝統を守ることだけでなく、子どもたちの声を聞きながら話し合い、微調整を重ねることは、子どもたちにとっても「自分の声を聞いてもらえた」と思える貴重な経験となる。子どもたちの充実感は教員のやりがいにもつながっていく。

伝統行事を変える際、教員が変えようとしてもその行事に思い入れの強い保護者や卒業生から異論が出ることも多い。しかし、表町小学校では、「変える根拠は子どもたちの声にある。どのお子さんもやりがいを持って達成できることを目標にこの競技に変更した」と根拠を持って説明できた。これも、リフレクションシートの効果だという。

プロジェクト活動「争いこえて」

新潟県は元来、体験や活動を中心とした学習が盛んな地域で、一年に一つのテーマで総合学習の時間に取り組む学校が多い。そのような地域的な背景に加え、表町小学校では前述のように、率直な意見を述べても大丈夫だという安心できる環境がしっかりと整えられている。子どもたちは授業中も自由に活発に発言し、疑問や思いついたことを口にして先生に問いかける。教員はどんな発言も逃さず拾う。こうしたベースの上に、表町小学校が目指す「ホンモノ体験×ＩＣＴ活用」を実装しながらプロジェクト活動が成り立っていた。

総合学習のテーマは学年ごとに教員によって決められている学校も多いが、表町小学校では、そのテーマについても子どもの興味関心がスタートとなる。水谷先生が六年生を担任した二〇二二年度の総合学習のテーマは「争いこえて」。子どもたちが意見を持ち寄り表明し、合意形成を繰り返しながらテーマを決めた。

「基本的に子どもたちが考えて動き、先生はサポートという形で進めます。興味がある社会問題について記述してもらい、テキストマイニングで分析すると、その年は『ウクライナ』『ロシア』『プーチン』などの単語が非常に多く出てきました」

二〇二二年二月二十四日にロシアによるウクライナ侵攻が始まっておよそ二か月。新年度を迎えた子どもたちの中にも影響を与えていた。

表町小学校も第二次世界大戦で被害を受けている。第二次世界大戦末期の一九四五年八月一日夜十時三十分、米軍による爆撃で一四八八名が亡くなった長岡空襲。その空襲により、表町小学校の一〇九名の子どもたちも命を落とし、校舎も焼失した。亡くなった子どもの数は市内の学校の中で最も多い。

「プロジェクト活動は、初めからやり方や手順が決まっているわけではありません。子どもたちがどうやって活動を進めていくか、その都度話し合いをしなければならない。幾つものプロジェクトが並行して動きはじめると全体の状況をお互いが把握できるように情報共有する必要もあります。それは大人の仕事に近い活動ですし、人数が多いとさまざまな視点や意見が出ますから、合意形成しなければ話が進まないわけです。

もちろん一人一台端末が導入される以前から、プロジェクト活動をする場合には話し合いの場を持って合意形成を行ってきましたが、今ではグーグルフォームでアンケートをとればみんなの意見が目に見えますし、ジャムボード（グーグルのソフト。リアルタイムでアイデアを出し合い共有できる）を使ってふせんに意見を書いて出し合うこともできるようになり、これまで発表が苦手だった子の意見も反映されるようになりました。合意形成にはオクリンク（ベネッセのミライシードというソフトの機能）で意見によってカードを色分けすると視覚的にもわかりやすくなりました。

このような活動では、すごく盛り上がったけれど終わったときに自分たちが何をしたのかよくわからないということにもなりかねません。そのため、ＩＣＴを使いながら思考のプロセスを残すことも非常に意味があると思っています」

「争いこえて」では、一年をかけて多くのことに取り組んだ。

表町小学校でも空襲で百名以上の子どもの命が失われていたことを知った子どもたちは、ジャムボードも用いて話し合い、戦争や平和についてリサーチを進めた。平和の森公園や

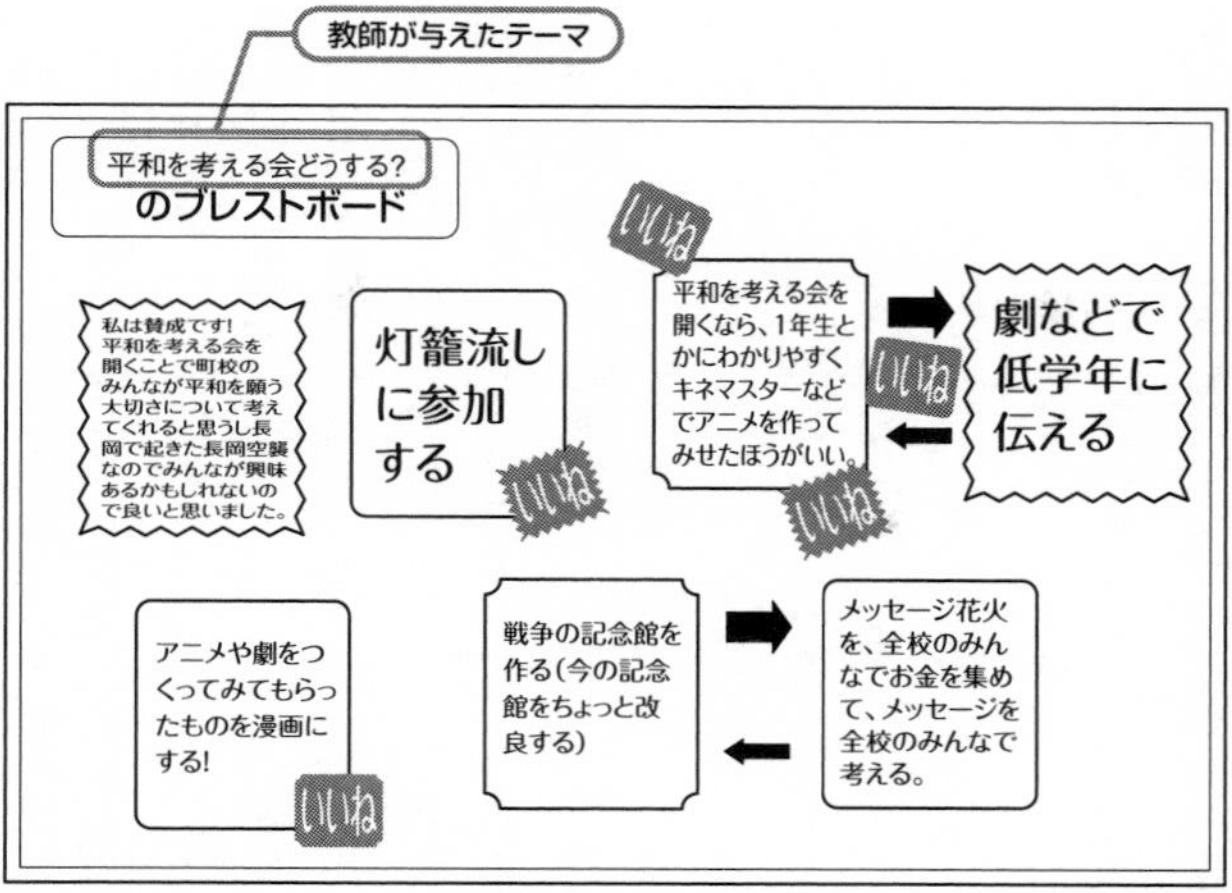

図4-3　水谷先生のクラスでは、ジャムボードを「ブレストボード」と呼び、ふせんに互いの意見やアイデアを自由に出し合いながら、次の活動の合意形成を進めた。（水谷先生の担任したクラスの実際のブレストボード画面をもとに簡略化して作成。子どもごとに異なる色のふせんを使い、誰の発言かわかるようにしている（この図では、形で表現）。）

戦災資料館など、地域にある戦災に関わる場所をいくつも巡って取材をし、そこで得た知識を他学年の子どもたちや街の人に伝えるためにショートムービーを制作することになった。「平和を考える会」を学内で開催し、自分たちで撮影したショートムービーを上映。イラストが得意な子どもたちはポスター制作に取り掛かる。地域で毎年行われている平和の森コンサートで鼓笛演奏を行い、柿川灯籠流しにも参加。被爆地である長崎の学校との交流や、真珠湾攻撃の前日にはホノルルの小学校とオンライン交流も実施した。

「争いこえて」のプロジェクト活動

で学んだことを、これからどう活かしていけばいいかという視点にもたどり着き、校内で「いじめ」について考える集会も行った。

「プロジェクト活動のおもしろさは、大人が考えた学習指導要領や、教師が想定している子どもたちの姿を遥かに超えて活動が展開していくことです。私だけでは思いつかないようなことが子どもたちのアイデアで実現していく。私は本当に見守っていただけで、一年の活動を動かしたのは子どもたちでした。ただ、なんでも好きなことをやればいいというわけではありません。最初に自分たちで決めた『争いこえて』というテーマについて一年を通して考え続けることが大切です。平和について、長岡で何が起きたかについてはみんなが学ぶ。それをどう学ぶか、どう発信するかはそれぞれが決めればいい。自分で決めるのが苦手な子は誰かと同じでもいいし、途中で違うことに取り組んでもいいんです。

戦災学習というと、多くの場合は被害者としての立場で学んでいきます。しかし、戦災を受けた方に話を聞きに行って、戦争はダメと発表するだけではなく、これから私たちはどうしていくのかまで考えてほしいという願いが私にはありました。日本は攻撃をした側でもありますから、その両方の立場から戦争について考えることが必要です。そこで、真珠湾攻撃の前日にホノルルの学校と交流するのはどうかと子どもたちに声をかけました。子どもたちが多面的にアプローチして考え続けられるよう、燃料を投下し続けるのが教員の役目だと思います」

また、テーマについて深めていく活動の中で、子どもたち一人ひとりの得意なことを活かせる場面が次々に現れてくるという。

「プロジェクト活動では、それぞれが自分の興味や好きなこと、得意なことを生かし始めます。ショートムービーの脚本も、演技指導も、ブルーシートで合成用の背景を敷いてセットを作ることも、全部自分たちでやりたいと思ったことを形にしていました。タブレットが入ったことで、動画やデザインなどをスピード感を持って見栄えよく作れるようになったのも大きいと思います。イラストが得意な子はいつの間にかみんなに『絵師』と呼ばれるほどになりましたし、動画編集が得意な子はタイトなスケジュールの中で編集を仕上げてくれました。大きなパネルや大道具を作るときには、インパクトドライバーのプロが何人も生まれます。

自分たちが選んで決めたことであり、しかもそれが誰かのためになることであれば、どうすれば自己実現できるか、どうすればその誰かの役に立つかを考えて、子どもたちは自主的に動きます。私が教えなくても自分たちで調べてできることがどんどん増えていく。たとえ精度は低くても、『このことを伝えたい、そのためにはもっといいものを作るんだ』というプロ意識のようなものも芽生えてくる。低学年の子どもたちが怖がらないように戦争について伝えるにはどうすればいいかなども、自分たちで率先して話し合っていました。

互いを認め合い、助け合いも自然に起こります。人それぞれ得意なこともあるし、逆に苦手なことがあってもいいんじゃないか、できなければできる人が助けてくれるという関係性ができてくる。みんなと同じことができなくても誰かが助けてくれる。逆にみんなと違うことができるから自分の存在意義が高まります。スケジュール通り進んでいないチームがあれば、『ここのところは少し簡単にしようか』と調整もしますし、手の空いている人が『じゃあ私たちがこの部分やるよ』というやりとりもありました」

そうして作った動画や発表を見てくれる人たちの反応もまた、子どもたちを成長させる。自分たちの力で社会に関わることができる、社会に訴えかけられる、社会に貢献できるという自信を子どもたちが手にする瞬間だ。

プロジェクト活動と学習指導要領の関係

「争いこえて」の活動は、主に総合の時間を使って行うが、それだけでは全ての活動時間をまかないきれない。そのため、総合をコアカリキュラムとして、ほかの教科にひもづけられるものは置き換えていくという。

「長岡市のシンボルでもある水道公園のタワーを図工の時間に絵に描いて、それをスキャンしてデザインし、平和のポスターを作ったり、作文指導の時間を使って希望制で平和作文を書いたりもしました。六年生の社会は歴史教育や平和教育もありますから、特に親和性が高いですね。連合艦隊司令長官として真珠湾攻撃作戦を実行した山本五十六は現在の長岡市出身で、生家を復元した記念館は学校のすぐそばにありますし、敵基地攻撃能力などについても社会の時間に学べます。グーグルフォームでアンケート調査をするときには、算数の統計の単元で取り扱う平均、中央値、最頻値についても学べます。おもしろいことに、小学六年生でも、アンケートをスプレッドシートに落とし、ヒストグラム（分布図・棒グラフ）を出すなどして自分で分析し始める子も出てきました。

学習指導要領では標準授業時数が定められているのでプロジェクト活動を深める時間が足りないという声を聞くことも多いのですが、実際には、公立学校でも十分にいろいろな教科の単元に活動をひもづけることができます」

小学校の担任は基本的に全ての教科を担当することが多い。「教科担任制になると難しくなるかもしれませんが」と水谷先生は前置きをして、そのカラクリを教えてくれた。

「例えば、『争いこえて』のプロジェクト活動のピークは実際に空襲があった八月です。それなのに明治時代を三学期に学んでいたのでは知識が追いつきませんから、社会では明治時代の学習を先に持ってきました。二年生を担任したときには、生活の活動で野菜を作っていましたが、三百円を握りしめて地元の朝市で苗を買うために、足し算と引き算の練習をしました。収穫した枝豆の数を数えるタイミングに合わせて、算数の重さや大きな数の単元を入れ替えておくと体験と共に理解することができます。国語でも、朝市の人にお礼の手紙を書く際に、手紙を書く勉強をする。年度のはじめに、ある程度どのタイミングで何が起こるかを想定し、必然ある学びとなるように単元を組み替えておくんです。

特に低学年の場合、子どもたちの生活と全く関係のないことについて『さあ、教科書の十ページを開いてください』と言われても興味は湧きませんよね。ツアー旅行で興味もないところに連れて行かれるよりも、ブラッとあてもなく旅している途中で、偶然出会った人と仲良くなったり、美味しいものを食べたりしたほうが心に残るのと同じです。偶然に起こる実際のストーリーの中で学びが成立していくほうがおもしろいし、興味を持って学べます。

中には、プロジェクト活動で起こる経験も系統も関係ない単元がありますから、そういうものは活動がまだあまり盛り上がらないうちに済ませておきます。その場合も、低学年では、できるだけ教科書は開かずに教科書の内容を学ぶにはどうすればいいかを考えて準備しています」

高学年になるとプロジェクト活動に絡めきれない単元がさらに多くなり、知識の量も増えてくる。知識・技能の定着が必要な授業はどのように進めているのだろうか。

「もちろん、その場合は教員主導で進めます。これは私の実感ですが、リフレクションシートの積み重ねや、プロジェクト活動で自分のやりたいことに取り組めているというラポート（信頼関係）があれば、知識を定着させるための勉強も上手く進みます。『えー、やりたくない』という声はあまり上がりません。『ここは大人の都合だけど頑張ってよ』といえば頑張ってくれる。そこは、私が子どもたちに甘えている部分なのかもしれませんが」

学級担任制だからこそ教科横断が可能

水谷先生が子どもたちの経験からの学びを大切にするのは、表町小学校に限ったことではない。最初に赴任した新潟県上越市の小学校での経験が大きかった。

「私は二〇〇一年に教員生活をスタートしましたが、この学校では人権同和教育に非常に力を入れていました。そして学びのスタンスとして、身体性が先にあって、感情が動いた後に頭で考えるというアプローチだったんです。道徳の時間に教科書や副読本を読むのではなく、地域の高齢者に子どもたちが毎週会いに行って仲良くなり、その後お話を聞いて、その人たちのことをどう思うかを話し合う時間を持ったこともありますし、新潟水俣病について学ぶために熊本県の水俣まで行ってお話を聞いて考えたこともありました。障害がある方を毎月学校に呼んで仲良くなり、差別について考える体験活動もありました」

その当時、上越市内には、人権同和教育に限らず経験主義的なアプローチをする学校が多かった。七、八割の小学校ではヤギや羊を飼い、生活科で育てていたと水谷先生は言う。

「私は子どもの頃、愛知の小学校に通っていたので、新任のときは本当に驚きました。都会の学校では生き物といえばヤギではなくヤゴが精一杯。こんな学校に通っていたら楽しかっただろうなと思いました。

新潟の中でも地域性があって、上越から中越、下越と、西から東に行くに従って、経験主義（興味・関心や生活経験をもとに主体的な学習活動を重視する）から系統主義（体系化された知識や技能を一定の道筋で習得させる）の重視の仕方に違いがあります。私は西側から少しずつ東に移動しているので、異動のたびにその違いを肌で感じてきました。表町小学校は長岡市にあり中越にあたりますが、子どもの声や体験をとても大切にしている学校です」

そしてもう一つ、体験とのつながりを活かすために教科を縦横無尽に横断し、単元の順番を変えることにもあまり抵抗がないのも水谷先生の特徴と言えるだろう。

「私は、情報教育に軸足を置いて教育活動をやってきました。情報教育は教科ではないため、小学校の学習活動に埋め込まれた形で行わざるを得ません。人権教育や同和教育を考えていく上でいろんな教科を融合させて考えざるを得ないというところから始まり、生活や総合でも、自然に、もしくは必然をもってどうやってＩＣＴ活用を絡めるかを考えてきました。子どもたちに実感のある体験、価値ある体験をさせるために、ＩＣＴ機器を上手に使うにはどうすればいいかが私の教員としてのスタートでもありました。ですから、経験主義的な考え方がフィットしたのでしょうね」

その後も、学校を異動するごとにその地域の特性を活かしたプロジェクト活動を子どもたちと共に行ってきた。学校のグラウンドで気球を上げたことも、近代美術館で子どもたちが学芸員をしたこともある。上越教育大学附属小学校では三年生の学級で「じょうえつ.net」という情報発信局を開設し、子どもたちが記者やカメラマンになりきって朝市や市内各地を取材し、フリーペーパーにまとめる活動をした。豚を育てて解体し、子どもたちと一緒に食べたことや、自分たちで発電の方法を考えたこともある。長岡市立脇野町小学校で五、六年生を担任した二〇一四年、二〇一五年には、東日本大震災で大きな被害を受けた陸前高田市を二年間で三回訪問し、仮設住宅で暮らす人たちの話や小学校との交流を重ねた。子どもたちのアイデアから、陸前高田で長岡の慰霊花火「白菊」を上げることも募金活動を通して実現させている。

二〇二三年度からは同じ新潟県内の弥彦村立弥彦小学校へ異動し、六年生の担任となった。弥彦村は、全国で唯一、村が経営する弥彦競輪場があり、県のトラックレース・ロードレースの大会や、新潟ヒルクライムという弥彦山を登るタイムレースも開催されている。自転車競技者にとっての聖地だ。総合では、自転車競技連盟の人たちと共にサイクルフェスタを開催し、子どもたちがロータイムドライブ（できるだけゆっくり走るレース）やバーチャルレースを企画・運営することも行っている。

「このような自由度の高い活動は、次の年、違う先生でも続けられるか、隣のクラスの先生も同じ熱量でついていけるかというと難しい部分もあります。また、働き方改革の流れで教科の専科制が入ってくるとさらに難しい。学校や自治体でスタンダードをつくって全員が同じ内容を同じ方法で毎年行う方が、失敗が少なく効率も良いのかもしれません。ただ、同じ内容を一律にやることを求められている現状で、学校に適応できない子どもが増えていることも事実です。ネット上に授業動画や学習コンテンツがあふれ、知識・技能を得たいと思えばアクセスできる今、小学校で何を学ぶことを重視するのか、『学校だからこそできる学び』とは何かを考えたり、子どもや保護者が何を重視するのかを選べる形を模索していったりしなければならないと考えています」

子どもと教員にかかってしまった「呪い」を解く

このような水谷先生の数々の実践は、それぞれの学校で校長先生や同僚の理解がある恵まれた環境だったから実現できたのだろうか。

「ある学校では、先生や子どもが変われば授業や活動が変わるのは当たり前のことで、『子どもにいいと思うことはどんどんやりなさい。責任は私がとるから』と言っていただけることもありましたし、ある学校では、『すごいけど、水谷先生だからできるんだよね』と、前の年や次の年、ほかの先生との兼ね合いからあまり賛成されなかったこともあります。

教員も人間ですから、子どもにとってよさそうだという活動を思いつき、やってみようと勇気を出して声を上げたときにネガティブな経験を重ねていたら、もう余計なことはしたくなくなると思います。私は幸い、若い頃にポジティブな経験を重ねさせてもらったので、そんなときにも『すみません』と謝りながら、子どもたちの学びにとってよいと思うことはなんとか実践させてもらってきましたが。

どの学校でも共通して言えることは、教師や子どもの『したいこと』を実現できる学校のほうがエネルギーが高いということです。そのエネルギーが高いと、学校がよりおもしろい場所になりますし、学びも広がり深まります」

子どもたちが得意なことを活かしながら自分の力を発揮していくのと同じように、教師も得意なことや持ち味を安心して活かすことで、本来の力を発揮することができると水谷先生は言う。学校の同僚や校長だけでなく、保護者からのポジティブな反応も、教員を強く勇気づける。

子どもたちの様子もまた、学校や学級によってさまざまだ。

勇気を出して自分の意見を言ったことが、「言わなきゃよかった」というネガティブな体験に結びついていると、子どもたちは「できるだけ発言しない」ほうが安全だという判断に至る。水谷先生は、そのような子どもたちには「手を挙げなくなる『呪い』」がかかってしまっていると例える。その割合が高まると学級は動かなくなっていく。

例えばそのような学級を担任した場合、水谷先生はまず子どもたちとの信頼関係を築くことから始める。

「その『呪い』さえ解ければ、子どもたちは動き出します。授業中に手を挙げる子が六割を超えると、そこからは急激に増えていきます。八割の子が意見を言ったり、手を挙げたりできるようになっていくんです」

それは一斉授業の中でもできることだ。

「自分なりにこの問題が解けた人は、指名しないので手を挙げてください。この問題がわかっている人がどれくらいかによって、もう少し説明したほうがいいか、次に進んでいいかを考えたいので。答えてもらう場合にはもう一度たずねます」

　そう聞くと、多くの手が挙がる。そして次に、こうたずねる。

「じゃあ、どう考えたか教えてくれる人いるかな」

　すると、手を挙げたうちの四割程度が残るという。

「最初に手を挙げることは勇気が必要ですが、一度挙げてしまえば、下ろさなくてもいいかな、答えてもいいかなと思える。これは『呪い』を解く魔法の一つ。どんな答えにもポジティブに反応することも大事です。これを一か月ほど繰り返すうちに、間違えても大丈夫と思えるようになり、手を下ろす人がだんだん減っていきます。そして、始めは答えが決まっているものから、徐々に考えを問うことへと変えていきます。また、授業だけでなく、学級で話し合いをするときも、グーグルフォームで必ず全員の意見を聞きます。個人名が出ない中で全員の意見を取り上げて紹介していると、自分なりの意見を発信してもいいんだと体験的にわかって、安心して意見を言えるようになる。そうして子どもたちの『呪い』は解けていきます。また、『～についてどう考えるか、隣の人と話してごらん』というペアトークの形は基本的にとりません。それでは私が話の内容を見とれませんし、相談する相手や考えを得る方法を教師にではなく自分で決められるほうがよいと考えるからです。始めのうちは『相談したい人は近くの人と相談したり、タブレットで調べたりしてもいいよ』と言ったり、何も言われなくても自然にそれぞれが今一番いいと思う方法で選択し、動き出せるような姿が結果的に出てきてくれたら、それも『学校だからこそできる学び』の一つではないかと思っています。学級全体が動き出すと、子どもたちは何でも自分ごととして取り組み、教師が指示をしなくても自ら動けるようになります。目指すのは『授業』ではなく『活動』です。そしてそこに、教師が時々何かを投げる。それが本当に回り始めると、私が『こうしたほうがいいんじゃないかな』と提案しても、子どもたちから『もっとこっちのほうがいいよ』とダメ出しをくらうこともある。

本来の学校とは、子どもたちの間で学びが進み、自主的に活動している状態を教師が作っていくこと。教師にも全く同じことが言えると思います」

体験学習を中心に縦割りで取り組む「本物の仕事」
――学校法人きのくに子どもの村学園　南アルプス子どもの村小学校

全ての活動は子どもたちの話し合いから

「お餅も自分たちで作ることに決まったけど、全員で作ったほうがいい？　それとも、チームに分けて作る？」

「お餅を作るチームと鳥取のお雑煮を作るチームを一緒にしたほうがいいと思う」

「鳥取のお雑煮ってあんこが入ってるけど、そのあんこは作るの？」

「ちょっと調べただけだけど、あんこは小豆から煮て作るみたいだよ」

冬休み明けの一月のある日。ホワイトボードには日本各地の雑煮の材料や特徴が書き出されている。山梨、東京、鳥取、香川、岩手、奈良の雑煮を作ることになり、その作り方についてミーティングが行われていた。

教室の中には小学校一年生から六年生までの二十六人の子どもたちが入り混じっている。座る場所も自由。議長はやりたい人が自主的にするクラスもあれば、順番に担当するクラスもある。それも子どもたちが話し合って決める。教室の入り口には『おいしいものをつくる会』という手作りの看板が掲げられていた。

ここは、山梨県にある南アルプス子どもの村小学校。この学校の教員は「先生」ではなく、「子ども」に対して「大人」と呼ばれている。子どもとの関係も対等で、カトちゃん、あべちゃんなどニックネームで親しみを持って声をかけられる。創設者で学園長の堀真一郎さんの思いがここに強く表れている。

「子どもが笑う。大人も笑う。これがよい学校のしるしです。教師に権威はいりません。学校や教育の常識からも自由で、謙虚に子どもと歩みます。教師はどこにいるかわからないくらいがいいんです」

各クラスの担任は二人だが、大人の声はあまり聞こえてこない。何をするにも、まずは子どもたちの話し合いから始まる。大人は子どもたちが見落としていることに気づくきっかけを投げかけ、議題に挙げる。具体的には、プロジェクトに関連する社会問題などについて意見をたずねたり視点を広げたりするが、一方的に教え、指示することはない。大人が意見を言うときは、そっと控えめに手を挙げる。大人たちが大切にしているのは、「子どもが自分で気づく」ことだ。

この日の午前中、隣のクラス『クラフトセンター』では、古民家のリフォームに取り組む予定だった。このプロジェクトでは、学校から車で十五分ほどの場所にある古民家を毎年少しずつ修復している。どうやらこちらもミーティングが白熱している様子。教室をのぞくと、こんなやりとりが繰り広げられていた。

「学校のパソコンは数が限られているから、図書館にも行くといいと思うんだけど、どうやって分かれる？」

「土間のことは左官屋さんに聞きたい。左官屋さんのことはネットじゃないと調べられないんじゃないかな。本で調べられそうなことは図書館でいいんじゃない？」

議題は古民家のリフォームに関連する〝学びの旅〟の下調べをどう進めるか。活動に取り組む際、わからないことや知りたいことがあれば、実際の場所に足を運び、専門家や職人にも話を聞いてリサーチをする。子どもたち自身で電話をかけ、会いにいく約束もする。

調べるテーマも幅広い。「ちきゅうのしくみ」「おしろ」「にんじゃやしき」「むかしのたてもの」「きのかこう」「くぎ・ねじ」――。同じクラスに全学年がいるため、一年生も読めるよう、決めたテーマがホワイトボードにひらがなで書かれている。

クラスの半分が学校のパソコンを使ってリサーチし、半分は町の図書館に出かけることに決まった。子どもたちは声を上げ、次々に教室を飛び出していった。

その傍らで、『クラフトセンター』の担任あべちゃんは、予想外の展開を楽しんでいるように見えた。

「今日は冬休み明けなので古民家の様子を見に行くと思っていましたが、古民家には行かないみたいですね。大人の予測通りに進まないのも、子どもの村ではよくあることです」

校庭からも楽しそうな声が聞こえてくる。学校があるのは山梨県南アルプス市。校舎を出ると、真っ青な空を背負った富士山が正面にあった。校庭にある遊具は、全て子どもたちの手作りだ。すべり台や小屋だけでなく、校舎のウッドデッキやテラスも子どもたちが作ったものだ。甲府盆地を吹き抜ける冷たい風の中を、『わくわくファーム』のクラスの子どもたちが転がるように走っていく。その先には鶏と豚、羊たちがいた。

「羊の糞を掃除してこの箱にためるの。肥料にするから」

「小屋もみんなで作ったんだよ」

「風が強いから、屋根の波板が飛ばされて、何度もやり直して大変だった。小屋ごと横に倒れたこともあったよ」

取材に訪れた大人に、子どもたちは詳しく説明する。

「せっかく作った小屋が倒れちゃったの？　大変だったね」と声をかけると、間髪入れずにこう答えた。

「倒れたら、今度はもっと工夫して、風に倒されない小屋を作ればいいんだよ」

子どもたちの笑顔は、自信に満ちてたくましい。

宿題もテストもない。本物の仕事に取り組む学校

南アルプス子どもの村小学校の母体は、和歌山県の学校法人きのくに子どもの村学園だ。一九九二年、一つの小学校から始まった学園は、現在では小中学校各五校（和歌山県橋本市、福井県勝山市、山梨県南アルプス市、福岡県北九州市、長崎県東彼杵郡）、高等専修学校一校（和歌山県橋本市）、全部で十一の学校に広がっている。

一年生から六年生までの縦割りクラス、プロジェクトと呼ばれる体験学習を中心とした時間割編成、教科書にとらわれない学びが中心で、宿題もなければテストもない。通知表は数字による評定ではなく、その子の伸びているところを文章で記述する。職員室には子どもたちが自由に出入りし、大人の膝の上に座る子もいれば、おんぶや肩車をしてもらう子も珍しくない。学園長の堀さんを親しみを込めて堀ジイと呼ぶ子もいる。

学校をほんの数時間見学しただけでも、その様子は公立の学校とはずいぶん異なるように見受けられるが、きのくに子どもの村学園の小学校・中学校は、設立当初より学校教育法第一条に基づく一条校として認められている。つまり、文部科学省による学習指導要領にも準拠した教育を行う私立学校である。

学園長の堀さんは、プロジェクトについてこう語る。

「プロジェクトは子どもが主人公の知的探究です。学ぶ楽しさ、仲間と触れ合う喜びをた

		月	火	水	木	金
	8:55〜9:05		ユースフルワーク			
1 2	9:10 〜 10:40	登校	プロジェクト	プロジェクト	プロジェクト	123年：国際／基礎、基礎／国際 456年：基礎学習
	10:40〜11:00		ティータイム			
3 4	11:00 〜 12:30	自由選択	プロジェクト	プロジェクト	プロジェクト	123年基礎学習／456年英語 自由選択
	12:30〜13:30	昼食・昼休み				
5 6	13:30 〜 15:00	基礎学習	自由選択	基礎学習／基礎学習 5年英語／6年英語	プロジェクト	プロジェクト
7	15:00〜15:45	456年プロジェクト		全校ミーティング		

・月曜日は、寮で生活する子どもたち（近隣なら自宅から毎日通学も可能）が遠方の自宅から登校するためスタートにゆとりを持たせている。
・ユースフルワークでは、10分で自分の持ち場を整える。自分たちの学校が過ごしやすくなるためにどうすればいいかを考え、掃除や片付けなどを各自の判断で行う。
・基礎学習でプロジェクトに関連する教科の学習をする。「ことば」「かず」（読み書き）などの基礎技術の習得なども行う。
・自由選択では体育、音楽、図画工作にあたる教科を週に三つ選択できる。
・全校ミーティングも重要な核となっている（詳細は後述）。

図 4-4　南アルプス子どもの村小学校の時間割

っぷり味わいながら、『衣食住』や『いのち』をテーマに活動します。活動を通して知性と手と身体が鍛えられ、いろんな学びが広がります。『ままごと』ではなく、『本物の仕事』に取り組む。子どもは、おもしろいと思えば熱中することができるんです」

プロジェクトのテーマはその年によって変わるが、基本的には五つのプロジェクトに分かれており、子どもたちが「やってみたい」と思うプロジェクトを選ぶ。

先に紹介した料理や農業に携わる『おいしいものをつくる会』、古民家のリフォームなどの建築や木工からアプローチする『クラフトセンター』、羊や鶏などを育てる『わくわくファーム』のほかに、小規模なクラフトやアート、園芸などに取り組む『アート＆クラフト』、演劇など自己表現で気持ちを解放させる『劇団みなみ座』がある（二〇二二年度）。

それぞれのテーマは入り口が異なるだけで、子どもたちの話し合いを軸に展開し、さまざまな教科を横断して学びが進む。大人たちは、新年度の前に担当するプロジェクトを決め、学びが広く深く展開していくテーマを十分吟味して周到に準備するが、あくまでも「教科学習の寄せ集め」ではなく、そのテーマ自体が活動の目的だ。

子どもたちの主体的な話し合いや活動によって展開していくプロジェクトでは、どんな意見が出てくるかは子どもたち次第だ。中には、自分でプロジェクトを選んだもののなかなか主体的に取り組めない子もいるが、幅広い年齢の子どもたちが同じプロジェクトに取り組む中で、高学年の子どもたちが低学年の子に声をかけ、興味を持てるように促す関係性も生まれてくる。プロジェクトの中でさまざまなチームを作り、そこでさらに自分がやりたいことを提案し、選べるため、多くの子は何かしらの形で自分なりに関わることとなる。それでも参加できない子がいた場合には、そのことについて子どもたちが話し合う。

大人は、子どもの意見や相談にはしっかりと耳を傾けるが、失敗しないように先回りをしたり、子どもたちを誘導したりはしない。子どもたちが何に困っているのか、どうしたいのかを聴き、「どうすればいいと思う？」と投げかける。

大人が決めた範囲で活動を許すのではなく、主体はあくまでも子どもたち。子どもたちで話し合って活動を決めていく。誘導するような大人の介入は、子どもたちはすぐに察知する。大人は各プロジェクトの進み具合を互いに報告し合いながら学校全体で綿密な会議を重ね、子どもたちに気づかれないようにその活動をサポートしている。

ここで教員として働く大人は全て、こうした学園の考え方に深く賛同している。堀さんの大学のゼミ生や院生として研究室に出入りしていた教え子、子どもを通わせていた元保護者や現役の保護者、最近ではきのくに子どもの村学園で育った卒業生も増えてきた。公立学校を退職し、転職してくる教員もいる。

このような大人たちのサポートの中で動きはじめるプロジェクトは、子どもの村が大切

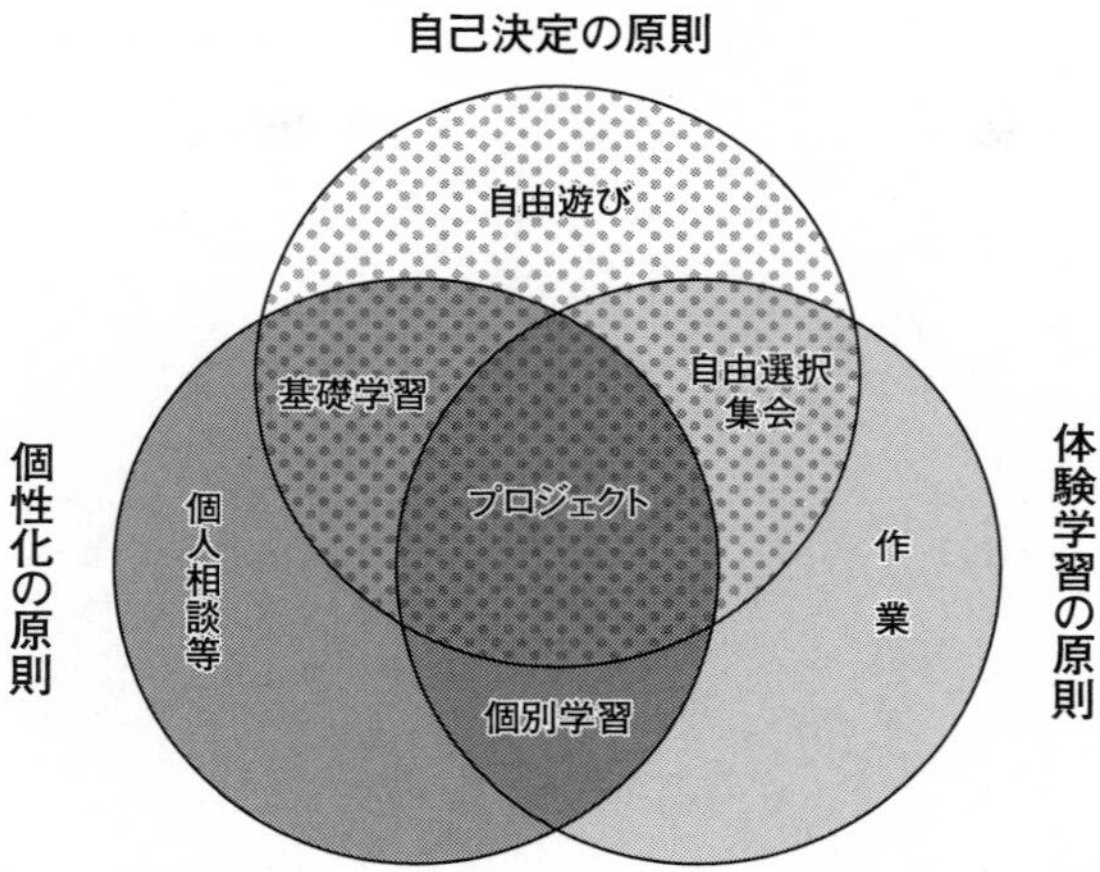

図4-5　きのくに子どもの村学園の教育目標は、「自由な子ども」であり、感情面での自由、知性の自由、人間関係の自由が大切にされている。プロジェクトでは、基本方針である三つの原則「自己決定」「個性化」「体験学習」が調和的に実行される。
（きのくに子どもの村学園ホームページ「学園について」より）

にしている三つの原則、「自己決定」「個性化」「体験学習」が調和的に実行される学習形態で、アメリカの教育学者ジョン・デューイが提唱した「活動的な仕事」にあたる。

例えば『わくわくファーム』では、羊の世話というテーマから、羊が暮らす小屋を建て、羊の世話をする。羊が成長すれば毛を刈り、刈り取った羊毛から毛糸を作って織物を作る。ある保護者の知り合いにモンゴル出身の人がいるとわかれば、家畜としての羊の話を聞くためにモンゴルのことを調べ、その人を学校に招いて話を聞き、一緒にモンゴル料理を作る。台風が直撃しそうなときは天気について学び、手作りの小屋が倒れないように、羊たちをどうやって守るか対策を考える。そうして一年をかけて一つのプロジェクトを軸に調べ、活動したことを最後に原稿にまとめて冊子を作り、劇にして発表する――。

先に紹介した公立の表町小学校で学年の中で単元の入れ替えが行われていたように、小学校六年間、中学校三年間それぞれで学ぶべきことが、子どもたちが自由に選択したプロジェクトを通して網羅できるだけでなく、さらに専門的に発展していく場合もある。

「たのしくなければ、学校じゃない」

学園長の堀さんは、それぞれの学校がある和歌山、福井、山梨、福岡、長崎の五か所全てを、自ら運転するパジェロとフェリーを使って毎週欠かさず日替わりで回る生活を二十年間続けている。

「子どもの村に学年ごとのクラスはありません。工務店、ファーム、料理、ものづくり、劇団など、プロジェクトごとにひとクラス二十～三十人、そこに担任が二～三人が基本ではありますが、毎年、子どもたちが自分の興味や関心でプロジェクトを自由に選ぶため、過去には、希望者がたった三人というプロジェクトもありました」

ある年の三月、四年生の男の子が堀さんに相談に来た。和歌山の学校でのことだ。

「あのな、堀さん。来年度のクラスやねんけど、僕が選んだ料理店は希望者が三人しかおれへんねん」

「え、三人だけか」

「このままでは担任の大人がやる気をなくす……」

その男の子は、大人のやる気を心配していた。プロジェクトの大きなテーマは大人が設定して子どもたちにプレゼンするが、そのテーマやプレゼンに対する子どもたちの反応は率直で容赦ない。堀さんはしばらく考え、鶏を飼うことを提案したところ、希望者は二十人に増え、卵料理をテーマに据えることになり、活動もとても盛り上がったという。

「多くの学校では、知識や技術を覚えることが『目的』になりますが、プロジェクトでは知識や技術はすぐに役立つ『道具』や『手段』になる。自分で体験して技術を手に入れ、大きな発見をすることもあります。活動を通して問題を見つけ、観察し、仮説を立て、結論を導き、実行して確かめる。高度な知的探究の繰り返しです」（堀さん）

この学校ではチャイムも鳴らない。子どもたちは自分で時計を見て自主的に動く。二コマ九十分を一セットにしているため、とことん集中して活動に取り組むことができる。一日中プロジェクトに取り組む曜日も週に一日設定されている。

基礎学習の時間には、プロジェクトと連動した学習や、子どもたちが楽しみながら取り組めるオリジナルのプリントで個別に学ぶ。算数や国語、英語などの問題文の中に、中学校校長のカトちゃん（加藤博さん）や堀さんの名前を登場させることもあれば、子どもたちがそのときに作ろうとしている遊具の建設に必要な計算方法が例題になることもある。どのプリントをするかは自分で決める。

料理にも大工仕事にも、算数の基礎学習は欠かせない。自分が体験したことを原稿にまとめるには言葉や表現の学びも不可欠だ。プロジェクトを進める上で必要に迫られて学びたいと思うこともあれば、同じクラスで過ごすお兄さんお姉さんに憧れて学びたいと思う意欲が湧いてくることもある。

堀さんは現在、ほとんどの学校の小六と中三の英語の授業を担当している。六年生の英語の授業は、例えばこんな調子だ。

「じゃあ、今から日本語で言うから、英語にしてや。やあ元気？」

「How are you?」

「なんかあかんわ〜」

「I don't feel well.」

「どうしたん、眠いんか？」

「What's wrong?　Are you sleepy?」

「ちゃうねん。風邪ひいてん」

「No, I'm not. I have a cold.」

和歌山の学校では関西弁。ほかの学校ではそれぞれの土地の言葉で、日常会話にできるだけ近づける。子どもたちは笑いながら、英語に訳して大きな声で一斉に答える。

堀さんに手渡された学校のパンフレットを開くと、一ページ目に大きな文字でこんな言葉が印刷されていた。

「たのしいから学校。たのしくなければ、学校じゃない」

どんな状況でも幸せに生きられる人に

南アルプス子どもの村小学校を中心に撮影されたドキュメンタリー映画『夢みる小学校』（二〇二二年劇場公開）は、文部科学省選定映画となり、ロードショーが終了しても全国各地で上映された。映画化される以前から、見学者や入学志望者が絶えない学校だった。

そして、見学者からは決まってこんな質問が出る。

「子どもたちは元気で楽しそうですが、学力は大丈夫ですか。進学できますか」

「こんなに自由に過ごして、厳しい社会でうまくやっていけるんでしょうか」

入学を検討している保護者も教育関係の見学者も、未来の心配をする。開校三年目には、

「受験指導をしてほしい」と一部の保護者から声が上がったこともあった。しかし、「受験指導はしない」という方針は全く揺るがなかった。

例えば、二〇二三年度の南アルプス子どもの村中学校の卒業生を見てみると、外部の私立高校十二人、県立・都立高校二人、きのくに国際高等専修学校三人、通信制高校二人と、全員が高校に進学している（それぞれの割合は年度により異なる）。子どもたちは自分で高校について調べて進路を決める。大人は子どもからの相談があれば話を聞き、情報提供、情報収集を手伝うだけだ。面接や作文などがメインとなる推薦試験などで進学する場合が多いが、作文や面接は特別な対策をする必要もほとんどない。子どもたちは、九年間で十分に豊かな体験をし、その体験から得た知識や自分の意見を言語化して文章にまとめることができるようになる。意見の違う人と対話できる力も自然に身につけていく。

入学試験の面接では、素直に答えているだけで面接官から関心を持たれるという。わからないことは「それはわかりません」と正直に答える子もいれば、「なんか、思ったことそのまま話してたらめっちゃ笑ってくれた」「ほかの人の三倍くらい（面接の時間が）長かった」と楽しそうに帰ってくる子もいる。

体験を通して手にした知識は教科書や問題集だけでインプットした知識よりもしっかりと定着する。プロジェクトを通してさまざまな人に取材をするだけでなく、必ずそのテーマの背景となる社会問題についても調べ、何度も失敗を繰り返しながら試行錯誤してより良いものを作るプロセスも十分に体験している。修学旅行も子どもたちで企画し、その地域の環境問題や社会問題について事前に調べ、予算内に収まるようにルートも考えながらスケジュールを組み立て、現地でも取材を重ねる。中学ではさらに専門的なリサーチや研究を進め、在学中に何人かで本にまとめることもある。卒業時には高校や大学程度の専門的な知識を身につけている生徒もいるほどだ。小学校・中学校では偏差値や点数で評価されることは全くないが、「学ぶ意欲」「自ら学ぶ力」は確実に身についていく。

ある子は、入学した高校で人生で初めての試験を受けて0点を取ったが、卒業時には上位一桁になっていた。大学に進学したある卒業生は、「講義を受けた後にその内容を友人たちと語り合ってさらに深めたいのに、周りの友人たちはこなしているだけ。講義が終わったらすぐに帰ってしまうことが寂しい」と言う。きのくに子どもの村では、授業後や放課後に子どもたち同士でプロジェクトについて語り合ったり調べたりする姿が日常的に見られたからだ。自らが興味を持ち、学びたいと思うことに対する姿勢は真摯で貪欲だ。

卒業生でもあり、現在、きのくに子どもの村学園の和歌山校の教員となった禰津《ねづ》匡人《まさと》さんは、自身が卒業した当時をこう振り返る。

「子どもの村では全部子どもが決めて自分たちでやっていました。高校や大学、社会に出てもなんでもできる自信があった。だから、相手が教授でも偉い人でも臆せずに質問したり意見したり、対等に話せるんだと思います」

自ら選んだ進学先で学びを深め、好きな分野を突き詰めて活躍する子も多い。

「高校で何か困っていないかとたずねると、ほとんどの子が『高校のほうが子どもの村よりずっとラクだ』と言います。理由を聞くと、『だって、先生の話聞いてるだけでいいもん』と言う。子どもの村では何を学ぶかも自分で決めますし、話を聞いているだけじゃ何も進みませんからね」（堀さん）

中学を卒業し、山梨の私立高校に進んだある卒業生は、小学校四年生のときに割り算でつまずいた。保護者のFさんは〝他人と比較しない校風〟に救われたと話す。

「本人が割り算がわからないと言って学校で大人に相談したら、ひと桁のかけ算まで戻っておさらいできたようです。九九を覚えていないから割り算が難しかったみたい。でも、誰かと比べて評価されることが全くないので、できないことがあっても卑屈にならないし、わからないと言える。それは今も強みだと思います」

その後、進学した高校で上位の成績を収め、演劇部でも活躍。学校以外でもさまざまな国から参加者が集まるアプリ開発のオンラインイベントに積極的に参加するなど、熱中できることを見つけて高校生活を楽しんだ。卒業後は国立大学の医学部に進学し、新入生代表の宣誓をした。

「私自身、娘が高校でやっていけるのか心配していました。高校は特に進学校ではありませんでしたが、『自分のペースでやりたいから』と塾にもほとんど行かず、自分で目標と計画を立てて、周囲に振り回されることなく淡々と勉強を進めていました。親としていちばん嬉しかったのは、『高校もめっちゃ楽しかった！　小中学校より楽しかった！』と言っていたことかもしれません。子どもの村の外に出ても、感情的・社会的に自由で、この子はきっとこの先もしなやかに自分らしく生きていけるだろうと思っています」

自分で選び、主体的に生きていくことが身についていると、どのような環境でもその中で自分らしさを発揮することができるようになるのだろう。Fさんは、子どもの村（南アルプス子どもの村小学校・中学校）の子どもたちには、共通することがあるという。

「九年間、たっぷりと受容されてきたからなのか、独特のしなやかさがあるんです。自分を知り、自分に正直で、人をジャッジしない。『この子なら大丈夫！』と感じさせてくれる子が多いと思います」

学歴や進学先だけに価値があるわけではない。学園長の堀さんも「卒業生には本当にいろんな子がいます」と誇らしげだ。

「医者になった子もいるし、子どものころ食が細くて心配していたら無農薬野菜の店を出した子もいる。数学で素晴らしいひらめきを見せて、数学者になるかと思ったら現代バレエのダンサーになった子も。小学校でたんぽぽの研究に夢中だった子が環境関係の大学に進学し、卒業後になぜか花火を作る会社を自分で立ち上げたこともある」

学校を始めた当初は、「このやり方でもいけるんじゃないか」との気持ちだったが、卒業した後の子どもたちの姿をみるたび、自信は増した。

「このほうが絶対にいいという確信に変わりました。私たちが目指すのは、いい成績でも受験に成功することでもない。どんな状況でも幸せに生きられる人になってほしいのです」

自分たちの声が学校や社会を作る

小学校では一年生から六年生までが同じ教室で共に学ぶ。同じ敷地内に隣接する中学校とも行き来が可能だ。そんな日常の中で、学年に関係なく仲のいい友達ができる。お互いの得意なことに憧れを抱いたり、教え合ったり、支え合う様子があちこちでみられる。休み時間に中学生にピッタリとくっついている低学年の小学生に「仲よしだね」と声をかけると、「寮で一緒やねん!」とうれしそうに答える。

自宅から電車やバスなどで通える範囲の子どもたちは毎日自宅から通学するが、家が遠い子どもたちは小学一年生から寮に入り、週末は自宅に帰って家族と過ごす。入学前に二泊三日の体験入学をして、子ども自身が「ぜひ入りたい」と思うことが入学の条件だが、低学年で寮に入る子どもたちはホームシックになることもある。年長の子どもたちは、そんな様子に敏感に気がつき、ホームシックになっている子に自然に声をかけたり一緒に行動したりする。授業中も寂しさや落ち着かなさから年長の子どもや大人の膝に座って過ごす子もいるが、十分に安心することができると自ら動き出すようになる。

「寮に入っている子のほうが人間関係の発達は早いと思います。二十四時間一緒にいれば、トラブルやもめごともたくさん起きて、その都度みんなで話し合う。失敗を繰り返しながら、人との距離の取り方を自然に学ぶんです」（堀さん）

取材時、卒業生、保護者、教員である大人たちから共通して出てきた言葉がある。

「子どもの村は大きな家族みたい」

ある保護者は、入学後、子どもの雰囲気が変わったと話してくれた。

「息子は保育園時代、帰宅後、怒りに近い不満を抱えていることが多かった。子どもの村に入学してからは、それが嘘のようになくなって毎日ご機嫌になりました。大人が子どもを信頼し尊重してくれているからだと思います。大人と子どもの関係ってこれだよなって思います。とにかくみんな笑顔です！」

この学校に大人が決めた「校則」はない。しかし、子どもたちが話し合って決めた「約束」がいくつかあり、それはいつでも話し合って見直すことができる。

週に一度は、小・中学生、大人たち全員が参加する「全校ミーティング」が行われる。議題は「ミーティング・ボックス」に入れることができ、議長はミーティング委員会の子どもが交代で務める。運動会や遠足などの行事や、社会問題、人間関係、いじめも議題になる。

「○○くんが、僕にいつも嫌なことを言ってくるのでやめてほしい」

誰かがそんな声を上げたときは、現場を見ていた子や、状況を知る大人がみんなに話し、誰がいいか悪いかではなく、もう一度起こらないようにするにはどうすればいいかをみんなで考える。話し合いが進まないときや、誰かがみんなに責められてしまうときは、大人が小さく手を挙げる。

「○○くんは、言いたいことがいっぱいあるけど、気をつけるって言っているね。それについてはどう思う?」

ミーティングの途中で全体に挙手で意見を問うこともあるが、学年に関係なく少数意見にしっかり耳を傾ける。その場で解決するのではなく、一週間、二週間と時間をかけてみんなで見守り、また話し合う。堀さんはこの時間がとても重要だと考える。

「大人も沈黙はしません。ただし、権威は振りかざさない。子どもと対等の立場で参加し、脱線したときはその場を整理します。ミーティングは教育活動として重要で、アイデアや思いを披露し合うことで、自分以外の人がそれぞれに違って存在することを身体で感じることができる。それは、自分自身を強く意識することにもなるんです。大人の役割としては、煮詰まってきたときにふっと笑わせて場を和ませることも大事かな」

学校では意見をあまり言わない子も家では盛んに話し合う。保護者のFさんは、子どもたちの変化に驚かされた。

「猫の世話でもめたとき、きょうだいで感情的にならずにやりとりしていました。今、何が問題？　こういうルールにするのはどうかな？って。夫婦喧嘩も横で聞いていて、パパは本当はこんな気持ちだったんじゃないかな、と後で教えてくれることがあります。驚きますよね。『正しさ』を主張し合うのではなく、相手の気持ちを受け止めながらフラットにコミュニケーションできる。大人でもなかなかできないことだと感心します。膨大なミーティングの体験が積み重なっているんだなと思います」

そんな子どもたちから保護者が学ぶことも多い。

「大人になると、組織で何か問題があっても、政治家や上司のせいにして『どうせ変えられない』とあきらめてしまう人が多い。だけど子どもの村では、自分たちで話し合って学校をつくることが当たり前です。きっと、社会も自分たちでつくっていこうという姿勢につながると思います。この学校のような教員のありかた、学校の姿勢は、公立の学校でこそ大切にしてほしい。公立学校がこのようになれば、親としてはとても安心できる社会になると感じています」（保護者・木村さん）

大人のチャレンジも失敗も、子どもにとっては学びのチャンス

学園長の堀さんは、一九四三年、福井県奥越地方の農村に生まれた。現在の勝山市だ。父も母も教師だった。父は地元の本校に、母は少し山に入ったその分校に勤めていた。

「私が小学校三年生から五年のころに母が勤めていた分校に、ときどき遊びに行きました。子どもは全部で三十人ほど。先生と子どもが仲よく、大きい子が小さい子の面倒をみて、近くの山や川に出かけ、とても楽しそうに遊んだり学んだりしていました。いいなあと思って、分校を真似して学校ごっこをして遊んだものです。私はだいたい教師役をしていましたね。あの分校のイメージが、具体的なアイデアにつながっています」


小中学校のころは教員にも憧れたが、途中からそんなことはすっかり忘れていた。

「高校では数学が肌に合わず赤点ばかり取っていた」が、時代のブームに流され一時は理系への進学を希望。だが、直前になって「やっぱり、子どものころ遊んだ分校のような、山奥の教員になろう！」と思い立つ。京都大学教育学部に入学したときには「卒論は僻地教育について書く」と決めていた。

その後、アメリカの哲学者でもある教育学者ジョン・デューイの研究を進めていたが、二十一歳のとき、イギリスの教育学者ニイルについて書かれた『ニイルの思想と教育』（霜田静志著）を手にして衝撃を受ける。そこには、ニイルが作ったイギリスの学校、サマーヒル・スクールの様子が書いてあった。「世界で一番自由な学校」として知られる学校だ。

「授業に出る出ないは子どもが決める。全校集会では校長も五歳の子も同じ一票。大人と子どもがファーストネームやニックネームで呼び合う。最初はそんなアホな！という驚きや疑問ばかりでしたが、次第になるほどと納得できるようになっていたんです」

堀さんは、傾倒していたデューイとニイルの思想を「実践で統一したい」と考えるようになる。大阪市立大学で教育学や心理学の研究を進める傍ら、仲間たちと学校づくりを目指し、動き始めた。

堀さんと初めて出会った日のことを、現在南アルプス子どもの村中学校校長のカトちゃんこと加藤さんは鮮明に覚えている。当時、岐阜大学の学生だった加藤さんは、堀さんの論文「日本における私立オルタナティヴ小学校の基本構想」を読み、堀さんのもとで研究をしたいと大阪市立大学の研究室を訪れた。学園設立の直前、一九九一年のことだ。

「ああ、よく来た、よく来た。まあ座って」

堀さんにそう言われ、目の前の椅子に腰掛けると、何の前置きもなくビデオデッキのコードを渡された。

「そのコードで〝もやい結び〟できる？」

加藤さんは大学で山岳部に所属していることを事前に伝えていたが、志望理由など一切話す間もなく、もやい結びを求められたことに驚いた。

とにかく言われるままに、もやい結びを作ってみせた。

「よし！　これで子どもたちと崖の工事を進められる！」

堀さんはうれしそうに笑って続けた。

「研究室に入るための面接ではただ笑っていなさい。大丈夫だから。よし、うまいコーヒー飲みにいくか」

早足で車に乗り、二人はわずか一分の距離にある喫茶店に移動。コーヒーが出てくると、

「おっと、もう行かなくちゃ！」と言ってお金を払い、あっという間にいなくなってしまった。加藤さんは、そんな堀さんの存在が子どもにも大人にも影響を与えていると言う。

「なんて忙しい人なんだ、と思うと同時に、落ち着きがなくて、好奇心が旺盛で、思い立

ったらあれもこれもしたい人なんやなあと思いました。著書や論文の文章はとても緻密で非の打ち所がないのにと衝撃を受けました。

子どもたちのそばにいる大人が堀さんのようにイキイキしていることは、とても大事だと思っています。堀さんは、大人にも好きなことをさせてくれるんです」

加藤さんが働き始めて一年目、「カラコルムの最奥の地にそびえる、前人未到の七千メートル峰（麒麟峰）に登りたいから二か月半休ませてほしい」と申し出たことがある。当時は未踏峰だった山にどうしても挑戦したかった。さすがに一年目でそんな長期休みは許してもらえないだろうと、辞める覚悟もして堀さんに伝えに行った。

「ああそう。いいよ。だって、子どもにいいやろ」

堀さんはあっけなく許してくれた。加藤さんは自分が山に登ることしか頭になく、「子どもにいい」が何を意味するのか最初はわからなかったが、あ、そういう考え方があったのかと気がつき、とっさに切り替えて便乗することにした。

「そうなんです。子どもにいいと思います。手紙も書くし、写真も撮ってきます。話もたくさんできると思います。それと、またいつか仕事を休んで山に行きたいです！」

加藤さんはその五年後にも、二回目の休暇をとってヒマラヤの山に出かけている。

子どもの村で夫婦ともに教員をしていた加藤さんは、学校に生後二か月の赤ちゃんを連

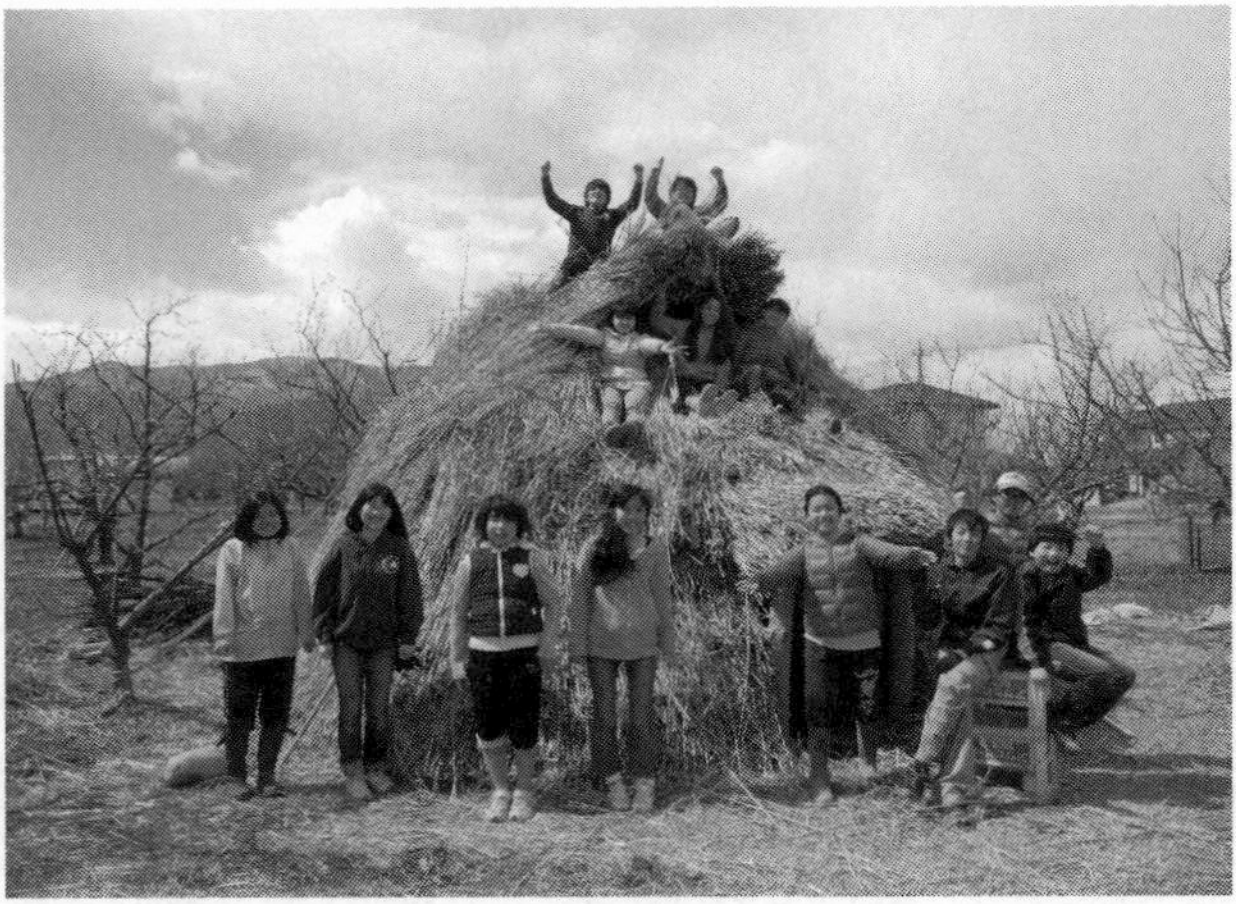
子どもたちだけでリサーチし、材料を集め、みんなでつくった竪穴式住居（写真提供：南アルプス子どもの村中学校）

れてきていた時期もある。そのことについても、堀さんは「子どもにいい」と言った。子どもたちは休み時間になると赤ちゃんの周りに集まり、泣けばあやしてミルクをあげ、両親が手が離せないときはおむつを替えてくれた。大人の手つきを見て、勝手に覚えていた。

あるとき、加藤さんが担任し、一年かけてプロジェクトで作った竪穴式住居が火事で全焼したこともあった。加藤さんは申し訳なく思ったが、堀さんは笑っていた。

「チャンスだ。こういうことがあるから学ぶんだよ。僕の実家も火事になったことがある。誰もケガしなくてよかったよ、カトちゃん。あはは」

大人のチャレンジも、大人の失敗も、子どもにとっては学びのチャンス。教員である大人たちが堀さんに信頼され、安心して楽しんで活動できることで、子どもたちにもその安心の場が保障されている。

「自由にやってごらん。責任は大人が取るから」

きのくに子どもの村学園ができて三十年以上が経った。今では子どもの村で「大人」として働く卒業生もいる。

前出の卒業生、禰津さん（取材時三十歳）もその一人だ。卒業後は埼玉県の私立高校を経て、山梨県の公立大学法人都留文科大学の地域社会学科で環境教育を学んだ。そして、徳島県上勝町へ。ごみの八〇パーセントをリサイクルしているゼロ・ウェイスト宣言で有名な町だ。合同会社パンゲアに就職し、環境教育のツアーに三年従事したが、継続的に子どもたちに関わりたいと、二〇一九年から子どもの村の教員になった。

「子どものころは、『大人』はぼーっとして何もしてないじゃんって思っていました。でも、自分が『大人』として戻って来ると、裏で綿密なミーティングをしているし、子どもたちの一人ひとりを本当によく見ている。そのことを子どもたちに悟られないように見守っている。授業の準備もとても時間がかかります。『大人』って大変だったんだな、でも楽しいなって毎日感じています」

堀さんは、子どもが自由に学ぶため、大人が引き受けるべきことがあると言う。

「大人はよく子どもに、『自由にやってごらん。でも責任は自分で取るんだよ』と言います。それは、ある意味、脅し文句でもあるのです。子どもの村では、『自由にやってごらん。責任は大人が取るから』と言うのです。子どもなりに考えて、勇気を出してやったとしても、うまくいかないことだってあります。そこで、『自分で決めたんだから』『一体何やってるの』と言うのは、『どうせ失敗すると思って見ていた』のと同じことです。子どもの自己決定権を認めることは、失敗を許すこと。失敗は子どもの基本的人権の一つだと考えています」

堀さんはいつも子どもたちにこんなふうに話している。

「子どもの村は、君たちだけのものじゃないよ。こういう楽しい学校もありうる、そして実際にうまくいく。そのことをたくさんの人に知ってもらうための学校でもあるんだ。でもね、こういう学校のほうが楽しくて中身もいいんだということを証明するのは、君たち自身なんだよ」

子どもたちは実際に社会に飛び出し、自分の好きなことや好奇心をエンジンに突き進み、そのことを証明している。

全国各地の自治体や教育委員会の職員、私立学校の教員、新しい学校を作ろうとしている市民団体などが噂を聞きつけ、毎週のように全国から視察や相談にやってくる。「北海道に新しい学校を作りたい」と堀さんに相談していた団体は二〇二三年四月、三十年越しの思いを叶えた。「まおい学びのさと小学校」開校のニュースは全国的にも大きく報道された。子どもの村のようなプロジェクトを中心とした学校だ。

このような教育は家でも実践できると南アルプスの校長・加藤さんは言う。

「答えを教えるのではなく、不思議だね、わかんないな、おもしろいねって一緒に楽しみながら、子ども自身が選択する機会や、子どもに任せる機会を増やすことです。本当に大事にされている、大人に信頼されていると子どもたちが実感できれば、それだけで幸せに生きていく力を手にすることができると思います。それは、どんな場所でも、今すぐにでもできることだと思うんです」

卒業生の多くは、違う学校に進学すると、「子どもの村では学ぶことは楽しいと思っていたけど、楽しくないと思っている人が世の中にはいっぱいいる」と気づくという。「大人に対する信頼感も大きいと思います。高校や大学に進学しても、先生や教授に対して物おじせず話しかけたり、質問をしたり、対等に意見を述べたりしているようです。

高校の先には、もっとこの分野を学びたいと思って大学に進学する子、もっとこの仕事について早く学びたいと仕事の現場に入る子もいます。社会の評価がどうであれ、自分のしたいことをして生きていきたい、やろうと思えば自分はなんでもできると思えるように育っていると思います」（加藤さん）

卒業生の保護者、石垣さんが、「子どもの村で九年間育った娘に、ふとこんなことを聞いてみたんです」と教えてくれた。

「世の中に絶望することはある？」

その卒業生は、こう答えた。

「ニュースを見てると世の中に絶望しちゃうけど、その中でも自分で希望を見つけることができる。それが、子どもの村に行ってよかったこと！」

どんな場所でも環境でも、希望を見出し、幸せに生きていくことができる。自分を信じることができる。きのくに子どもの村学園は、そんな子どもたちを育てる場所だ。

「それぞれの学校で授業をするのも楽しみですが、一番の喜びは、子どもたちが〝ほりさ〜ん！〟と言って手を振って寄ってきてくれること。子どもたちから元気を吸い取っているんですよ。あはは。ああ、もういかなくちゃ」

堀さんはニヤリと笑い、去っていった。今日も明日も、明後日も、おんぼろパジェロを運転し、子どもたちの元へと走り続ける。

教えから学びにふみ出すために

プロジェクト学習の効果

この章ではプロジェクトという言葉がキーワードになっています。

でも、あらためて、プロジェクトとはどういう教育上の原理をいうのか、と聞かれたら、なんと答えればいいのでしょうか。

この言葉は幼児教育の分野では、世界から注目されているイタリアのレッジョ・エミリア市の保育のキーワードになっているのでご存じの方が多いと思うのですが、小学校以上の学校教育ではそれほど使われてきた言葉ではありません。

この言葉を「プロジェクトメソッド」という言い方をつくって広めたのは、一〇〇年ほど前に同名の論文を書いたウィリアム・H・キルパトリックという教育学者でした。当時、古い教育の仕方を根本から変えようという新教育運動が世界中に広がり、各地で新しい実践が模索されていたのですが、その中心であったアメリカでリーダーシップをとっていた一人がキルパトリックでした。ジョン・デューイの弟子としても知られています。

アメリカではプラグマティズムという哲学原理が広がっていたこともあって、

プラグマ、つまり実践＝経験によってこそ学ぶという原理が広がっていました。デューイの有名な「なすことによって学ぶ」という言葉はご存じでしょう。当時、学校農園をつくって穀物などを生産する農業プロジェクトや、学校で子どもが新聞を発行する新聞プロジェクトなどが模索されていたのですが、キルパトリックはそれをより一般化させプロジェクトメソッドと名付けたのです。キルパトリックの定義は「子どもが計画し現実の生活において達成される目的をもった活動」です。ポイントは二つあって、①何を調べるか、作るか、探究するか等の計画を子ども自身が立てること、②その内容が現実の生活に役に立つものであること、です。

「個別最適な学び」と「協働的な学び」を無理なく統合する

長岡市立表町小学校の水谷徹平先生の学級では、二〇二二年度のプロジェクトを子どもたちが合意形成を繰り返しながら「争いをこえて」というテーマに決めました。その中で何を調べてみたいか、考えてみたいかも子どもたちの意見、関心事を出してもらいながら決めています。そのためにＩＣＴを活用していますが、この学校ではプロジェクトの内容決定に子どもが大事な存在として位置付いているのです。

この工夫に、実はこれまでの学校教育の原理を転換する発想が隠れています。学校で学ぶことの内容は基本、これまでは教員のほうで決めていました。今でも大部分がそうなっています。実際には、国が、社会に出て活躍するには最低限これこれについての知識は持っていてほしいという原理で、学ぶべきことが外から決められてきました。こうした原理は専門的には啓蒙主義を背景としています。立派な大人になるには「蒙」すなわち無知を「啓《ひら》」き、これこれの教養は持っているべきだ、と外から決めていく考えです。

しかし、人の学びは、こういう問題をもっと深めたいという自分自身の内在的な目標がない場合、本気で学ぶようにはならないことは、現代では常識になっています。そのため競争で勝つためになどの外在的な目標を与えて学びを促そうとしているのですが、本来は内在的な目標が必要なのです。

ニーチェは、「何のために?　の答えが欠けている」「目標が欠けている」ことがニヒリズムの意味だと書いています（『権力への意思』）。端的でわかりやすい定義です。何のためにしているのかが自分でもよくわからない行為、というか、目標は決まっていて自分で考えても仕方ないが行為だけはある意味惰性でしている、というような行為をニヒリズムといったわけです。

そう考えると、日本のこれまでの学校教育は、善意だったと思いますが、子どもに一種のニヒリズム的行為を要請していたわけです。それでは意欲的な行為が生まれないため、立身出世のためというような外在的目標を与え、それで学びを動機付けてきました。しかしそれでは学びの目標が利己主義的なレベルに留まってしまいがちです。学びにかかわる公的な目標がないからです。昔はそこで国家のため天皇のためという別種の公民＝皇民的な目標を与えていたことは周知ですが、これが近代社会の価値志向と矛盾することは今では自明です。

詳しくは述べませんが、この章で紹介された二つの学校は、個別の教科教育、とくに読み書きのような教育については、学ぶ内容をある程度大人が責任もって提示し、子どもたちに学ばせています。それが子ども自身の願いでもあるはずということで、子どもの願いと大人の願いが一致するという前提で行っています。

しかし、それ以外の教育の内容も全部大人が決めてしまうのは、学びの主体性ということから考えておかしい、というのがここで紹介した実践における判断です。プロジェクトという形の授業は、何かの問題、課題を議論しつつ明確にしながら、その問題、課題をどう解決すべきかを探ることを目標にするものですが、その際の課題の決定も、その探究プロセスの決定も、できるだけ子どもたちに委ねるという形で、学びの主体性を子どもに与えようとしているのです。目標も方法も、です。

子どもたちの学びが、そうして「何を」ということと「どう」ということの双方で、子どもの主体性を大事にしたものでなければならないということに、最近は国も気づいています。そして中教審などでそういう学びを取り入れてほしいということがまとめられています。それが「個別最適な学び」と「協働的な学び」です（二〇二一年中教審答申「「令和の日本型学校教育」の構築を目指して　全ての子供たちの可能性を引き出す、個別最適な学びと、協働的な学びの実現（答申）」）。

「個別最適な学び」は、教員の「指導の個別化」と子どもの「学びの個性化」を統合した概念とされています。「指導の個別化」は、どの子どもへの指導も同じように一斉にするのではなく、ときにその子一人ひとりに合った指導を模索することです。この限りは、学ぶ内容に子ども自身の選択が入る必要はありません。しかし「学びの個性化」という考えを敷衍《ふえん》しますと、何を学びたいのかという子どもの意思、選択をある程度認めないと、個性化が十全な意味を持たなくなります。学びの内容は全て教員が与え、その学び方が子ども一人ひとり違っていいというだけでは、単なる学びの方法だけの個性化で終わります。

実際にはそのように理解しているところが多いのかも知れませんが、この章で取り上げた二つの学校は違っていて、学ぶ内容にも個性化が大事と判断したわけです。そうすることで初めて子どもたちが意欲的に学びを作り上げていく。その先に、並行して、学んだことの子ども間の交換、つまり「協働的な学び」が本当の意味をもってくる、という発想があります。

でも一般の授業でそれを具体化することにはまだ困難がある。そこで、別枠の学びの形を作り、そこで正しい意味の「個別最適な学び」と「協働的な学び」の具体化をはかりたい、それがプロジェクト型の学びなのです。以前の「総合的な学び」の現代的な形かもしれませんが、現代社会を生きているもう一つの大事な存在である子どもたち自身が、自らの生活実感の中から何をこそ学びたいかを出し合い、議論して決め、決めた学びのテーマを、自分たちで掘り深めていく、こうした学びのスタイルは、これからの学校の重要なモデルとなるでしょう。何せ、情報だけなら子どもたちだけでも手に入れることが十分に可能な時代なのですから。

正解のない問いを持ち、偶然起こることを追求する

南アルプス子どもの村小学校では、学年をも超えて、一年かけて、テーマによっては地域のプロに種々学びながら、自らのプロジェクトの内容をつくっています。それこそ試行錯誤を繰り返し、ときに右往左往して追求されていますが、こういうことを若いときに体験することができれば、長じても、自分たちのまわりの世界の問題は自分たちで解決するんだ、という姿勢が原基的に手に入るのではないか、と思います。そしてこれこそ、今世界で広がっているシティズンシップ教育そのものになっています。

プロジェクト型の学びは、別の視点からいうと、答えが決まっていない問題、あるいは答えが見つからないかもしれない問題に対する集団的な追求、ということです。

学校はこれまで、答え、つまり正解が決まっていることを中心に、いかにしてその正解に早くたどり着くか、という訓練をする場所でした。しかし、「これが正しい知識、解き方」といくら覚えても、社会の変化は激しく、覚えたことを社会に出てそのまま使うということはほとんどありませんでした。知識やスキル自体が古くなり、生じてくる問題が正解がないほど複雑で深刻なものが多いからです。というか、いつでもどこでも通じる解はない、問題自体がローカルで、本質的にはグローバルなものが多くなっているからです。

偶然起こることに適切に対応する心身の力のことも最近では非認知的能力と呼んでいます。これまで学校は偶然起こる問題に対応する力ではなく、大人によって用意された必然的な問題を解く力を育ててきました。しかし、世間に出ればほとんどが偶然起こる問題に直面することになります。それに適切な解を考案して実践していくことが積み重なったとき、その適切解の中に必然性が見えてくるというのが実際なのです。

プロジェクトにこだわった両校の実践には、やがて社会の主人公になる子どもたちを、もっと若い時代から信頼して、社会の主人公になる練習をさせているように見えます。また、その際に大人が若い世代から学ぶということも実現していきます。教育とは所詮、教えるとされているほうが教えられるとされているほうからどれだけ学べるか、という営みなのです。

第5章

多様な子どもたちが安心して学べる環境
――インクルーシブ教育を目指して

通常の学級でも一人ひとりに合った支援を――京都府八幡市立中央小学校

インクルーシブ教育への動き

現在、日本各地で「インクルーシブ教育」を目指す動きが活発になっている。コロナ禍を経ての不登校の増加、自殺の増加に加え、二〇二二年九月に国連の障害者権利委員会から「インクルーシブ教育の権利を保障すべき」という勧告を受けたことも大きな要因だ。「インクルーシブ教育」とは一体何を指すのか。文部科学省では「インクルーシブ教育」ではなく、あえて「インクルーシブ教育システム」という言葉を使用している。「共生社会の形成に向けたインクルーシブ教育システム構築のための特別支援教育の推進」として、通級指導（以下、通級。通常の学級に在籍しながら一部別室で指導を受ける）、特別支援学級や特別支援学校、学びの多様化学校（不登校特例校）など、多様な学びの場を用意し、子どもたちのニーズに合わせて選べる状況をできる限り整えてきた。しかし子ども自身や保護者が選ぶことも難しく、分断が進み、社会的な障害理解も進まないという批判も多い。

一方で、それらを全面廃止して同じ教室で学ぼうとする動きもあるが、それに対する抵抗も大きい。現在の学校の環境やこれまでの一斉授業を中心とした授業スタイルのままでは、多様な子どもたち一人ひとりの学びを十分に保障することは難しいからだ。

例えば、東京都国立市では、前出の国連の勧告に先駆け、二〇一九年度に策定した教育大綱に「フルインクルーシブ教育」という言葉を記載し、現在もモデル校などの設立を目指して教育現場の改革を進めようとしているが、未だ具体的な実践には至っていない。石川県加賀市では、加賀市学校教育ビジョン［ダイジェスト版］（2023−2025）において、「『そろえる』教育から一人ひとりを『伸ばす』教育へと変えていきます」と掲げ、さまざまな合理的配慮を積極的に取り入れ、教室など学ぶ環境を積極的に変えていくことを目指している。

日本の学校がインクルーシブ教育を目指すためには何が必要なのか。第五章では、人的要因や環境要因の観点からそのヒントとなる実践として、二つの小学校を紹介する。

子どもたちとの間に必要なのは信頼関係

京都府の南部に位置する八幡市。市立中央小学校では、全ての子どもたちが安心して楽しく学べる環境を整えることに長年力を注いできた。ここ数年は不登校がゼロの年も多い。

校長は横山達雄先生（二〇二四年三月まで）。校長室の棚には児童が贈った手作りのカードがたくさん飾られている。床にはふかふかのマットが敷かれ、誰でも気軽に校長室に入れるあたたかい空間だ。教員も保護者も、子どもたちも、自由に校長先生をたずねて顔を出し、おしゃべりをしたり、相談をしたりする。横山校長先生は毎日、給食の時間にエプロンをつけてどこかのクラスに入り、子どもたちと一緒に配膳し、給食を食べる。放課後になると、職員室では先生たちが楽しそうに話し合う姿が見られた。

「職員室にも教室にも、笑顔と温かい雰囲気があふれる学校にしたい。先生たちにも安心して新しいことにチャレンジしてほしいと思っています」

横山校長先生は、そう何度も繰り返す。中央小学校に赴任したのは二〇一五年のことだ。教頭として六年、校長として二年が経った(二〇二三年三月現在)。

「私が八幡市のこの地域に入ったのは、もう三十年以上前になります。中央小学校ではなく、すぐ隣にある男山中学校です。当時は、かなり荒れていました。特に困難な状況に置かれた子どもたちが多く、歴史的にもさまざまな事件や出来事がありました。全ての子どもたちの人権が保障されているかどうかを繰り返し話し合ってきた地域です。

当時の男山中学校は、学力以前に生徒指導が大きな課題で、教師の入れ替わりも激しかった。私は中学校の体育の教師でした。生徒指導主任、教務主任、人権教育担当などをかなり長く経験してきたのですが、私がまだ若手の頃は、『体育教師は子どもたちに荒々しく声をかけて言うことを聞かせるもんや』と先輩に怒られた時代です。

でも私は、それはどうしても嫌でした。子どもたちとちゃんとした人間関係を作って、信頼関係があるから話を聞いてくれるという土台を作りたかった。ヤンチャな子たちとも保護者とも、まずは仲良くなりました。仲良くなると、『昨日な、こんなことあってな』と自分から話してくれるようになる。保護者から〝猛獣使い〟なんて呼ばれたこともありましたが、荒れている子ほど懐いてくれましたね。子どもたちは、その行動の裏にある本当の気持ちを伝えることもできなかったし、聞いてもらえる人がいなかった。それに、誰かにかまってほしかったんやと思います。今では、大人になったその子たちに本当によく助けてもらっています。例えばこの間は、塗装屋の社長をしている昔の教え子が、ペンキを塗りに来てくれました。

実は、いまこの小学校に通っている子どもたちの半分くらいは、男山中学校に通っていた生徒の子どもたちです。中にはヤンチャだった保護者もいますが、みんな学校にもとても協力的ですし、その子どもたちも学校で楽しく過ごしながら学んでいます」

安心して楽しく学べる環境づくり

しかし、横山先生が教頭として中央小学校へ赴任した二〇一五年当時は、学級崩壊のクラスや課題のある子どもたちも多く、まだ学校全体が落ち着かない状態だった。

横山先生は、まずは自分の思いを表現できる子を育てたいと願った。ちょうど、文部科学省の「課題発見・解決に向けた主体的・協働的な学びの推進事業」における「学力定着に課題を抱える学校の重点的・包括的支援に関する実践研究（小・中学校）」に中央小学校が選ばれ、五年間の研究に取り組んでいた最中の四年目の赴任だった。研究主題は『「基礎学力の定着と、主体的・協働的に学び合う児童の育成」〜ユニバーサルデザインの視点を軸に言語力を育てる〜』だ。

赴任してからの二年間も、語彙《ごい》を増やし「書く力」を育てることが自分の思いや考えを表現できる児童を育て、深い学びにも結びつくのではないかと仮説を立てて研究を進めた。学校全体でこの研究を進めたところ、同じ目的を持つことで結果的に教員にも一体感が生まれ、互いに協力し合える関係が構築されていった。

「教員が同じ方向を向き、仲良くならないと学校は絶対良くならない」というのが横山校長先生のモットーだ。赴任して最初の二年はとりわけ重要で、「書くこと」の研究に取り組んだのも、ねらいがあった。

「子どもたちは、自分の思いを言葉にできずに感情が爆発してしまったり、友達とぶつかったりすることが多いのですが、自分の思いを書いたり話したりすることができれば、相手に伝えられるようになります。これは、中学校の教員をしていた頃から生徒指導でずっと感じていたことでもあるんです。書く力や表現力がついてくると、自分の思いに任せて人とぶつかっていた子どもたちも、言葉で表現して相手に伝えられるようになっていく。そして、相手がどう感じたり考えたりしているかもわかるようになっていきます」

授業にはアクティブラーニングの視点を取り入れ、学校全体で全ての子どもたちに「わかった」「できた」「楽しい」と実感できる授業・活動を目指して授業改善を行っていった。また、子どもたちが主体となって自分たちの学級をつくる「学級力向上プロジェクト」にも取り組み、「明日も学校に行きたい」「学校が楽しい」と思える学級にするにはどうすればいいかを、子どもたち同士で話し合う機会を繰り返し持つようになった。

「子どもたちが『学校が楽しい』と思える理由として、学級経営で『間違ってもいい』という雰囲気を大切にしていることも大きいと思います。誰がどんな発言をしても認める。担任も一人ひとりの声を拾って授業に生かす。その雰囲気があるから、子どもたちが安心して学びに向かうことができる」（横山校長先生）

ユニバーサルデザインの視点としては特別支援学級での調整（合理的配慮）を、できるだけ通常の学級でも取り入れるようにした。授業中に集中できるように各教室前方の掲示物を極力減らし（後方には各クラス自由に掲示物が貼られている）、その日の予定を明記して先の見通しが立つようにする、「スタディベア」というクマのキャラクターを表示して注目してほしい部分を明確化する、椅子や机の音が気にならないように脚にキャップをつける、必要な子どもには姿勢保持のためのクッションを使用したり、上履きをすぐに脱いでしまう子がいれば、裸足で足を載せておく台を用意する——。

このように、子どもたちの力を伸ばすことと並行して、子どもたちの環境をできる限り整えようと注力したことによる効果は大きい。子どもたちが何に困っているのかという視点に立った授業改善、子どもたちの意見を反映させた学級経営による人的環境の改善、子どもたちが集中できるようなユニバーサルデザインの視点からの教室の物理的環境の改善（特別支援学級、通常の学級にかかわらず、一人ひとりに対するいわゆる合理的配慮がなされている）など、子どもたちがストレスなく楽しみながら授業に集中できるように何ができるかを考え、個々への対応もできる限り行うことが当然だという共通理解が数年をかけて教員にも子どもたちにも培われてきた。その結果、全ての子どもたちが安心して過ごせる環境が整ったと言えるだろう。

その効果は保護者アンケートの結果（左ページ図5－1）にも表れている。

ユニバーサルデザインのひとつとしてのＩＣＴ

中央小学校でのタブレット導入は、二人の先生を中心に学校全体で進められた。特別支

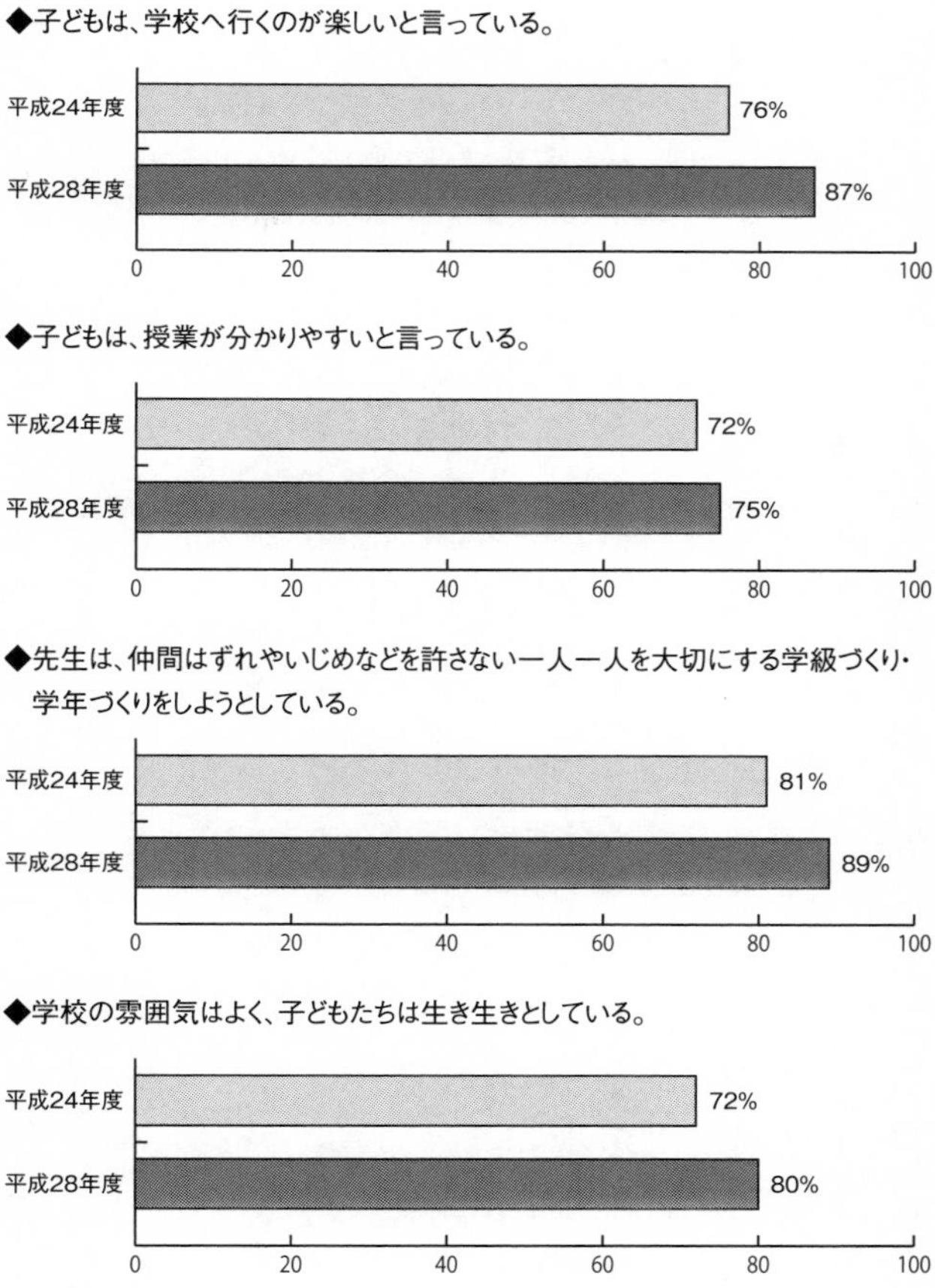

図5-1　中央小学校保護者アンケートの結果（文部科学省の「平成28年度委託事業完了報告書」をもとに作成）

援学級の担任で、校内のユニバーサルデザイン（UD）化を進めるUD部とGIGA部の部長を兼務する岡村淳史先生と、研究推進部長を務める水谷智明先生だ。校内の研究体制を整え、便利な使い方をみんなで共有し、実際に授業で使ってみる。それぞれの先生は、授業で使ってみた手応えをまた共有し、柔軟に改善してきた。

前項で述べたような「安心して楽しく学べる環境」が整いつつあったタイミングに全国的な一人一台端末の配備が重なったことで、子どもの幅広いニーズにきめ細かに対応することが可能になったと横山校長先生は考えている。

「全国各地、いろんな学校に素晴らしい授業をする先生はいらっしゃると思うんですけど、本校のいいところは、岡村先生と水谷先生が中心になって学校全体で共有できる仕組みがあることです。子どもたちにとってわかりやすい授業や楽しい授業、そのために必要な端末操作の技術を教員が共有していれば、子どもたちも戸惑うことがありません。担任だけが自分の学級の子どもを見るのではなく、学校全体で子どもを見ています。違う学年の子どももみんな知っているし声をかけられる。そんなあたたかい雰囲気をつくってくれています」

中央小学校では、特別支援学級に在籍している子どもたちも、通常の学級の授業に参加している。教科によって少人数で学びたい教科を選ぶ子もいれば、全教科を通常の学級で受ける子もいる。できるだけ子どもの意思を尊重し、子どもと保護者との面談や学校での様子を見ながら、その子が学びやすい場所を行き来しながら学ぶことができる。全国的には、前年度に申請をして決定した後は、年度途中では変更できないという学校も多いが、京都府下では年度途中で支援学級から通常の学級へ、その逆へも変わることができる。通常の学級もユニバーサルデザインの視点で環境を整えられ、誰でも合理的配慮を受けることが当たり前であることが、その状況を可能にしているのだろう。

「本校には、特別支援学級が五クラス（肢体不自由一、知的一、情緒三）あり、特別な支援を必要とする子どもが百人くらい在籍しています。全児童の三分の一以上です。子どもたちは、特別支援学級も通級指導教室もあまり特別な場所だと思っていないと思います。岡村先生は特別支援学級の担任ですが、ＩＣＴ機器にも非常に詳しく、ソフトの開発などもできる教員です。子どもも教員も誰もが楽しく使えるようにというユニバーサルデザインの視点で、タブレットの使い方を開発してくれています」

岡村先生は、特別支援学級での活用が通常の学級での活用の参考にもなると言う。

「私は今、特別支援学級の一年生の担当です。筆圧の弱い子は、鉛筆だとなかなか先に進まないこともあるのですが、タブレットならすいすい字が書けるので本人にストレスがありません。授業中はノートとプリントとタブレットのドリルをハイブリッドで使っていますが、タブレットのドリルを活用したことで、取り組める問題数が格段に増えました。そのように子どもたちの意欲はもちろんですが、教員にとっても助かることが多い。一人ひとりの進み方をみながら、あ、今この問題に取り組むといいなと思ったときに、すぐに問題を送ることができるからです。以前なら、職員室に戻って印刷したり、多めにいろんな問題をストックしたりしておく必要がありました。問題はソフトに入っているものもありますが、オリジナルも作成できます。それを楽しく使いながら、時々ノートやプリントも使って学んでいます。

自分の考えや気持ちを表現することも増えています。手書きでは『楽しかったです』など一言しか感想を書けなかった子も、タブレットなら数百文字の文章を書けるようになります。家庭科や体育などで、一度の説明では理解できないときも、動画なら視覚的な補助もでき、何度も繰り返し見ることができる。ただ、今のところは将来、筆記テストから逃れられるわけではないので、それもできるようにはしたいと思っています。そのうちにテストもタブレットでできるようになるといいのですが。

ICTは何度でも繰り返せることがメリットですし、特別支援学級の子どもたちととても相性がいいですね。もちろん、手先を使うことも必要なので、ハサミを使うことや、鉛筆で書くことも大事ですが、苦手意識のある子には、導入としてタブレットで字を書いたり絵を描いたりする楽しさを感じてもらえます」

苦手な子が鉛筆で書くことを強いられて書かされるのと、タブレットで楽しさを知ってから、自分で鉛筆でも書いてみたいという意欲が出て書くのでは、取り組み方が大きく違ってくる。

岡村先生は学生の頃（約三十年前）から、自身の専門である理科の教材開発研究をパソコンで行っていた。電流や電圧などの実験を行う際、パソコンの力を借りて目に見えないことを視覚化すれば理解が進むのではないかと考えた。通常の学級の担任をしていた際も、パソコンを使ってさまざまな教材を開発してきた実績がある。

「特別支援学級の五、六年生は、ドローンのプログラミングにも挑戦しました。教室全体を使ってロープを張ったりフラフープをぶら下げたりしてチェックポイントを作り、そのポイントを全て回って帰ってくるように子どもたちがプログラミングするんです。そのためには、スタート地点から対象物までの角度と距離を実際に計らなければなりません。一人では計れませんから、子どもたちは協力しながら楽しそうに取り組んでくれますね。

ただ、ＩＣＴをたくさん使うほうがいいというわけではありませんから、教材は実際の世界とつながるように、子どもたちの様子を見て一人ひとりに合うように開発しています。子どもたちの実生活に役立ててもらえるように、学力もタブレットを使う技術も身につけてもらいたいんです」

ＩＣＴはつまり、実際の世界での体験を理解するための補助具に過ぎないということだろう。岡村先生は特別支援学級を担任するようになって三年目。それまで教務主任や加配教員として学校全体の授業を見ることが多かった。

「中央小学校の子どもたちは、先生がどんなに素晴らしい授業をしても自分たちが楽しくないと興味を持ってくれません。私たちも、どうすれば子どもたちが目を輝かせてくれるかをいつも考えています。先生も子どもたちも、ＩＣＴを使うことが負担なら無理に使うことはないと思います。たまたま私はＩＣＴが得意ですから、教材やソフトの開発は私に任せてもらって、それを活用してもらえるとうれしい。ほかの先生も、自分が得意なことを発揮して授業研究をして、参考になるものは全教員に共有しています。授業の研究や開発に関して教員同士で助け合うことで、子どもたちの様子に目を向けたり、保護者との信頼関係を積み重ねる時間に力を使えると思います」

一人ひとりを学校全体で見守り育てる

中央小学校の子どもたちは、先生との心理的な距離がとても近い。

「なあ、先生のクラスはもう実験やった？」

「あのな、お兄ちゃんと昨日ケンカしてん」

授業中も休み時間も、子どもたちは先生や支援員に親しげに声をかけ、先生や支援員もまた、子どもたちの名前を呼び、声をかけ、その話に耳を傾ける。授業中だとしても、無理に子どもたちの声を抑え込むことはしない。授業に集中できないのは、その子にとって何かわかりづらい部分やつまずきがあるのではないかと見取り、話を聴き、寄り添いながらその子が興味を持てる入り口を見つけて促していく。

研究推進部長を務める水谷先生は、そのことについて次のように説明をしてくれた。

「本校では、先生たちがみんな、全ての子どもたち一人ひとりに合った支援をしたいと考えています。そのためにはそれぞれのニーズを把握することが必要です。そこへの注力が非常に大きいですし、子どもたちだけでなくその子の背景にある家庭も含めて教育にあたっていきたいと考えているんです。先生たちはみんな、先生であるのと同時に、子どもたちのお兄さん、お姉さんであり、お母さんお父さんであり、おじいちゃんおばあちゃん――。そんな関係性だと思います」

中央小学校では伝統的に、教員と保護者との関係も深い。放課後になると教員が毎日のように家庭訪問にまわるため、〝靴減らしの学校〟と呼ばれていたこともあるという。学校の先生が家を訪問したり、学校から電話がかかってきたりすれば、一般的には何か問題があったのだろうかと保護者も身構えるところだ。学校が落ち着かない時期にはそのようなネガティブなやり取りも多かったようだが、現在の中央小学校の先生たちは、子どもたちのポジティブな様子を伝えるために放課後に電話をかけ、家を訪れる。

「今日な、学校でこの子めっちゃ頑張ってくれてなあ。お母さん、家でもほめたってな」

日常的に保護者と顔を合わせ、学校での子どもの頑張りを細やかに伝えてもらえれば、教員に対する信頼も深まっていく。また、家庭での悩みに寄り添う機会にもなっている。

ただ、これは「働き方改革」が叫ばれる時代に逆行するようにも見える。水谷先生は東京都八王子市の小学校で四年間勤務していた当時から、学校の方針にかかわらず個人的に「家庭との関係性を重要視してきたので全く抵抗はなかった」というが、新任として中央小学校に勤務した西村知夏先生は、当初、少し戸惑ったという。

「ほかの先生たちはみんな当然のように家庭訪問をしたり電話をかけたりしていましたが、私が小学生のときに先生はこんなに家に来なかったし、電話もなかったと思って——。実際の先生は放課後も大変な仕事があるんだなと思いました。

私も、ある子が学校から家に持ち帰るのを忘れたものがあれば、忘れ物を届けるついでに家の方と話したり、何かにつけて電話をしたりしています。もちろん時間は取られますが、そのおかげで保護者とのつながりも信頼関係もできますし、私自身のその子の理解も進みます。子どもも保護者の皆さんも、学校や街で『先生！』とフレンドリーに声をかけてくれるんです。そのことにとても救われています」

放課後に必ず保護者と連絡を取らなければならないという決まりがあるわけではないが、そうしたほうが子ども・保護者・教員にとってよい効果があると取材をした先生たちは口を揃えた。

中央小学校の児童数は二七二人。一クラスの人数は二十二人から三十三人だ。常勤の教員三十四名に加え、加配の教員が五名、学び・生活アドバイザーが週二十七時間、心の居場所サポーターが年間三百二十時間、そのほか特別支援・教育支援の非常勤講師、特別支援サポーターなどが配置され、学習支援員も派遣されている。空き時間の先生がほかのクラスにサポートに入ることもあり、京都府下においても教員や支援員の数は突出している（全て二〇二三年度）。

加配の先生や教員が学級や学年を超えてチームを組み、全体で子どもたちを見守る体制ができているため、授業中に担任一人で特定の子どもにまつわる課題を抱え込むことはない。多いときには二十数名のクラスに二、三人の教員や支援員が入ることもある。

「人手は本当に大事です。特別支援学級の子どもたちが通常の学級に入ることもありますし、授業内容によって、例えば実験などでサポートが必要な場合には、人をやりくりして配置します。授業が空いている時間の教員や、私自身（横山校長）も学級に顔を出し、子どもたちに声をかけたり見守ったりします。入ってもらう側はもちろん助かりますし、入る教員にとっても、ほかの教員の授業を見て参考にできるというメリットもあります。研究授業を日常的にしているイメージです。

授業は基本的に担任が行いますが、いろんな教員や支援員さんがクラスに入ってきて子どもたちと関わりますから、子どもたちの様子もよくわかります。何かもめごとがあったとしても、その背景を誰かがよくみていますし、一人ひとりについてもよく知っている。『あの時、あの子はこういう気持ちやったんちゃうか』とみんなで共有しながら話し合うことができるんです」

令和七年までに、学級編成の標準は四十人学級から三十五人学級へと引き下げられつつある。しかし、一人の担任で三十五人全てに同じことを効率的に教えるとなれば一斉授業をするしかないというのも理解できる。授業に参加できていない子がいたとしてもそれに気づけない。持て余している子どもたち、ついていけない子どもたちがいると気づいても、そこに対して果たして何ができるのか――。多くの現場の先生たちが頭を抱えているところだ。一人でも二人でもサポートしてくれる人が入るだけで、教員も子どもたちも安心できる空間になるだろう。

子どもの目の前にいる大人の一人として何ができるか

「授業はタブレットだけで進めているわけではありませんが、タブレットを使って本当に良かったと思うのは、授業中、子どもたち全員が学びに向かっていることです。以前は授業に入り込めない子も見られましたが、タブレットを使ってアクティブラーニングを行うことで、一人ひとりに合わせた授業の展開もできるようになり、『勉強が苦手』『勉強嫌い』と言っていた子も集中して取り組むようになりました」（横山校長先生）

研究推進部長の水谷先生は、今後ただタブレットを使う機会を増やせばいいとは考えていないと強調する。

「二〇二三年度は、『ほんまにそのタブレットの使い方でいいの？』『タブレットを使うメリットは？』という問いを立て、研究しています。

タブレットが配備された一年目、子どもたちは、『あ、おもちゃが現れた！』という感覚で楽しそうに触っていましたが、今では授業の中で当然のように使う文房具になりました。次の段階として、慣れてきたことで学習意欲が下がる可能性もある。今こそ、工夫をしながら楽しい授業を続けていかなければと思います。タブレットがあるからこそ授業がわかりやすくなり、子どもたちの学びにとって役立つような使い方を極めていきたいですね」

◆タブレットを使う授業が好きと答えた子は、理由を教えてください。(人数)

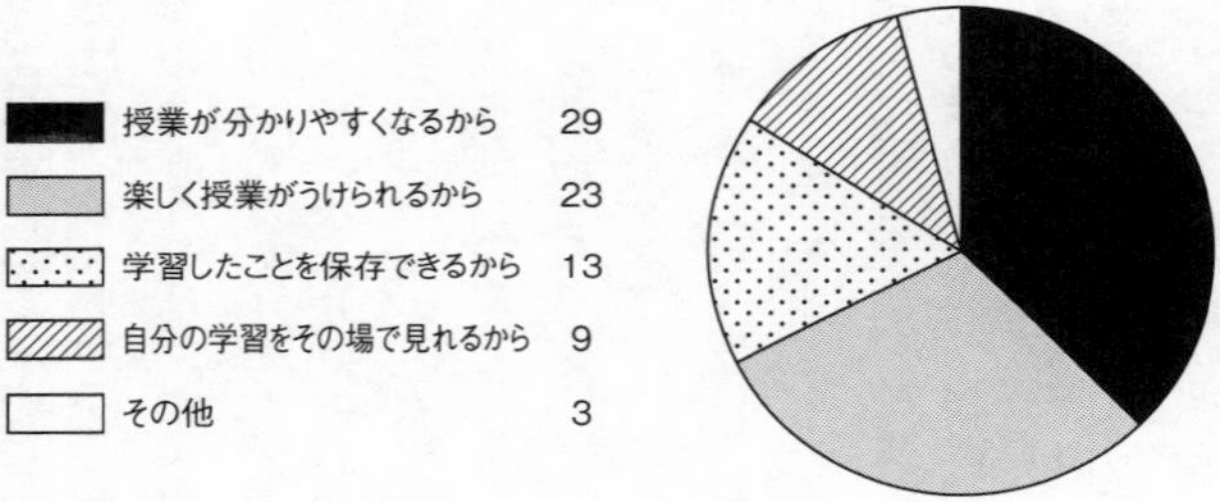

◆タブレットを使う授業は、いままでの授業よりわかりやすいですか?(人数)

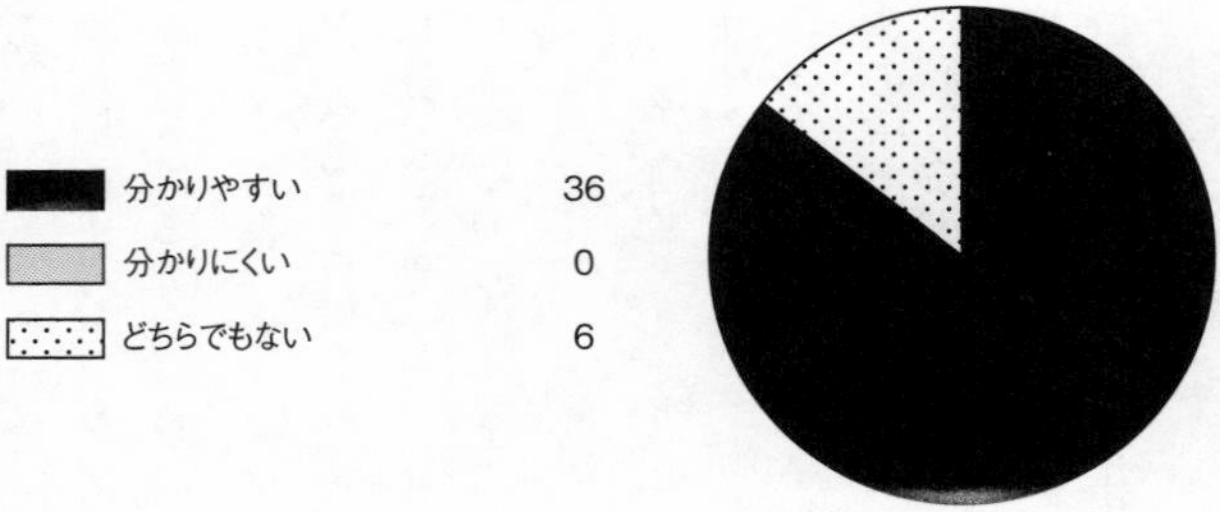

図5-2　学内でのタブレット使用についてのアンケート結果。タブレットを活用した授業はわかりやすく、楽しいと答える子どもたちが多い。
(中央小学校が2022年度、5年生の児童を対象に行ったアンケートをもとに作成)

中央小学校の先生たちは、特別支援学級、通常の学級にかかわらず、どうすれば子どもたち一人ひとりに合った支援ができるのかを第一に考えている。その方法の一つが、保護者や子どもたちとの実際の触れ合いのなかで信頼関係を密に構築することであり、教員の配置を増やすことでもあった。ICT活用もその方法の一つに過ぎない。

「私自身（横山校長先生）は、ICTには詳しくはありません。だから、先生たちに自由にチャレンジしてもらっています。ただ、今の子どもたちは、私と違って、ICT活用をせなあかん世代です。全ての子どもたちが、タブレットを自分の人生のために上手く活用できるようにはしておきたい。しんどい地域、しんどい学校だったからこそ、子どもたちが社会で生きていくための力の一つとして役立つのではないかと期待しています」

ICT活用を進めながらも、人的環境や物理的環境を整えてきた中央小学校の実践は、インクルーシブな社会へと向かうためのヒントでもある。

「これまで私の教員人生の中で、さまざまな子どもたちにたくさん出会ってきました。子どもたちはみんな、生まれ持ったものや育ってきた環境でいろんなことを抱えています。子どもたちの行動には、いろんな背景があります。私たち教員は、その子どもの目の前にいる大人の一人として、何ができるかを問われ続ける仕事なのだと思っています」

子どもではなく手段と環境を変える――東京都狛江市立狛江第三小学校

アバターロボットで行事参加

ある日の朝、狛江第三小学校の校庭で行われた始業式では、ほかの学校では見られない不思議な光景があった。全校児童の列の隣にワゴンを置いて、その上に二台のタブレットスタンドが並んでいる。式が終わると、校長の荒川元邦先生（二〇二四年三月まで）がタブレットに近寄り、手を振って挨拶をする。

「おはよう。始業式の様子は見えたかな？」

全校児童に一人一台配備されているタブレットをクビー（kubi）という機械に備え付けると、遠隔操作が可能なアバターロボットになる。この二台を操作しているのは、六年生のルリさんと三年生のサワさん。二人とも自宅から朝礼に参加していた。

学校にあるタブレットを自宅から操作し、画面の向きを上下左右に動かして、見たい方向を見ることができる。画面に自分の顔を出すことも会話も可能だが、二人は主にアバターの女の子の顔を使っていた。声を出さなくてもクリック一つで手を振り表情を変え、チャットで文章を打ち込むこともできる。

校庭でタブレットのアバターに手を振り話しかける荒川校長先生。（写真左 提供／狛江第三小学校）。アバターは数パターンから選べる。うなずき、手を動かし、表情を変え、マークで気分を伝えることもできる

アバターロボットが行事に参加するのは特別なことではない。狛江第三小学校の全ての子どもたちにとって日常の光景だ。この始業式以前にも、ミュージカルの鑑賞会やオリンピック出場選手の特別授業、校内の展覧会などにアバターロボットクビーで参加している。リモートオンライン集会で校長先生から表彰状を授与されたこともある。

コロナ禍に失われたものも多いが、コロナ禍だからこそ学校に新しい風が吹いたこともある。GIGAスクール構想が前倒しになり、一人一台端末の普及が進んだ。通常の学級でも、コロナなどで学校を休んだ日に体調がよければ家庭からオンラインでつないで授業を受けることもできるようになった。この小学校では先生たちのアバターロボットへの理解が進んでいるため、子どもたちは自然にアバターロボットを受け入れる。校庭や体

育館で見かけると近寄って、アバターで参加している子どもたちと会話を楽しむようにもなっていった。

「やっほー。手も振れるの？　すごいね」

「わあ、笑った。かわいい！」

アバターロボットを通して、子どもたちと話すサワさん。自宅でその様子を見ていたサワさんのお母さんはクビーの可能性をとても強く感じていた。

「アバターロボットだと、こちらがこっそりのぞいている感じではなく、距離を超えてそこに居るような感覚になれるんです。画面の向こう側から話しかけてくれると、同じ時間を共有している感覚がとても強い。ずっと感じていた疎外感がなくなったように思います。

学校に行けないことは本人にとってとてもつらいことでした。小学校一年生の頃からすっかり自信をなくしてしまい、自分の存在を否定するようなことを言うこともありました。でもそれが、ずいぶん緩和されてきた（取材当時三年生）。やり方を工夫しツールを変えれば、できないことができるようになることもある。そのことが実感としてわかってきているんだと思います」

「子どものためになるなら取り入れて」

狛江第三小学校でアバターロボットクビーを使い始めたのは二〇二二年九月。二人が籍を置く自閉症・情緒障害特別支援学級の担任である森村美和子先生が、一般財団法人ニューメディア開発協会のロボットを知り、活用を提案したことから始まった。この学級には、学ぶ力はあるものの、感覚過敏や自閉症の特性によって集団で学ぶことが難しい子どもたちや、周囲の環境に対してストレスを感じて疲れやすい子どもたちが在籍している。

コロナ禍以降、クラスメートや担任とオンラインの会議ツールで教室とそれぞれの自宅をつないだこともあったが、ふたりとも画面に顔を出すことは難しかった。自身の画面を消しても、画面全体にたくさんの顔が写っているため、全ての視線が自分に注がれているように感じ、普通に会うよりも負担が大きいということがわかっていた。みんな顔を出しているのに自分だけ顔を出さないのも申し訳ないという気持ちが大きかった。担任の森村先生は、本人が安心して楽しく学校とつながることができる方法をいつも探していた。

「コロナ禍になってルリちゃんは家から出ることも難しくなってしまったのですが、ゲームが好きで、おうちで楽しむ『どうぶつの森』や『スプラトゥーン』などではとても積極的にコミュニケーションをとっているとお母さんから聞いていたんです。学校でもアバターやメタバースが使えるといいのにねと話していたので、クビーを見つけた時、これだ！

と思って、ぜひ試してみたいと校長に相談しました」

相談すると、荒川校長先生はすぐにこう答えた。

「子どものためになるならどんどん取り入れてください」

荒川校長先生の「子どものためになるなら」の言葉の裏には、校内の先生たちとの日頃のコミュニケーションから生まれた信頼と、強い信念がある。

「先生の仕事は、子どもたちの可能性を引き出すことです。先生はみんな子どものことをとてもよく考えてくれています。ですから、先生たちがチャレンジしてみたいというときには、それをサポートすることが私の仕事だと思っています。『何でも挑戦しよう。何かあったら私が責任を取るから』といつも伝えています。自分たちで学校をつくっている感覚がないと先生もやりがいは感じられませんし、子どもたちにもそれは伝わるはずです」

森村先生のクラスの子どもたちはいつも少人数で学んでいるが、交流学級として通常の学級に参加することもある。これまでにも算数や理科、図工など科目によっては校内で通常の学級と特別支援学級をオンラインでつなぐこともあったが、さらに選択肢としてアバターロボットが増えたことで、よりアクティブに意思表示をしながら授業に参加できるようになった。

つながる先に信頼できる人がいるかどうか

しかし、「アバターを使えば不登校の子どもたちがみんな学校につながるわけではない」と、話を聞いた全員が口をそろえる。

六年生のルリさんのお母さんは、担任の先生との信頼関係が大きいと話す。

「大切なのは、前提として森村先生が一年生の頃からずっと私や娘との信頼関係をていねいに積み上げてきてくださったことでした。学校に行けない時も、私と週一回、三十分は必ず話す時間を作ってくださいました。家での様子や娘が話していることを伝え、森村先生も学校の様子を伝えてくれました。私にとってとても大事な時間でした。どうすれば本人が無理なくつながれるかを一緒に考え続けてくださっていました。

それを娘が横で聞いていたり私から伝えたりすることで、先生が自分のことを大切に思っていることが伝わっていたんだと思います。アバターの先に信頼できる森村先生がいて、温かいクラスの雰囲気があるからつながれる。娘が変わったのではなく、娘にフィットしそうないくつもの方法を常に先生が考え、提案してくださった。それを本人が選んだのがとても大きい」

ルリさんは、二〇二三年三月に卒業式を迎えた。お母さんだけが会場に向かい、森村先生がアバターを抱え、卒業証書を受け取る際には自宅から返事をした。集合写真にもアバターで写ることができた。

「校長先生は、『アバター自体、ルリちゃんだから大丈夫だよ』と言ってくださいました。集合写真なんて撮れると思っていなかった。卒業式が終わって家に戻ると、『最後だから頑張る。森村先生に会いたい』と娘が言って、娘ともう一度学校に行ったんです。校長先生にもお会いできて、最後に卒業証書を手渡していただくこともできました」

道具は可能性を広げてくれるが、学校が苦手な理由も、好きなことも、一人ひとり違う。学校とつながる方法の正解は一つではない。その子にあったツールや使い方を一緒に考え、いくつも提示し、その子自身が自ら選び、自ら行動できる環境を整える。その大前提として、つながる先にいる人たちとの信頼関係をどのようにつくっていくのか。そこが大きな課題なのだろう。

小学校六年生から学校に通うようになった女の子

小学校六年生の春から狛江第三小学校に通い始めたミイさんは、それまで、市内の別の小学校に在籍していた。五年生までは通級指導学級（以下通級）に週一回、二時間だけ通っていた。通常の学級に在籍しながら、別の教室で指導を受け、その子が困っていることを改善するための「自立活動」を学ぶ場所だ。

ミイさんは、幼稚園の年少の終わり頃から登園しぶりが始まった。最初は「がんばろうね」「三十分だけでも行こう」と言って連れていった。すると癇癪が始まり、どんどんひどくなった。そんな時期がしばらく続き、カウンセラーの先生に相談すると「ちょっと休んでみようか」と言われ、ミイさんのお母さんはドキドキしながら一週間休ませた。

「一週間休んだらとても落ち着いたんです。そんなにストレスだったのか、ストレスをなくせば、子どもって本来の姿に戻るんだっていうことが、はっきり見えました。そこから、休むという選択ができるようになりました」

話し始めるのも早かった。幼稚園の頃から大人も驚くようなことを話した。

「自由でなければ生まれてきた意味がわからなくなっちゃうよ」

五歳の時、幼稚園のママ友の紹介で会いに行った作業療法士に、「体の動かし方が三歳で頭は十歳。アンバランスさがつらさになっている」と言われた。

「それでも、本人は小学校の入学を本当に楽しみにしていたんです。大好きな歴史の勉強もできるとワクワクしていました。娘も本当は学校に行きたいし、みんなと学びたい。でも入学式の途中で『私が行きたかった場所じゃない』と気づいたように見えました。式が終わるとうなだれて、無表情になっていました。

学校はミイにとって、自分の気持ちでは動けない場所でした。静かにしなさい。座りなさい。全部決められた通りにみんな一緒に動かなきゃいけない。家だと興味を持ったときにどんどん自分で調べたり本を読んだりできるけど、学校ではそれも我慢して、与えられたことをやらなければならない。二か月が限界でした」

その後、五年生まで通級に週一回だけ通い続けた。通常の学級の授業にはほとんど参加しなかったが、学校での演奏会など、興味を持てる学校行事を選んで参加することもあった。習いごととして、ヒップホップダンスの教室や能楽教室にも通い始めた。夕方は、比較的自由な放課後等デイサービスを探して通った。好きな本を読み、親子で美術館や博物館、散歩やカフェにも出かけた。

「学校に行けなくてもそれはそれで幸せかなと思っていました。でも、五年生の頃に、地域の居場所が近所にあることを知って遊びに行くと、学校に行っていない小学生の男の子が数人来ていて、そこで本当に楽しそうに一緒に遊ぶようになって。歴史の話をしても、ありのままの自分を出しても大丈夫な友達に出会えたんです。そうだよね、やっぱり子どもも同士でも遊びたかったよねとハッとしました」

ミイさんは、週に四日間、友達のいなかったそれまでの時間を取り戻すかのようにその居場所に通うようになった。その頃、「ちょっと漢字をやろうかな」と言い出すと、小学校から中学三年生までの漢字を二か月で全部終わらせてしまった。興味を持ち、自分でやりたいと思ったことへの集中力は目を見張るものがあった。

「それまで、学校は無理して行くところじゃないよという専門家の先生もいれば、学校はできれば行ったほうがいいという先生もいました。私たちは学校とつながりを保ちながら、地域の居場所などを利用して、好きなことを伸ばしていくホームエデュケーションのスタイルに満足していたのですが、五年生の途中から、小学校生活でやりのこしたことがないようにしたいと考えるようになりました。六年生になるときに就学相談を受けたんです」

そして、小学校六年生の四月から、市内の別の学校、狛江第三小学校の自閉症・情緒障害特別支援学級に転校することになる。

「その学級に初めて見学に行った時、いつものミイのままでスッと入れました。担任の森村先生も子どもたちもとてもウェルカムな雰囲気で、とても安心したのを覚えています」

森村先生はミイさんやお母さんと話し合いながら、どうすればミイさんが学校で安心して過ごせるかを一番に考えたという。

「ミイさんは五年間、お家でも豊かな生活を送っていました。学校だけが全てじゃないけれど、学校でしか体験できないこともあるから、そこは大いに楽しんでほしい。でも無理はさせたくなかった。一学期はなるべく無理のないように、登校時間も短くして、できるだけ自分のペースで過ごせるようにしました」（森村先生）

夏休みの終わり、日光への修学旅行があった。歴史への興味はあるが、集団行動には本人にも不安があった。家族の自家用車で移動して見学などは班行動に入るなど、カスタマイズした行程を作った。

「普通なら、あの子だけずるいとか、不公平だからと言われて実現は難しいかもしれませんが、本校では校長先生も先生たちにも、子どもたちにもそういう感覚はありません。むしろ通常の学級の先生たちが理解をして協力してくださいました」（森村先生）

その修学旅行で初めて女の子の友達ができた。二学期になると、「お友達と一緒に勉強したい」と通常の学級の授業に参加するようになった。大好きな友達と、大好きな歴史を勉強できる社会の時間が楽しみになった。疲れたら特別支援学級に帰ってくることもできる。それ以来、通常の学級で学ぶ時間が増えていった。

「友達の力ってすごいですよね。ミイさんに限らず、ほかの子どもたちも、安心できる場所があって、友達に会いたい、一緒に遊びたい、学びたいという気持ちが出てくると興味が広がっていく。その時、自分が参加の仕方を選ぶことができれば、子どもたちは安心して世界を広げていくことができる。

そのきっかけが何なのかは、私にはわからないので、本人や保護者の方と何度も相談したり対話したりしながら一緒に考えます。子どもたちに教えてもらうしかない。いつも悩みながら探し続けています。新しいチャレンジをするときは、本人がいくつもの方法から選ぶこと、無理をしないことがとても大事だと思っています」（森村先生）

特別支援学級と通常の学級との交流

三学期、NPO法人WRO Japanと連携しながら進めたロボットプログラミングの授業を通常の学級でも行うことになり、特別支援学級で一足先に学んでいたミイさんが通常の学級で説明することもできた。また、習いごとで続けていた能楽の師匠が学校でお能を披露する際、ミイさんもみんなの前で能を舞う機会が用意された。学校で安心して自分を出して過ごすことができ、自分の力を発揮することができたのは、家庭ではできない経験だったとミイさんのお母さんは言う。

「森村先生が私たち親子に伝えてくださったことは、つらいことや心配なことを伝えて、もっといろんな人につながって、頼っていいんだよということでした。その練習をさせていただいたと思っています」

本当に信頼できる人に出会うことはとても難しい。だからこそ、信頼できる人に出会えたときは、頼ることが重要だ。学校に通うようになるまでにも多くの人との出会いに支えられてきた。

「五年生まで安心安全な環境でいろいろな人と関わり、好きなことを中心に心を満たし、情緒の成長が周りに追いついてきたタイミングで学校の集団に入っていった。それが本人にとって結果的に良かったのかもしれません。転校する前の学校の先生方や療育士さん、作業療法士さん、教育センターのスクールカウンセラーさんをはじめ、複数の信頼できる相談先を持ち、頼れたことが、ミイにとっても私にとっても、とても良かったのだと思います」

二〇二三年の春、ミイさんは小学校を卒業し、地元の公立中学の特別支援学級に進学した。学校にもほぼ毎日通い、宿題もできるようになった。図書室で自習をし、週に一日ほどは休んでリフレッシュするなど、疲れをためないように無理なく過ごしている。

「先日、体育祭を参観したら、支援学級は学年の枠を超えて仲がよく、ミイがリラックスしている姿が見られました。イラスト部にも入って先輩と楽しくおしゃべりしながら好きなイラストを描いています。理科の生物の授業が特に好きなようで、社会で歴史の授業が始まることも楽しみにしています。

小学校六年間を通してわかったのは、ずっと同じ状態が続くわけではないということです。五年生まで自由に過ごしてきたミイが、小学校の最後の一年で転校して学校に通い、中学校にも毎日行くようになるなんて、全く想像していませんでした。ポジティブな意味で先はわからないものです。

今、親から離れ、自分の世界を広げていることをとてもうれしく思います。先のことはわかりませんが、本人が自信と意欲を失わずに過ごせるように、見守っていきたい。信頼できる人をたくさん見つけてつながって、社会に対する安心感を手にしてほしい。そして、ミイらしくいられる場所があるといいなと願っています」

学校に行きたいけど行けない子どもたちに必要なことは、その子を学校に適応できるように変えることではない。その子が安心して過ごせる環境とは何か、そして、その子が自分の力を発揮することができる方法は何かを探し続けることだと森村先生は言う。

「私は、その子の素敵なところを見つけて、『とっても素敵だね！』って伝えたい。子どもたちはみんな、キラキラ光るところがある。そこを生かすためにはどうすればいいのかを考え続けています」

全校で特別支援の視点を理解する

先に紹介した不登校の子どもたちへのアバターロボットの導入や、六年生のミイさんの修学旅行参加、通常の学級との交流など、これまでの学校の常識では実現が難しかったことが、なぜ狛江第三小学校では実現できたのだろうか。

国連から日本への「障害のある子どもにインクルーシブ教育の権利を」という二〇二二年九月の勧告を先取りするかのように、狛江第三小学校では、二〇二二年度のはじめから学校全体で教員を対象としたインクルーシブ研修が行われていた。

講師はインクルージョン研究者の野口晃菜《あきな》さん（一般社団法人UNIVA）。ある日の研修では、全校の先生が特別支援学級の一室に集まり、子どもたちが使うさまざまな形の椅子やバランスボール、畳のリラックススペースなどに座りながら真剣に話を聞いていた。

「社会はマジョリティを中心に作られています。私たちはたまたま目が見える。たまたま足が不自由ではない。たまたまじっと座っていられます。その人たちに合わせて社会は作られています。そして、今の学校もマジョリティに合わせて作られています。

教室を飛び出してしまうAさんがいたとしましょう。困難さの原因を個人の障害にあると考える『個人モデル』のアプローチでは、Aさんが飛び出さないようにするための訓練や練習をします。一方で、多様な人がいることを前提に社会がつくられていないことに問題があるとする『社会モデル』では、Aさんのような特徴のある人がいることを前提として学校や学級の環境づくりをします」（野口さん）

不登校の子どもたちや障害のある子どもたちについて理解が必要なのは、その子どもたちに直接関わる特別支援の先生だけではない。通常の学級の先生たちが理解を深めているかどうかで、学校の環境は大きく変わる。そして、環境が変わることで子どもたちの困りごとは軽くなり、全ての子どもたちが過ごしやすくなっていく。

狛江第三小学校では、文部科学省の「令和三年度　特別支援教育に関する実践研究」において、通級の先生が通常の学級に入り込む〝入り込み型〟で子どもたちにどのような変化があるかを研究していた。そこに伴走していた明星大学の星山麻木《あさぎ》教授、インクルージョン研究者の野口さんの講演を、荒川校長先生は研究担当教員だけでなく全校で共有する必要があると考えた。そして、学校全体の研究テーマに設定したのである。

また、〝チームKOMA3（コマサン）〟を合言葉に、「子どもたちがチャレンジ意欲を高め、創造性を発揮する教育」の実現に向けて校内の先生たちが一つのチームになって取り組むことを目標としてきた。通常の学級の先生と特別支援の先生の職員室が離れていて交流がほとんどない学校も多いが、この学校ではクラスでの困りごとを特別支援の先生に相談し、情報交換を進め、さまざまな業務で助け合うことが多い。荒川校長先生は、特別支援教育の可能性に期待を抱いている。

「みんな優秀な先生たちですが、中でも森村先生は非常に専門性が高く、校外の勉強会や学会にも足を運び、最先端の情報を持っています。それに、特別支援教育の視点は通常の学級経営にも参考になる点がたくさんあります。一律に子どもを見るのではなく、一人ひとりの違いを前提に子どもたちを見る視点を全ての先生に持ってほしいと願っています」

通常の学級でも多様な子どもがいることを前提に

インクルーシブ研修では、マジョリティが持つ特権について考えた後、インクルーシブ教育の定義とは何かを考えた。インクルーシブ教育とは、ただ単に、「みんなで一緒に同じ教室で授業を受けること」ではない。「クラスにはいろんな子どもがいることを前提にして授業や学校作りをすること」だと野口さんは定義している。

学校を一度に変えることは難しい。現行の学校教育の中でできることは限られている。それでも、気づいたところから少しずつ、できるところから少しずつ変えていく。そのプロセスが大事だという。

この研修は、参加した先生たちの間でそれぞれにクラスで困っていることを共有する場となり、特別支援学級や通級で行われている工夫を通常の学級に共有する場にもなっていった。

前出の文部科学省の研究にも深く関わり、インクルーシブ研修にも参加した通常の学級の一年担任（二〇二二年度）だった伊藤彰子先生はその感想を次のように話している。

「先生同士のコミュニケーションが活発で、普段から通級の先生や支援学級の先生とも相

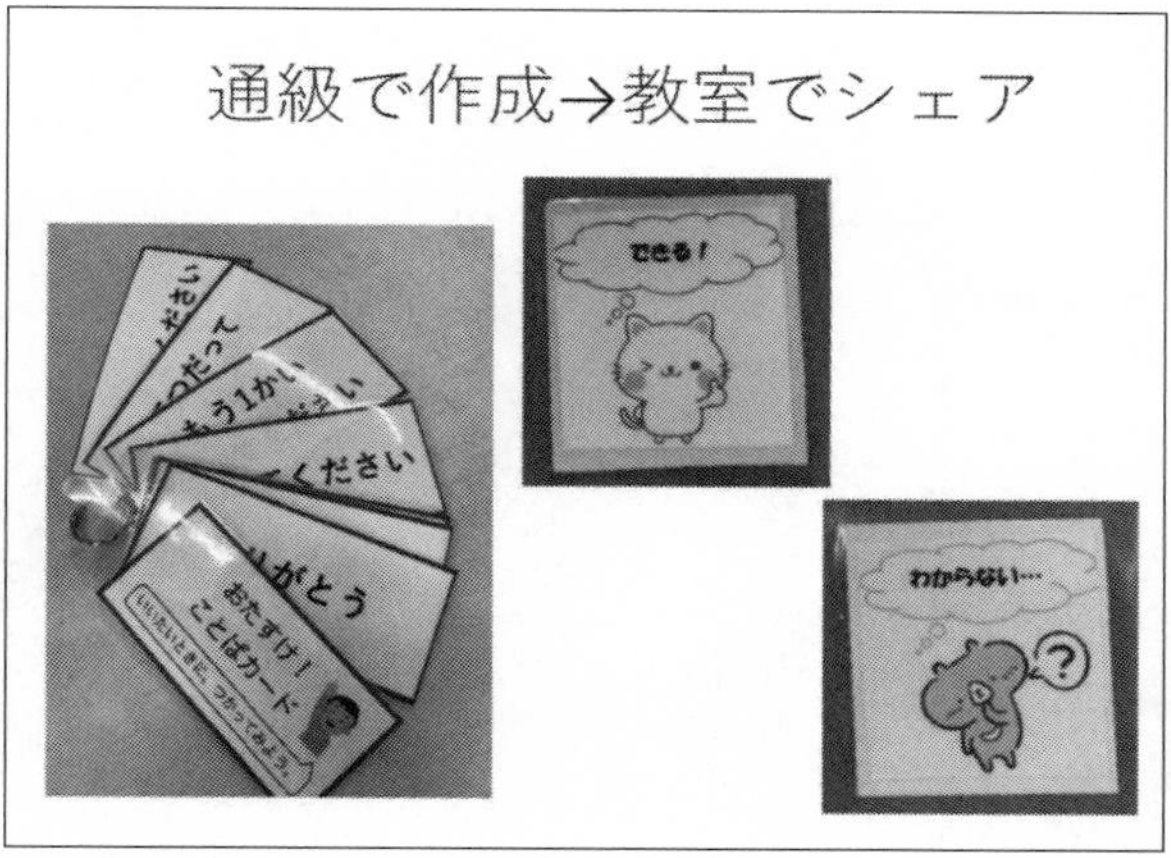

自分の気持ちなどをうまく伝えられないときに使うカード。これを使うことで先生に気持ちを伝えることができる。「椅子の足元につけたゴムに足を乗せることで、落ち着いて学習できるようになった子もいます」と伊藤先生。（写真提供／狛江第三小学校）

談できるので本当に心強いんです。さらに、研修では支援グッズなども紹介してくださったので、貸し出していただき、実際に使ってとても助かりました。

　研修を受けて一番大きな変化があったのは、私自身が子どもたちに向き合う姿勢です。これまでは、できていない子をできるようにしたいという意識でしたが、それだけでなく、一人ひとりの強みを活かしていこうと意識しながら授業ができるようになりました。強みを活かすアプローチのほうが、私も楽しいし、実際に子どもたちもイキイキと学べるようになっていく。大変なことは日々山のようにありますが、教員同士でそんなつらさや困りごとも共有しながら話し合える場があることは、本当にありがたいと思っています」

このような視点を手に入れた先生たちが学校に増えると、子どもたちの関係性も変わっていく。狛江第三小学校では、通級に通う子どもたちに対しても「いってらっしゃい」「おかえり」などと自然に送り出し、迎え入れる。クラスメートのできないことや苦手なことではなく、得意なことや好きなことに注目して「すごいね！」と称賛し合う姿が多く見られる。

困ったことがあれば気軽に助けを求められ、どうすればできるかを友達や先生が一緒に考えてくれる環境になれば、学校に行きたくない、行けないという子どもたちも少なくなっていくはずだ。

学校では、インクルーシブ研修が行われる以前から、特別支援学級の子どもたちの得意なことや好きなことを発表する場を多く持ってきた。教員や子どもたちの中で、違いや強みを認め合う関係性ができているからこそ、アバターロボットの使用や修学旅行へのイレギュラーな参加なども違和感なく自然な配慮として受け入れる環境が整っていたといえるだろう。

狛江市の柏原《かしはら》聖子教育長は、狛江第三小学校の取り組みについてこう評価する。

「アバターロボットによって不登校だったお子さんが信頼できる大人や友達とつながり、

世界が広がることは、とてもセンセーショナルで本当に素晴らしい取り組みです。ただ、どんなケースでも機械を導入すればできることではありません。学校全体のインクルーシブ教育システムが確立され、教師が一人ひとりの子どもに対して、細かで粘り強い関わりがあってこそです。その子にとってどのような環境が適しているのか、どのような支援が必要なのか。教師にはその視点が不可欠ですし、心を開くのは子どもたち自身です。その視点を忘れずに、このような関わりを狛江市全体でも増やし、広げていきたいと考えています。

二〇二三年度から、狛江市でも不登校等の支援が必要な子どもたちの居場所・学びの場として、東京都のバーチャル・ラーニング・プラットフォーム（メタバースの不登校支援）がスタートしています。子どもたちが自分に合った学びのスタイルを選べるように選択肢を増やしながら、その先にある人と人のつながりを大切にしていきたいと思います」

教員の環境をインクルーシブにすることから

新しく迎えた二〇二三年度、狛江第三小学校では、昨年研修を受けた先生たちから今年度もぜひ続けてほしいと声が上がり、校内で「インクルーシブ有志の会」を立ち上げた。一、二か月に一度集まってミーティングを行い、自分たちで意見を出し合って、学校においての新しい取り組みの企画や活動を主体的に進めていくことを目的とした会だ。二〇二三年度の校内研修についても、三回全てをインクルーシブ有志の会が企画することとなった。

ミーティングや研修は全て、森村先生が担任を務める特別支援学級が会場となった。

「スタート時、声をかけると学校の半分以上の先生たちが有志で手を挙げてくれました。各自無理のないように、ミーティングには出ても出なくてもいい、途中参加や退出もOK、ミーティングに参加せず、誰かのサポートをするだけでもいいなど、それぞれ自分のペースや関わり方で参加すればよいことを前提としました。ミーティングや研修でも飲み物やお菓子を用意して、リラックスして参加できる雰囲気を作っています」(森村先生)

「狛江第三小学校をインクルーシブにしていくために」をメインテーマに設定したところ、学校の環境や授業についてのインクルーシブについてだけではなく、教員にとってのインクルーシブな環境や働き方もテーマになった。それぞれの教員が自分の興味・関心を出し合い、チームに分かれて対話を深め、さまざまな企画を進めていく。その様子は、教員によるプロジェクト型学習のようにも見える。

二学期、十一月の校内研修では、教室のモニターに焚き火の映像を流して教室をキャンプ場に見立て、パチパチと薪が燃える音を聴きながら、ソファや畳スペース、ハンモック

特別支援学級にあるさまざまなイスに座り、リラックスしながら「インクルーシブ」について語り合う教員たち（写真提供／狛江第三小学校）

や揺れる椅子などに座り、半年以上かけて進めた各プロジェクトの発表があった。

それぞれのチームのテーマは、ラフなわかりやすい言葉でネーミングされている。校内の実践記録や教材などの情報をＳｗａｙというソフトで共有する場をネット上につくる「Ｓｗａｙ部隊」、特別支援で使用している支援グッズを紹介・共有する「教材支援グッズチーム」、学校の常識を問い直す「チームぶっ壊し」、外部講師によるレクリエーションを企画する「レクリエーションチーム」、日々の夕飯のメニューや休日のおすすめの過ごし方をシェアする「くつろぎコミュニケーションチーム」、六年生のキャリア教育と自分探究について発表する「六年生総合チーム」、学校にサポーターを入れるためにどうすればいいかを試行錯誤した「サポーターがほしいチーム」など、それぞれにプロジェクトを組んで、できる範囲で企画・実践し、そのプロセスと結果が発表された。

その様子は和気藹々として、まるで本当にキャンプに来た仲間たちの対話のように見える。その後、三つのグループに分かれて対話の時間も設けられた。環境設定により、心理的な安全性を高めることもできることを先生たちは熟知しているようだ。効果的な場面設定は大変好評で、回を重ねるごとに教員同士が授業での悩みや大変さも共有できるようになり、この会に参加する教員も増えていった。森村先生はこう振り返る。

「互いに弱音を吐き出し、強みをシェアし、エンパワーすることで、少しずつ教員にとってインクルーシブな環境を作り上げていくことができました。だからこそ、子どもたちの環境をインクルーシブにしたい、子どもたちの声を聞いていきたいという思いを教員が持つことができたのだと思います」

多くの学校の現場では、教員裁量で自由にできることが減少している。個人的に創意工夫をしたいという気持ちはあっても、そのための余力や時間を持つことが難しい。教員自身も助け合える関係性や安心感が必要だろう。書類作成や校務を効率化し、削減していかなければその余力は確保できない。狛江第三小学校では、荒川校長先生が会議や研究発表、行事などを徹底的に見直し、ＩＣＴの導入で効率化を進め、働き方改革を進めながら、教員が主体的に動ける余地を少しずつ確保していた。

学校はブラックな職場だと言われることも多いが、その言葉に込められているのは、拘束されている時間だけでなく、選択の余地がなく、やらなければならない仕事が増えていることによる精神的なストレスも大きいのだろう。教員自身が主体的に学校を変えようと動き出せば、時に仕事にかける時間はより長くなることもあるかもしれない。しかし、子どもたちがいきいきと本来の姿を発揮し始める様子を見ることができれば、手応えを感じた先生たちはさらに動き出すためのエネルギーを手にしていることが多い。

本書で取材をしたどの学校を見ても、子どもたちの姿と先生たちのやりがいは、深く関連しているように見える。

教えから学びにふみ出すために

「個人モデル」から「社会モデル」へ

ICTで学びのユニバーサルデザインを広げる

京都府八幡市立中央小学校は、全国でGIGAスクール構想への取り組みがあれこれ模索されるなかで、たぶん、もっとも上手にICT化を具体化している学校のひとつであるように思います。ここではタブレット等は新たな機器というよりも、新たな文房具として意味づけられているのです。

だいぶ前になりますが、アメリカで学習障害の子どものための教室（学校）がつくられ、多くの学習障害の子どもが、それまでと違って、見事に学びに適応しているということが伝わってきました。

それを聞いた東京学芸大学では、日本でもということで実験的に学習障害の子だけを集めて学習障害児（LD児）教室を開きました。

しかし、期待に反して、こちらのほうのLD児教室はあまり成果を上げることができませんでした。学芸大学では、たとえば、計算が苦手な子は、そもそも数という概念が身についていないのではないかと、もっと基礎に戻って数の概念を獲得するところから教育を始める、というようなやり方をしていたのです。全て、より基礎へ、より基礎へ、ていねいに降りてやさしいところから、という論理です。

ところがアメリカでは、そうした教育とは発想が異なっていました。入学に際して、何ができないか、苦手か、だけでなく、好きなことは何か、得意なことは何か等も聞かれるのです。たとえば「計算が苦手で簡単な計算もよくできませんか？」というと、「得意なこと、好きなことはありますか？」「機械いじりが好きですか？」等と聞かれます。「あ、機械いじりは好きですね」と答えると「それはいい！　明日からこの子には卓上の計算機を持たせます」といって、計算機を渡し、使い方を教えるというのです。実際に、授業中に計算が出てくると、その子は卓上の計算機でパッパッと答えを出し、間違うことはなくなりました。使い方さえ覚えれば苦手な計算が簡単にできてしまうからです。今後計算が必要な場面では、いつもその卓上の計算機で答えを出させるようにする、というのです。

当時の日本では、機械で計算をして、その子にどんな力がつくというのだ、という見地から、こうしたやり方には批判的でした。実際に社会に出ればみな卓上の計算機で計算し、自分で筆算で計算するようなことはしないのですが、学校ではともかく自分で計算させます。

日本の考えの背後には、計算ができるということは、計算が成立する論理も理解できることだから、頭が良くなるはず、という了解が隠れた形であったのだと思います。しかし正直に言って、計算が正確にできても、数学の論理がわかるとは限りません。アルゴリズムを身につけているだけということが多いのです。

計算機で計算してもいいといわれたら、苦手意識が大きく後退し、算数が好きになる可能性が出てきます。結果としてこちらのほうが、算数も含めて学ぶことに喜びを感じる可能性が高くなるように思います。

学芸大学の実験的なLD児教室に自分の子どもを通わせたある日本の父親は、効果が上がらないので、思い切ってその子をアメリカのLD児教室に転校させたといいます。この父親の場合は、アメリカのやり方のほうが教育論として正当と思ったのでしょう。

インクルーシブな教育というのは、単に障害を持っている子とそうでない子とが一緒に授業を受けるという意味ではありません。それは統合教育といい、これまでいくつかの国で試みられてきました。しかし知的な性向に生まれつき差がある子が、一緒に授業を受けても、その授業の内容や形式が知的に課題がない子が普段受けているものと同じままでは、障害を持っている子の理解が進むとは限りません。それなら特別支援学級でゆっくりと教えてもらったほうがよく分かることが多いでしょう。

インクルーシブな教育は、一緒に学ぶことで、誰もが同じように学ぶことに喜びを感じ、誰もがその子らしく育っていくことを支えあうという意味で、障害のある子も、ない子も、それぞれで学ぶよりはより学びの幅が広がり深みが増すような学びをいいます。

そうしたインクルーシブな教育を具体化するには、教材や教具が新たに開発されることが必須です。八幡市立中央小学校で、ユニバーサルデザインの環境づくりを課題としているのは、その意味でインクルーシブな教育の内容づくりそのものと言っていいと思います。教育のICT化の目的の重要な一つが、このユニバーサルデザインの教育環境づくりなのです。最近では「合理的配慮」という言葉も広がってきていますが、ユニバーサルなデザインは、当事者も納得のいく合理的な配慮をていねいに具体化していくことと同値です。そのためには、学びに困難、課題を抱えている子どもにこそ焦点を当てた教育環境づくりが大事になります。

GIGAスクール構想とインクルーシブな教育とが見事につなげられている例として八幡市立中央小学校の教育は特筆に値するでしょう。

八幡市立中央小学校の教育で注目したいもう一つの特質は、子どもたちに自らの気持ち、感情をなんとか自分の言葉で表現させようとあれこれの工夫をしていることです。

人間は感情という行動につながるエネルギーを、ときには自然や宇宙から取り入れ、ときには対人関係場面で発生させ、たまったエネルギーを上手に外に発散させることで、一つの生命体としての機能を発揮して生きていきます（エネルギー代謝）。うれしかったら思わず顔が緩むのも、悔しかったら顔が引きつるのも、全て感情の外化（表出）ですが、社会事象を原因として生まれる感情は複雑で、右脳の働きだけでは外にうまく出て行きません。例えば言葉によってその感情を説明する作業を施し、その上でその言葉にのせて感情を外化することで、たまっていたとくにネガティブな感情を外に出します。出せないと、その感情が他者や自分への攻撃性という形で発散させることが起こります。

ですから、幼い頃から、気持ちを言葉にする練習をたくさんすることが必要なのです。言葉はさまざまなたとえとして機能することがありますが、そのたとえを使う子どもに教員や保育者が共感できるかどうかが、子どもの感情表現の力を規定します。「ぼくはひとり、だけど、くつはふたりだね」というつぶやきに、保育者が感動して共感することで、子どもは自己の感情表現に自信を得ていきます。

八幡市立中央小学校では、文字で、かつ自筆で文章を書くことを苦手としている子どもたちが、タブレットで簡単に文章が書けることによって文章表現への興味を広げ自信を育んでいる様子が描かれていますが、これはとても大事なことです。今後グラレコのような表現を含めて、子どもの感情表現をもっと多様化していくことが、人間形成論としても意味を持つと同時に、教育のインクルージョンを進めることになるでしょう。

子どもの多様さを「特別なこと」としない

新たなICT機器を用いることで、学校のコミュニケーションのあり方をよりラディカルに変えていこうとしているのが、東京都狛江市立狛江第三小学校です。

本章では、アバター機能を活かして、学校に来ない、あるいは来られない子どもたちと、クラスの他の子どもたちとのコミュニケーションを上手に探っている様子が描かれています。狛江第三小学校でも、ICT機器は、教育技術の工学化としてではなく（そのために、以前は教育工学という分野がつくられたほどです）、あくまでも新たな文具、文房具程度に扱うことで、その敷居を低くしていこうとしていることがよく浮かび出ています。

狛江第三小学校の教育で特筆すべきは、障害があって種々の困難を抱えて生きている子ども、外国籍で日本になじむのに苦労している子ども、感覚過敏等で、人の声に不安を感じてしまい授業にうまく参加できない子、等々の多様な子どもを、特別な子として扱わない合意がていねいにつくられていることだと思います。

狛江三小での研修で講師として参画した野口晃菜氏は「教室を飛び出してしまうAさんがいたとしましょう。困難さの原因を個人の障害にあると考える『個人モデル』のアプローチでは、Aさんが飛び出さないようにするための訓練や練習をします。一方で、多様な人がいることを前提に社会がつくられていないことに問題があるとする『社会モデル』では、Aさんのような特徴のある人がいることを前提として学校や学級の環境づくりをします」と語られています。ここで、個人モデルあるいは医学モデルと、社会モデルと説明されていることが、インクルージョンを進める際にはとても重要な視点になります。

障害や病気を持っている人をマイナーな存在と位置づけ、その障害を克服するために本人が訓練を受けたり、学校に行ったり、ときには入院したりするような対応をすることは、障害の原因はその個人にあるとする考えから生まれるものです。それに対して、その障害を持った人を社会が特別な存在でなく、合理的な配慮が必要だけれども、問題は社会の構造や障害についての捉え方のほうにある、とするのが社会モデルです。障害や病気を持っていても、対等な仲間としてリスペクトし、社会を変えていくことでその社会全体が全ての人にとって豊かになるという考え方です。

今は、ようやく、インクルージョンが進むことで社会モデルが理解されてきましたので、今後障害についての捉え方はもっと変わっていくと思いますが、少なくとも学校というところは、社会一般より先に、しかも積極的に新たな価値観を提案するところとなって初めて社会から深い信頼を得ることができるところだと思います。

狛江三小の森村先生は、これまでもこの社会モデルに沿って実践を進め、さまざまな子の当事者研究も具体化しています。それを紹介した著書も書いています。本章では紹介できなかったのですが、子ども一人ひとりの当事者性を大事にすることが新たな教育の地平を拓く可能性があることを、彼女の著書からつかみ取ってほしいと思います（『特別な支援が必要な子たちの「自分研究」のススメ』金子書房）。

第6章

教員の視点の転換のために——教育委員会の動き

演劇ワークショップで変わる教員の視点——豊岡市教育委員会（兵庫県）

教員の気づきと視点の転換

第五章までで紹介したように、国内の公立の学校でも、学習指導要領に準じた一条校である私立の学校でも、子どもたちが「学びの主体」になることを目指し、さまざまな実践が行われている。週に一時限だけ、学級ごと、学年ごと、学校全体で——。

小さくてもできることから試し続けることで、子どもたちの学びが動き始め、それを目の当たりにした教員の意識が変わり、同じ学校のほかの教員にも影響が及ぶ。先生自身が手応えを感じて実践が促進され、広がっていく。そこに保護者の理解も伴えば、その変化はさらに加速する。

それぞれにアプローチは異なっても、子どもたちがいきいきと学ぶ姿が見られた根底には共通点がある。それは、教員の視点が「教え」から「学び」へと転換していることだ。どの実践でも、教員が知識や技能をいかに効率よく「教える」かだけではなく、子どもたちがいかに意欲や興味を持って「学ぶ」ことができているかに着目していた。そのためには、何よりもまず子どもたち一人ひとりの様子をしっかりと見て、声を聞き、子どもたちがどんなことを感じているかを知る必要がある。

本書で紹介した実践では、教員は子どもたちの様子に細やかに関心を持ち、それぞれの学びに対する取り組み方の違いにも興味深さを感じながら関わっている。その視点があるからこそ、一人ひとりの子どもたちの「学び」が動き出す環境をどのように作るか、そのためにどのような実践を行うかに思い至るのだろう。

ただし、このような実践がその折々に実現したとしても、公立の学校では数年ごとに教員の異動がある。本書で紹介した公立の学校でも、書籍化までに異動となったり、定年退職を迎えたりした教員も多い。校長の異動で方針が大きく変わることも、多くの教員の異動が重なり改めてチームビルディングが必要になるということも起こり得る。これまでの慣例や既成概念に縛られがちな教育現場では、時間をかけて一歩ずつ踏み進めてきた実践が、急速に引き戻されてしまう可能性も否めない。しかし、逆にこれまで在籍していた学校での確かな手応えを手がかりに、新任校でも新たな一歩を踏み出し、周囲に影響を与えていくこともできる。また、地域のどの学校でも子どもたちへの視点の転換が醸成されていれば、異動があっても再び同じ方向へと進んでいけるはずだ。

いま学校は、コロナ禍を経てその存在意義を問われている。何のために学校に行くのか、学校とは何なのか——。

教育委員会においても、その問いに対する答えを必死に模索しているところだ。子どもたちの捉え方や、教員がチームとしてどう動くかを問い直し、具体的に刷新していこうという真摯な動きが見られる。本書で紹介できるのは数多ある教育委員会のうちのごくわずかだが、最後の章では、二つの教育委員会の取り組みについて紹介したい。

そこには、子どもたちが体験を通して主体的・対話的に深く学ぶのと同様に、教員や指導主事（教育委員会に所属し、各学校の授業や教育環境について、校長や教員に助言や指導などを行う）などが体験を通して感じたことや考えたことを持ち寄り対話しながら、自らを問い直す場が確かにあった。

演劇ワークショッププログラム

二〇二三年六月、兵庫県豊岡市立日高小学校のホールに、一年生が集まってきた。入学して間もない子どもたちは、何が始まるのだろうかとあたりを見回している。いつもと違う場所での授業にワクワクしている子もいれば、緊張している子もいるようだった。

これから始まるのは演劇ワークショッププログラムだが、子どもたちは何をするかを知らされていない。豊岡市非認知能力向上対策事業として、二〇二二年度から市内の全小学校（二十五校）の一年生に、二〇二三年はモデル学級（九学級）の二年生に実施されていた

（二〇二四年度から二年生も市内の全校で実施）。監修は、豊岡市在住の劇作家・演出家の平田オリザさん。演出家でワークショップファシリテーターのわたなべなおこさんがプログラムを作成し、この日はわたなべさんのほかに平田オリザさん主宰の劇団「青年団」からも、俳優のみなちゃん、みっちゃんの二名がファシリテーションのサポートとして参加していた。

一年生のねらいは「体や声、言葉を使った演劇的な表現活動を通して自分の考えや気持ちを表出し、受容される体験を通して児童一人ひとりの自己肯定感、自己有用感を向上すること。四十五分のワークショップを年間三回、生活科の時間を使って行う。活動のめあては子どもたちには示されず、子どもたち自身が活動を通して気づきを得るように設定されている。

簡単なアイスブレイクをして少し緊張をほぐし、子どもたちが集まって腰を下ろすと、ファシリテーターのわたなべさんがやさしく話しかける。

「じゃあ、いまから短いテープを貼ってみんなで大きな四角を作るよ。さあどうやって作ろうかな」

床には同じテープで二メートル四方の角、四か所に印が貼ってある。一枚ずつテープをもらって貼っていく子どもたち。少し曲がったとしても大人は口出ししない。貼り直すこともしない。貼り方もその子の自己表現だ。やりたくない、見ているだけという子もその子なりの関わりとして見守る。慣れてくると、一人ではうまく貼れない長めのテープも手渡され、数人で協力してテープを貼る様子も見られる。貼り終わると、少し線の曲がった四角をぐるりと囲んで子どもたちが座った。

「大きな四角ができたね。何に見える?」

ファシリテーターのわたなべさんがたずねると、子どもたちが答える。

「テレビかな」

「プール?」

「ステージ!」

「そう。実はね、このステージの中に入ると変身するんだよ」

ファシリテーターの一人、みなちゃんがステージにのそのそと入っていき、デモンストレーションをする。う~んとのびをして、グーにした手で顔をなでると、ゆったりとステージを歩いた。

「なんだろうね」

「わかった。ネコだ!」

答えた子どもたちに、変身した人が何をしていたのか、どうしてネコだとわかったのか

自分たちで作ったステージでぐるりと囲んで子どもたちが座る。最初にファシリテーターがデモンストレーションを見せる

をたずねると、子どもたちは「うちのネコもあんなふうにするよ」などと答える。

四角くテープで囲まれた舞台は、自分のなりたいものに変身できる場所。何に変身しているかをみんなで当てる。見ている人は枠の中に入らない、変身している人の邪魔をしない、やりたくない人は見ているだけでもいいなど、いくつかのルールを守りながら二十分程度楽しんだ。

子どもたちは少しみんなの様子をうかがいながら、やってみたいと思った自分のタイミングで舞台に入っていく。お地蔵さん、石、ダンゴムシなどジッとしているものや、魚、トラ、ハムスター、赤ちゃんなど、幅広い生き物が登場。それぞれに自分なりの考えで特徴を表現していく。

自分の考えや気持ちを表出し、何に変身したかを当ててもらうことは、「自分を受容してもらう」体験だ。見ている人は、舞台にいる人が何になろうとしているのかを当てることで、「他者に関心を持つ」「他者をわかりたい」という体験をする。

見ている人も、当てるだけでなく、エサをあげてみるなど、ジェスチャーを交えてコラボレートしながら参加するようになっていく。

「あれ？　にんじん食べないからうさぎじゃないね」

「ちゅーるどうぞ。あれ？　好きじゃないみたい」

この日は十人の子どもたちが舞台に入って変身していた。ファシリテーターの三人は、その都度、子どもたちに声をかける。当てた子どもたちには、「どうしてわかったの？」「すごいなと思ったのはどんなところ？」「おもしろかったところがあったら教えてくれるかな」。変身した子どもたちにも「石になるなんてよく思いついたね！」「さっきの動きは本当のお魚みたいだったね」など、その子が工夫したところや表現について肯定的な表現で感じたところをていねいに伝える。変身した友達に大人たちがポジティブな声をかける様子を見ることで、ほかの子どもたちも「何をやっても大丈夫なのかもしれない」と勇気を持ち始める。後半になると、やってみたいと挙がる手がどんどん増えていった。

最後にはテープをみんなではがして、ステージを片付ける。子どもたちは積極的に片付けにも参加していた。四十五分間はあっという間に過ぎた。

「またやりたい」「次はいつやるの？」という声も多く聞こえてきた。一年生は十月に二回目、四十五分のワークショップが予定されている。

二年生の演劇ワークショッププログラムは、連続で一〇〇分間を年間二回、生活科の時間に行う。時間も長くなり、一年生よりも他者との関わりが大きくなる。ねらいは二つだ。

「自分とは異なる考え方や価値観を持つ他者の存在を認識し、他者と向き合い、自分との違いを受け止める」

「自分と他者の違いをすり合わせ、集団の中で合意形成をとる」

二年生もアイスブレイクからワークショップが始まった。子どもたちは五つのグループに分かれ、グループごとに五文字以内の「お題」を決めて、その「お題」が観客に伝わるように創作する。舞台では言葉や声を使ってもいいが、「お題」は言わないようにする。

「お題」を決める、「お題」に沿ったシーンを決める、始まり方や終わり方を考える、配役を決めるなど、その都度、グループ内で自分のアイデアを出し、ほかの人のアイデアを受け入れながら合意形成していく必要がある。

「『山登り』だから、椅子を使って山を作ろう！」

「でも、それじゃ山登りしてるみたいに見えないよ」

それぞれのグループで話し合いが進むが、アイデアがなかなか出ないところもある。話し合いが行き詰まるとファシリテーターがアドバイスをすることもあるが、指示はしない。それを受け入れるかどうかは子どもたちに任せている。

四十分経ったところで一度発表し、ほかの子どもたちやファシリテーターから講評を受けた上で、さらにファシリテーターがキーワードをもう一つ加え、シーンをブラッシュアップする。キーワードと当初のお題との関連がないほど、そのギャップを埋めるために創造性を使った話し合いが必要になり、「クリエイティブジャンプ」(発想を飛躍させ創造性を豊かにすること)が起きやすい。

最初にそれぞれのグループが決めたお題は、「強盗」「死んだ人」「ヒラキ」(地元にある靴屋のチェーン店)「スーパー」「パン屋さん」。

二度目の発表では、「強盗×ネコ」「死んだ人×やきそば」「ヒラキ×宇宙人」「スーパー×かみなり」「パン屋さん×地震」をテーマに展開を考える。

「パン屋さん×地震」のグループでは、パンを買いに来たお客さんたちがレジに並んでいるときに大きな地震が起こるという設定を考えた。子どもたちは一斉に椅子をガタガタと揺らして音を出し、臨場感を演出した。

「皆さん、地震です。避難してくださーい。まず、椅子の下に隠れてください！」とお店の人の役が声をかけるなど、緊迫した演技も見られた。

間に講評を挟んで再構成することで、ほかのグループの発表を見ながら、新しいアイデアを思いついたり、おもしろい見せ方を真似したりする工夫が生まれる。「もうできない」「これでいいや」という気持ちになりそうなときは、粘り強く取り組めるように声掛けをするが、それぞれに正解はなく、失敗を体験することも大切にされている。

ワークショップが終わった後、子どもたちからこんな声が聞こえてきた。

「うまくできなかったけど楽しかった。またやりたい！」

ファシリテーターの視点を学ぶ

豊岡市では、二〇二二年度に小学校低学年に導入される五年前、二〇一七年度から市内全ての小学校六年生と中学校一年生で、それぞれ年間七時間に及ぶ演劇的手法を取り入れたコミュニケーション教育として実施されてきた（二〇一五年度からモデル校で試行）。コミュニケーション教育は、一人ひとりの生きる力を育てる「人間関係形成能力」、仲間と共に生きる知恵を身につける「合意形成能力」、他者（世界）を意識して、発信力を身につける「発信力・創造力」をめざす学びの姿に設定し、手作りのスキット（寸劇）に取り組むワークショップだ。

豊岡市では同年から小中一貫教育の全市展開を始めており、九年間を通した豊岡市独自のカリキュラム「豊岡こうのとりプラン」では「英語教育」「ふるさと教育」「コミュニケーション教育」が三つの柱に位置付けられている。

きっかけは、二〇一四年、豊岡市立豊岡小学校で行われた平田オリザさんのモデル授業を見た当時の豊岡市教育長・石高雅信さんが感銘を受け、「演劇的手法によるコミュニケーション教育は、教師の授業力向上の核になる」と、市長に持ち掛けたことだった。当時の石高教育長の「一方的に教える授業から、子どもたちの自主的な活動に寄り添う参加型の授業に変えていきたい」という思いが大きく後押ししたという。

平田さんや青年団による演劇ワークショップは、日本全国、世界各国でも四半世紀以上にわたり各地で行われているが、演劇に興味のある参加者だけでなく、教育現場からも広く注目されてきた。特に、二〇〇二年度に中学校の国語の教科書にその方法論が採用されて以降、ワークショップを希望する学校が増え、現在では、幼稚園から小中学校、高校、大学まで、教育現場からの依頼が後を絶たない。しかし、一つの自治体で全ての公立小中学校において、長期的な教育プランの中で継続的に「演劇ワークショップ」や「演劇的手法によるコミュニケーション教育」を実施しているのは現在、豊岡市だけだ。

豊岡市は演劇にも造詣が深い。豊岡市長を五期にわたり（二〇〇一年から二〇二一年まで）務めた中貝宗治さんは、演劇を観光・教育・福祉の分野に活かしながらまちづくりを進めてきた。二〇一四年四月には日本最大のアーティスト・イン・レジデンス（アーティストが一定期間滞在し活動する支援を行う）施設、城崎国際アートセンターをオープン。そのシステムを利用して同年九月から十月まで平田さんと劇団員が滞在していた期間に先に挙げたモデル授業が行われていた。

その後も、豊岡市と平田さんの交流は深く、城崎国際アートセンターの芸術監督（二〇二一年まで）や、芸術文化観光専門職大学（二〇二一年四月に市内に設立）の初代学長にも就任している。そうした市との関係性もあり、平田さんは二〇一九年に豊岡市に移住、主宰する劇団「青年団」の本拠地も豊岡市に移されている。

そしてさらに、現在の教育長（二〇一七年〜）である嶋公治さんが、その思いを受け継ぎ、新たな取り組みとして小学校低学年への導入をスタートさせた。

「二〇一八年のはじめに、中貝宗治市長（当時）から子どもの貧困対策をなんとかしたいと相談がありました。いろいろと調べるうちに、家庭の所得や両親の学歴と子どもたちの学力が比例している中で、その指数が低くても一定数学力が高い子どもたちがいることがわかったのです。そこに関係していたのが非認知能力でした。非認知能力を高めることが必要だと考え、すでに小学校六年生と中学校一年生でコミュニケーション教育を実施してくださっていた平田オリザさんに相談を持ちかけました」

二〇一七年七月に文部科学省が出した新しい小学校学習指導要領では、育成すべき資質・能力の三つの柱の一つとして、「学びに向かう力」が挙げられている。豊岡市では、「学びに向かう力」を「非認知スキル」と捉え、早くからその育成に力を入れてきた。

平田オリザさん監修のもと、小学校低学年への演劇ワークショップをモデル校で実施し、子どもたちの非認知能力にどんな変化が起こるかを青山学院大学の苅宿俊文《としぶみ》教授と共に検証したところ、「やり抜く力（自己効力感）」「自制心」「協働性」の全てにおいてプラスの変化が表れた。

また、市内小学校六年生、中学校一年生の抽出校による調査でも、コミュニケーション教育の前後の調査（青山学院大学社会情報学部学習コミュニティデザイン研究所調べ）で、「やり抜く力（自己効力感）」「メタ認知」「協働性」の項目でプラスの変化があった。嶋教育長は、これだ、と確信したという。

「非認知能力を伸ばすためには、持っていないスキルを一方的に習得させるのではなく、子どもたちが持っている力を伸ばしていく必要があります。そのためにどうするか。演劇というアウトプット型の創作活動だから効果があるということももちろんですが、そこに

◆3つの調査項目の平均値の変化〔事前・事後〕

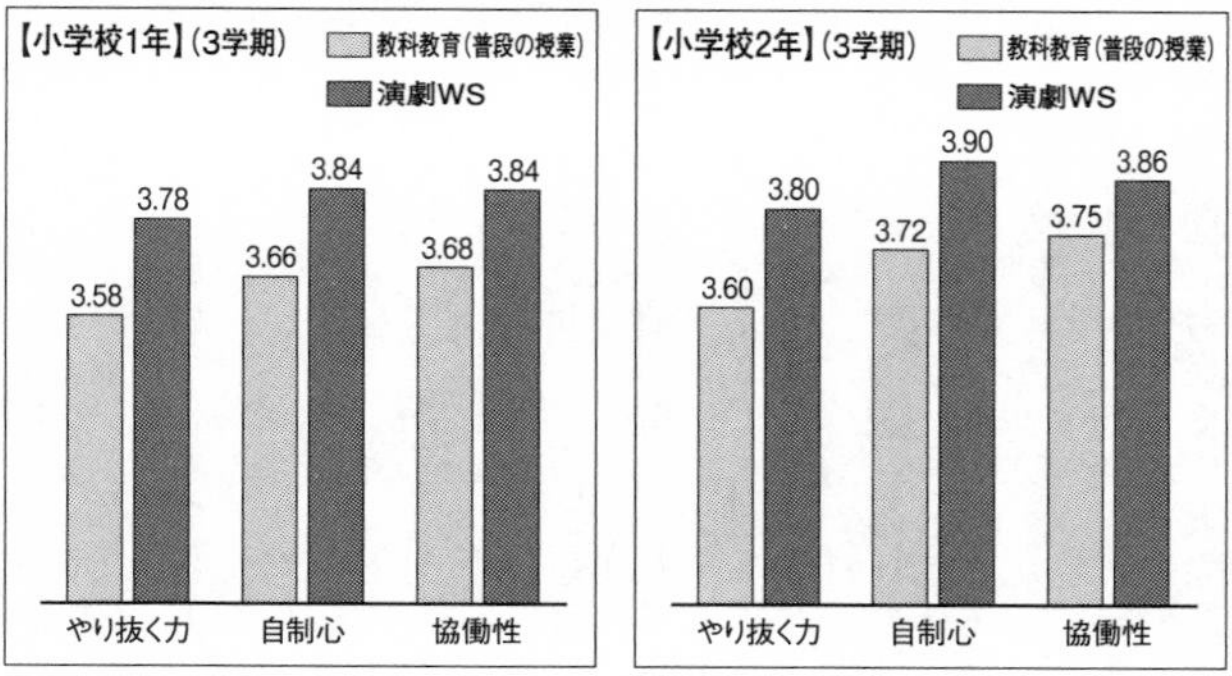

◆3つの調査項目の平均値の変化〔事前・事後〕

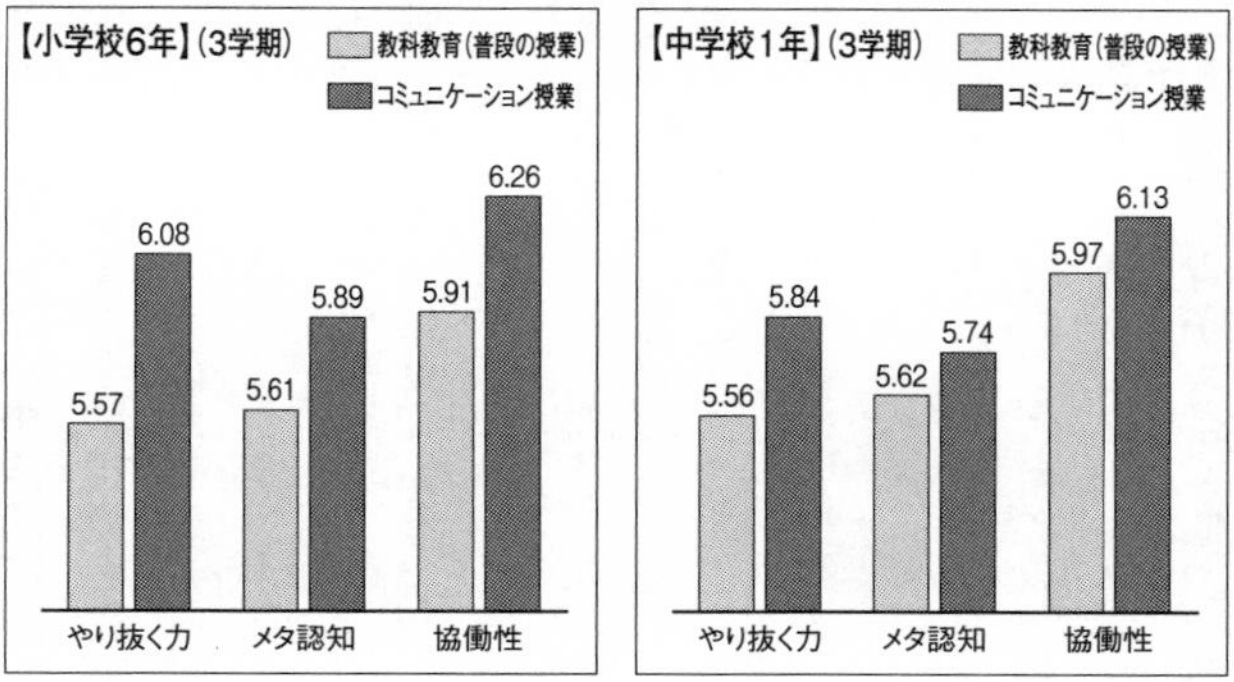

図6-1　演劇ワークショップ、コミュニケーション教育の前後の変化。各項目に対して、7つの回答から、児童・生徒がその時の気持ちを振り返って選択。能動性に対して前向きかどうかを数値で表す（青山学院大学社会情報学部学習コミュニティデザイン研究所の資料より）

コミットメントしていくファシリテーターの働きかけも非常に重要です。

この演劇ワークショップでのプロのファシリテーターの視点を教員も学び、学校行事や全ての教科に広げていってほしいと考えています。そのためにも、担任の先生にもしっかりとワークショップの様子を見てもらい、終了後にファシリテーターと一緒に振り返りを行うことが重要です。学校によっては保護者の見学も推奨しています」

ファシリテーターが子どもたちの行動をどのように見ているのか、それを踏まえて子どもたちにどのように関わり、声掛けをしているのか。それによって子どもたちがどのように動き出すのか――。子どもたちのためのワークショップとしてだけでなく、教員の視点を変えるための研修機会としても重要視されていることがわかる。

「もちろん、子どもたちをいつも間近で一番よく見ているのは先生ですから、自信を持ってほしい。その上で、違うアプローチを学んでほしいのです。ワークショップの見学やファシリテーターとの振り返りを通して、子どもたちの新たな一面に気づくこともできる。それを今後の教育活動に活かしていくことが大きな狙いの一つです。

また、学校の先生たちだけでなく、指導主事も順番に見学をするようにしています。指導主事の期間に演劇ワークショップを見学し、その後校長になった先生などは、非認知能力に対する理解も深く、実際に子どもたちへの視点が大きく変わっています」（嶋教育長）

行動や様子から見える子どもの心や背景

演劇ワークショップでは、担任の先生は子どもたちとファシリテーターの様子を客観的な立場で見学する。その隣に解説者としてスタッフの一人が座り、子どもたちの様子やファシリテーターの行動、声掛けについてリアルタイムで解説をする。その上で、終了後にも、ファシリテーターとそれぞれの担任の先生が十五分程度の振り返りを行っている。その振り返りの様子を一部紹介しよう。

わたなべさん（**ファシリテーター**）　先生はご覧になっていかがでしたか。

一年生担任　今年は少し表現することが苦手な子どもたちもいましたが、ほかの人たちがステージの中に入る様子を見て、いつもなら恥ずかしがるお子さんが立派にやり遂げていて素敵だなと思いました。一番目の彼も、とても勇気があると思いました。

わたなべ　今日のステージは少し広かったですし、人から見られることに対して慣れもないので、最初は怖かったかもしれませんね。でも、そこで終わらず、それぞれ自分のやり方で距離を詰めていって、ステージの中で変身したいという手がどんどん挙がるようになったのが印象的でした。経験することで変わっていける人たちなんだろうなと感じました。それから、変身している時間が一人ひとり長かったですね。周りのみんなも、その人が満足してステージから出るのを待っていたように見えました。また、「そろそろ戻れるかなー?」と私から声をかけても、言われたから戻るのではなく、自分の「まだやりたい」「そろそろ戻りたい」という意思のもとに行動できていました。

みっちゃん（**ファシリテーター**） ほかの人の様子を見て最初は小さく手を挙げて、当てられないとだんだん強くアピールするようになった人もいましたよね。短い時間の中で自分の行動を変えていく姿がたくましいなと思いました。

わたなべ 一見おとなしく見える人も受け身ではなく、とても能動的でしたね。よく見て考えて、考えた上で自分の行動を修正している。最初はハードルが高く感じることに対しても、誰かに階段を作ってもらうのを待っているだけでなく、自分でステップを考えて、実際に上がれる人がすごく多かった。

例えば、最後のほうに赤ちゃんになった人は最初寝ていましたよね。このままずっと動かないのかなと思ったら、のそのそと動き出しました。ずっと動き続けている、ずっとじっとしているだけではない、一つの変身の中で動いたり止まったりするという、豊かで自由なバリエーションが出せていたと思います。

実際には、子どもたちの名前も出しながらそれぞれの場面をていねいに振り返る。ワークショップ中の行動や言動に対して、ポジティブな側面からも、ネガティブな側面からも三人のファシリテーターが気づきを細やかに伝えていく。集中できない子がいても、その場でその子を無理に座らせて参加させることはせず、そのときのその子の心の状態に対する見立てを振り返りの際に担任に伝える。見ている子どもたちからかけられた言葉に、言われた子がどのように反応したか。あまり参加できていなかった子どもがどんなふうにみんなの様子を見ていたか。小さくつぶやいた言葉の裏に隠れた気持ちは何か――。

一年生の担任の先生に対して、最後に、わたなべさんはこんな言葉も伝えていた。

「とても指示が通る人たちですよね。話をよく聞いてくれます。だからこそ、もしかしたらはみ出る経験もたくさんしたほうがいいのかもしれません。失敗をしたり、はみ出したりしても大丈夫なんだということを、こういう活動を通してわかるといいですね。クリエイティブな方向に自分をガーッと持っていっても大人は怒らないし、むしろ喜んだり楽しんだりしてくれるという経験があると、自分の振り幅を知ることができますから、もっとバランスよく自分をコントロールできるようになるかもしれません」

二年生はグループでの活動になり、より子どもたちの関係性が見えてくる。わたなべさんは、プログラムの難易度も少し高めに設定していた。

「通常、二年生ではやらない少し難しいプログラムをやりました。まだ話し合うことがうまくできない人が多いのですが、できないからといって諦めたりモチベーションが下がったりする人がいませんでしたね。むしろ、ずっと向き合い続け、もっと頑張ろうとモチベーションが上がっていました。新しいこと、難しいこと、学びに向かう力が一年生のときよりも強くなっている印象を受けました」

話し合いの中での様子、グループによる違い、発表の様子や内容などについてファシリテーターがシェアすると、担任の先生は、普段の教室での様子との違いなどを語りはじめ、互いに子どもたちの理解を深めていく様子が見られた。

学校が変わるために必要なのは外部の力

豊岡市の教育研修センターに所属する指導主事の柳原守さんは、演劇ワークショップを見学するたびに、その効果を目の当たりにしてきた。

「テーマの設定やパフォーマンスの表現には、その子自身の生活経験や、大人や友達との日常のかかわりも表出します。変身する対象は、一年生では動物が多いのですが、地域によってはゲームのキャラクターばかりになる場合もありますし、ジェンダーギャップが見える場合もあるんです。演劇ワークショップを重ねることで、子どもたちの一人ひとりの変化も関係性の変化も如実に表れてきます。

わたなべさんは、必ずしも担任の先生がファシリテーターと同じ視点にならなくていいと言います。ただ、外部の方が見ることで、子どもたちを違う面からポジティブに評価してくださるのは、子どもたちには新鮮で勇気づけられますし、失敗してもいいという視点は、教員にとって子どもとのかかわりの大きなヒントになります。ワークショップの際に担任の横で解説をしてくださることや、学校や教員からは見えない視点を伝えてくださる振り返りの時間はとても貴重です」

子どもたちも、ファシリテーターの声掛けや関わりをよく見ている。話し合いに参加せず走り回る子や、意見を言えない子がいたとしても、回を重ねるごとに、周りの子どもたちがその子をパフォーマンスの中で生かすにはどうすればいいかを考えるようになっていく。個性を尊重し、互いの違いや意見の違いを認めながら力を合わせて何かを作るようになる。

「最初の頃はそのかかわり方の違いに戸惑う教員も少なくありませんでした。私も中学校の教員でしたから、はじめは驚いたものです。しかし、新しい視点を手にして子どもたちの変容を実際に見ることで、なるほどと納得できるようになっていく。学校の管理職からも、（現在は低学年だけなので）ほかの学年の教員にも体験してほしいという声が出るよう

になりました」（柳原さん）

嶋教育長もまた、いま、学校には外の力が必要だと言う。

「学校が変わるためには、学校の外の力を注入する必要があると思っています。学校の先生は、これまでの学校の文化の中で成功してきた人が多いので、失敗する人の気持ちはなかなかわからない。だからといって自分の過去は変えられません。おかしいと気づいても、一人で飛び抜けて新しいことをやるのも難しい。自分の勘と経験、やる気だけでは、新しい視点への転換は難しいと思います。今、不登校が広がっている要因の一つには、そういうことも関係しているかもしれません。

不得意なことは、得意な人にやってもらうのがいい。先生が地域の人たち――例えば大工さん、漁師さん、街のおっちゃんやおばちゃんの力や視点を借りることも必要です。コミュニケーション教育も演劇ワークショップもその一つの方法です。これからも、積極的に外の視点を借りながら、『失敗してもいいからやってみよう』と思える力を、豊岡の子どもたちにも先生たちにも身につけてほしいと思っています」

嶋教育長自身も、中学校で六年、小学校で七年の現場経験がある。中学で英語の教員をしていた時代には、「子どもたちに学力をつけて、笑顔で高校に入れるように、気合と根性で勉強させよう」という気持ちで子どもたちに接していたと振り返る。しかしその後、母校の小学校に赴任したところ、心境の変化があった。

「小学校に移ってから、東井《とうい》義雄先生（一九一二－一九九一／豊岡市出身の教育者、僧侶。ペスタロッチー教育賞受賞）の足跡に触れたことをきっかけに、学校教育に疑問を感じるようになってきたんです。今でこそ個別最適と言いますが、子どもたちは一人ひとり違うのに、学校では同じ教材、同じ時間、同じ速さ、同じ指導法で教えていた。本当は、時間を掛ければできるようになる子もいるし、違う教材ならできるようになる子もいるのに——。成績の評価方法にも疑問を持ちました。でも四十人学級の中ではどうしようもないこともある。そんな葛藤を抱えながら過ごした時期がありました」

　全国の教育現場では、いまなお、当時の嶋教育長と同様の葛藤を抱えながら日々を過ごしている教員は多い。日々の業務に忙殺される中でふと立ち止まり、多様な視点と出会う機会を得ることができれば、教員の視点も変化していくのかもしれない。

暗闇を体感することで気づく子どもたちの視点――広島県教育委員会

「子ども第一の視点」を軸に

広島県教育委員会は、二〇一八年に就任した平川理恵教育長（二〇二四年三月まで在任）のもと、国内でも先駆的な改革を進めてきた。平川教育長こそが、豊岡市の嶋教育長が必要だと語ってくれたような外からの風を運んできた張本人でもある。

民間企業で営業を担当、アメリカ留学や起業も経験したのちに神奈川県横浜市の公立中学校校長に公募で就任していた人物だ。県外から四十代の女性が抜擢されたことも異例。平川教育長の持つ価値観や視点は、県の職員にとっても、教育委員会の指導主事をはじめとする教育畑の人たちにとっても鮮烈だった。就任当初から県内外の数多くの教育現場に出向き、それまでの慣例をいくつも廃止してきたことは誰もが知るところだ。

国際バカロレア認定の中高一貫校「広島叡智学園」を設立、校内フリースクール「SSR（スペシャルサポートルーム）」を県内三十五校に設置して不登校等児童生徒の社会的自立に向けた支援等を推進するなど、「子ども第一の視点」を軸とする多くの取り組みは全国から注目されてきた。

肩書きを取り払った上での関係性の再構築

二〇二三年五月、広島県指導主事等研修「ダイアログ・イン・ザ・ダーク」が実施された。一般社団法人ダイアローグ・ジャパン・ソサエティが主宰するもので、どんなに目を凝らしても全く何も見えない暗闇の中に、数人のグループに分かれて足を踏み入れる体験ができるイベントだ。案内をするのはトレーニングを重ねた視覚障害者のアテンドスタッフ。これまでに世界四十七か国以上で開催され九〇〇万人を超える人々が体験している。

教育委員会においてダイアログ・イン・ザ・ダークを体験する研修は日本初。対象は広島県教育委員会の指導主事（義務教育指導課、高校教育指導課、特別支援教育課など）六十三名、幹部八名の合計七十一名。平川教育長は、実施に至る思いを次のように語っている。

「学校を改善していくためには、指導主事の育成が重要です。毎日同じ仲間と同じ場所で生活する学校教育の現場では、日常とは異なる体験から新しい視点を手に入れる必要があります。広島県ではこれまでも県外の現地視察を多く実施してきましたが、視察とは異なるリアルな体験として、ダイアログ・イン・ザ・ダークを取り入れたいと考えました。

二〇二二年夏に行われたワークショップ『障がい理解教育はどうあるべきか』（東京・竹芝で開催。インクルーシブ教育の実践に先進的に取り組んでいる五つの自治体、大阪府、大阪府箕面市、広島県、埼玉県戸田市、東京都狛江市から、教職員・教育委員会職員ら十八名が参加。公益財団法人ベネッセこども基金、一般社団法人UNIVAの共同実施）を体験した県教育委員会の指導主事や、友人たちからの勧めもあり、私自身、出張の際に実際にダイアログ・イン・ザ・ダークを体験しました。

暗闇では、参加者の肩書きや外見的特徴は取り払われ、不安な空間の中でどのように安心した関係性を構築するかを体感できます。そして、そこでの体験を対等な関係で対話する。これはまさに、特別支援教育の視点やチームビルディングの気づきを全ての学校現場に広げるために非常に大きな効果があると確信を持ちました」

広島県内にダイアログ・イン・ザ・ダークの常設会場はないため、広島県情報プラザの多目的ホールに「純度一〇〇パーセントの暗闇」が設営された。暗闇の中で行われるのは、今回の研修対象者に合わせたオリジナルプログラムだ。誰もが学校で体験したことのある「ある行事」を暗闇の中で行う。

七、八人のグループに分かれた九グループが三回に分かれて体験するが、これから何が始まるのかわからない状態でホール前のホワイエに集合したとき、そこには静かな緊張感が漂っていた。

参加者への体験前のアンケートでは、「ダイバーシティ教育（多様な個性が生かされる教育）実現」や「インクルーシブ教育」について「仕事の中で課題を感じている（とてもそう思う・ややそう思う)」と答えたのはどちらも五五パーセント以上と過半数を超えていた。

具体的には以下のような課題が挙げられている。

「不登校児童生徒への支援を学校と共有する中で、いわゆる『普通』とか『みんな』の中に当てはまりにくい児童生徒が不登校という状態になっている。この部分の学校との共通理解を進めていくうえでダイバーシティ教育やインクルーシブ教育は欠かせない」

「個別最適な学びの実現に向けて整備や研修を行っているが、まだまだ現場は多様な個性が生かされる教育にはなっていないと感じる」

「多くの先生方の心の持ち方・考え方(マインドセット)の転換が難しく、なかなか取り組みが推進できない」

「多様なあり方を認める意識、一人ひとりの困難さを理解し助け合う風土という視点が弱いと感じている。多様性を認め合える集団づくりが課題」

マインドセット転換のための体感的な理解促進をどうすればいいのか、そして、それをどう行動につなげるのかという課題を半数以上の参加者が抱えながら、研修が始まった。

プログラム体験中は、ニックネームで呼び合うことで、参加者である指導主事や幹部も普段の肩書きから自由になる。参加者には平川教育長も含まれていた。

どこに向かうのか、何が待ち受けているのかもわからない暗闇の中で、初めて持つ白杖を手にはじめの一歩を踏み出さなければならない。頼りになるのは物音や声などの聴覚、そして微かな匂いや気配、そして、触れてみること——。

暗闇の中では何も見えない不安がある一方、人の視線も気にならない。白杖を使って暗闇で行動し語り合う時間は、参加者にさまざまな変化をもたらしていく。扉を開け、光ある世界に出てきたときには、ほおを紅潮させ、楽しげに笑い合う参加者の姿があった。

不安な環境を安心な環境に変えるには

「目を凝らしても何も見えない」暗闇の中でアテンドスタッフ（視覚障害のある暗闇の案内人）と共に二時間を過ごした参加者は、別室に移動して一時間のディスカッションを行う。その体験は、参加者の本能的な反応と感情を大きく揺さぶっていた（以下、カギ括弧は参加者の声）。

視覚を奪われ、頼れるものが初めて使う白杖と自分だけになったとき、ほとんどの人が「何が起こるかわからない」「見通しが立たない」「不安で怖い」「動けない」と感じる。その中で、見えていないにもかかわらず暗闇を自由自在に移動するアテンドにサポートされ、その声に耳を傾け、グループの仲間の声を頼りに一歩ずつ足を進めるにつれて、暗闇でも安心を感じ、動けるようになっていく。

「仲間の肩や手に触れる、触れられることで安心した」「声を出したときに返事をしてくれ距離感がわかった」「置いていかれそうになったとき、アテンドがスッと近づいて声をかけてくれた」というように、人の声や存在によって安心感を手にし、「周りの人に頼っていいという信頼関係が短時間で生まれて互いを受け止める関係性」ができあがっていく。

声の出し方も人それぞれだ。「不安だったのでとにかく声を出した」人もいれば、「不安だったけど声を出せなかった」という人もいる。「見えないから動けない」人もいれば、「見えないから知りたい。ワクワクした」という人もいた。振り返りの対話が進むうちに、その体験は、教室の子どもたちの個々の姿にも重なっていく。

普段の授業でも「見通しが立つようにすることが大事だとわかった」という気づきが生まれ、また、「あるレベルまで全員を上達させようとするのではなく、みんなが楽しめるようにするにはどうすればいいかという視点も授業に必要だと思った」という意見も共有された。

暗闇の中で行われた「ある行事」とは、運動会だ。参加者は暗闇の中でボールを転がしたり、玉入れをしたり、ジェンカを踊ったりする。アテンドの声掛けには、参加者がうまくこなすことだけを目的として誘導するような意図は全く感じられない。安心できる環境の中で、いかに安全にみんなが楽しめるかを念頭に置いた配慮が伝わってくる。

アテンドの姿勢や声掛けは、担任の子どもたちへの声掛けを想起させる。暗闇の中で、参加者がボールを転がしてキャッチする、列になって踊りながら進むなど、チームでの行動を求められるさまざまな場面があったが、そこでの声掛けを振り返る人は多かった。

「暗闇の中で失敗して怒られたら、もうやりたくないと思ったかもしれない。失敗したが、そのときに、『次はどうすればいいと思う?』と声をかけてくれたので、またやってみようと思えた」

「失敗したときに申し訳なく思ったが、みんながフォローしてくれて安心して取り組めた」

「アテンドの話を聞いていなかったのに、『わからなかったらもう一回聞いてね』と言ってくれた。教員は子どもたちに『どうして聞いてなかったの?』と言ってしまうことが多い」

「みんなから遅れてしまったときも『止まってちゃダメ!』『早く来て』ではなく、『何に困っているの?』という声かけがあったので安心できた」

「声にも表情がある。アテンドの声のトーンで安心できた」

非日常の暗闇から子どもの視点を体感

暗闇に入ると、参加者は一瞬にしてその世界の弱者になる。暗闇の中でうまく動けないという障害を抱えることになる。今の日本社会ではマイノリティとなってしまう視覚障害を抱えるアテンドたちも、暗闇の中では「自分とは違う感覚を駆使できる人」であり、「対等に対話できる」、「共に考えることのできる仲間」となる。

アテンドの細やかな見守りの中、仲間同士で安心できる関係性を作り上げ、助け合い、支え合って過ごした体験をした参加者たちから、学校現場でも環境や関わり方を変えることで子どもたちや教員同士の関係性を変えていくことができるのではないかという気づきも生まれていく。

「声を出しやすい雰囲気づくりが大事。職場でも声を出せない大人がいると思う」

「人に触れると安心する人、座ると安心する人など人それぞれだった。学校でも、不安に対してどう対処するかは本人が選べるといい」

「自分の選択を否定されない。それぞれのやり方があっていいと認めること」

「一人ひとりの行動の背景に目をむけることが大事。今日、Aさんは暗いところがとても怖いと言っていた。普段はそういう背景を知らないまま指導をしてしまっている」

「今日は一対八だけど、一対四十だと難しい。教員のゆとりも必要」

「いかに安心感を持って学校に来られるようにするか。困ったときに誰かに頼れる、相談できるようにしたい」

「許す、許される環境づくりができるといい」

「視覚的な支援と言語での支援、両方必要だと思う。今日は視覚的な情報がほとんどなかったから、言葉で情報が欲しいと思った」

「教員同士もお互いにわからないことやできないこともあることを前提にして共有していくこと。子どもたちもそんな先生を見ていたら影響を受けると思う」

また、暗闇だからこそ、このような関係性になれたという感想も多かった。

「立場を忘れて話ができた」

「暗闇だと自分自身になれる。目が見えると他人の目線や表情が気になる」

「普段は気にして言えないことも、今日は必死になって言った。新しい自分を表現できた」

ダイアログ・イン・ザ・ダークを現場の教員や子どもたちが体験すれば「新しい人間関係の構築や学級集団づくりができると思う」「教員も保護者も体験すれば、大人が変わる。子どもは大人の影響を受ける」という声も上がった。

「主体として」の自分自身に目を向ける

研修後のアンケートで、研修効果について肯定的な評価をした人は、全ての項目においても全体の八四パーセント以上を占めた。また、この研修を同僚や知り合いの教員、児童生徒に勧めたいという声も多く寄せられ、理由として次のような意見があった。

「人はそれぞれ違うところがあるけど、それをお互いに認め合うことで、みんなが居心地の良い環境になっていくことを実感できたから」

「ダイバーシティ、インクルーシブという言葉を理解していると思っていたが、今回の体験を通して、自分がこれまでの経験等から得ている価値観で判断するのではなく、相手の思いや状況を、対話を通して知ったり感じたりすることの大切さに気づいたから」

暗闇の中で立場や肩書き、年齢などに関係なく対等な関係性の中で助け合い、声を掛け合いながら行動した九十分間。それがどんなものだったかを明確に表した感想もあった。

「教員の持っている固定観念を崩すのに有益だ」

ダイアログ・イン・ザ・ダークを主宰する一般社団法人ダイアローグ・ジャパン・ソサエティによると、二〇一六年度から三年間、佐賀県の小学校四年生約二千人が体験した際のアンケートでは、「友達のことを信頼できると思う」という他者への信頼感や、「自分自身に満足している」などの自己肯定感、「自分の希望がいつか叶うと思う・自分は人のた

この研修を受講したことで、特別支援教育やインクルーシブ教育についての理解が深まりましたか

	回答割合	回答者数（人）
5：とてもそう思う	56.5%	39
4：ややそう思う	31.9%	22
3：どちらともいえない	10.1%	7
2：ややそう思わない	1.4%	1
1：そう思わない	0%	0

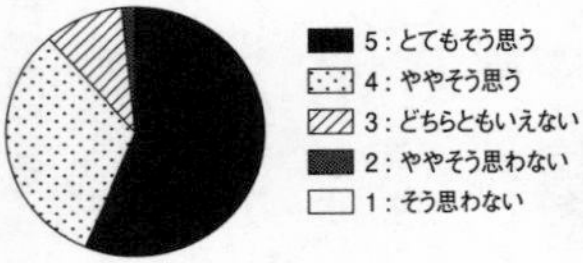

この研修を受講したことで、特別支援教育やインクルーシブ教育に関する自分自身の考えや姿勢に前向きな変化はありましたか

	回答割合	回答者数（人）
5：とてもそう思う	63.8%	44
4：ややそう思う	27.5%	19
3：どちらともいえない	7.2%	5
2：ややそう思わない	1.4%	1
1：そう思わない	0%	0

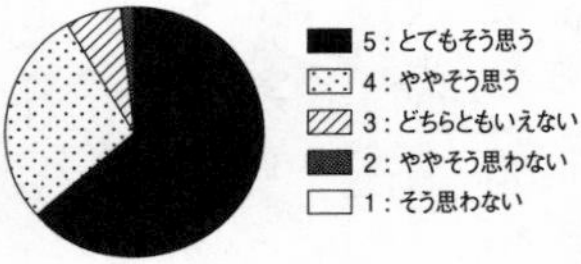

この研修はダイバーシティ推進（多様な個性が生かされる教育の実現）にどの程度役立つと感じましたか

	回答割合	回答者数（人）
5：とてもそう思う	52.2%	36
4：ややそう思う	37.7%	26
3：どちらともいえない	10.1%	7
2：ややそう思わない	0%	0
1：そう思わない	0%	0

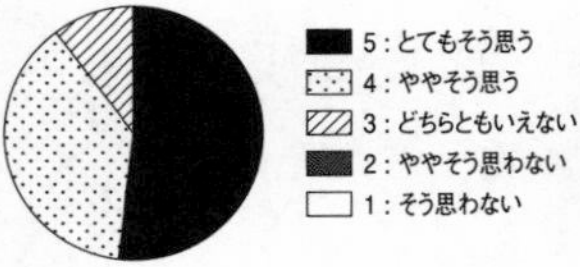

この研修はインクルーシブ教育（障害のある者と障害のない者が共に学ぶ）にどの程度役立つと感じましたか

	回答割合	回答者数（人）
5：とてもそう思う	68.1%	47
4：ややそう思う	26.1%	18
3：どちらともいえない	4.3%	3
2：ややそう思わない	1.4%	1
1：そう思わない	0%	0

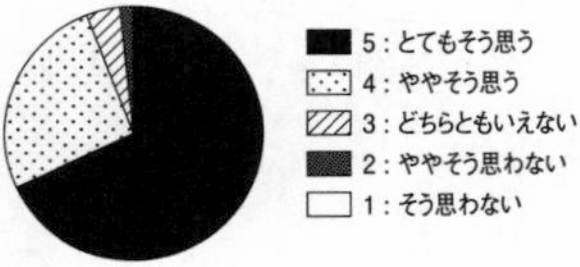

図6-2　研修後のアンケート結果（資料提供：NPO法人学校の話をしよう）

めに何かができると思う」などの自己効力感が上がったという結果が出ている。

この研修を体験した広島県教育委員会の参加者にも同じことが言えるだろう。

参加者の一人としてこの研修に参加した平川教育長は、研修後、これからの展望をこのように語った。

「今回の研修では、非常にプリミティブな体験ができました。どんなにテクノロジーが進んでも、教育では『人間とは何か』を追求することが必要です。体験を通してその原点に立ち返るためにも必要な研修だったと思います。学校でどうすればダイバーシティやインクルーシブを実現できるのか、そして理想の教育とは何か、ということを役職を超えて語り合えたのも貴重な機会でした。共通体験をした上での対話はとても大切だと改めて感じました。

障害理解教育を進め、インクルーシブな環境をつくるためには、私たち大人がまず、肩書きを取り払わなければなりません。もちろん、肩書きを取り去っても厳然として役割はあるわけですが、そこにとらわれて格好をつける必要はないと考えています。子どもたちはそういう大人のやりとりを敏感に察します。大人も子どもも、失敗を恐れずチャレンジしながら、ともに素直に学び合うことのできる場所にしていかなければなりません」

ダイアログ・イン・ザ・ダークの体験とその後のディスカッションをセットにした同様

の研修は、二〇二四年一月に大阪府教育委員会でも、公益財団法人ベネッセこども基金との連携協定により大阪府教育庁主催の「障がい理解教育研修」として実施されている。大阪府下の市町村教育委員会に所属する指導主事を中心に、大阪府教育庁指導主事、府立学校管理職などを対象としたもので、三十八名に研修が行われた。

大阪での実施後のアンケートでは次のような声も届いた。

「自分の中になかった感覚や視点を感じることができた」

「自分自身の変容があったので、そこから広げていけると思った」

「共通の体験を持つことや、考える手前に感じることがあることへの気づきがありました」

「自身の価値観を揺さぶられました。マジョリティとマイノリティとは何か。普通なんてないと改めて気づきました」

「お互いのことを尊重し合うことから理解が進んでいくということを体験やディスカッションを通して感じた」

大阪府教育庁市町村教育室小中学校課の指導主事である小林大志さんは、研修の終わりの挨拶で次のようにまとめている。

「今回の暗闇の経験が素晴らしいものだったということが、みなさんの対話の内容から感じられました。信頼関係ができた中で対話をすると、こんなにも深まるということにも驚かされます。『主体的・対話的で深い学び』と私たちはよく口にしますが、『深い学び』とはまさにこういうことなのだと身をもって体感できました。ダイアログ・イン・ザ・ダークは、目的ではなくひとつの方法です。障がい理解やインクルーシブは正解のない問いですが、ここで今日ご自身が感じたこと、みなさんと共有したことを、各学校、各市町村に持ち帰っていただき、それぞれのやり方で広げていただければと思います」

いま、教育委員会や学校は変わろうとしている。このように、指導主事や教員がリアルな感情が動かされる体験を通して、自分自身が感じたことを言語化し、対話を深める機会が増え始めている。

教育現場には保護者の意向や価値観も大きく影響する。子どもたちに関わる教員や保護者がまず、「主体として」のリアルな自分自身に目を向けること。それこそが、これから日本の教育が変わっていくための重要な鍵になるのかもしれない。

教えから学びにふみ出すために

教員と保護者に必要な子ども観

最後の章では、学校が変わっていく際に教育委員会がどのようにイニシアティブをとることが必要かというテーマが扱われ、その格好の例を紹介しています。

演劇で非認知能力を育む

豊岡市は、戦後の日本の教員の代表的な一人である東井義雄氏の出身地です。東井氏は、戦後初期から高度経済成長期が始まる頃までの教育を担った日本の教員で、氏の『村を育てる学力』等の本を読まなかった人はいないくらい重要な人物です。上記の本は、独特の感性で、工業化や近代化が進む日本社会で失われていく大切なものを鋭く指摘したもので、今日こそ読まれるべき内容の本です。

豊岡市にはそうした教育の伝統が残っているのでしょうか、子どもが主体になって自ら学んでいくような学校にしたいということが、教育長をはじめとして学校長、教員、児童、生徒、そして市民の皆さんに共通のテーマとして自覚されているようです。

豊岡市が目をつけたのは——これは偶然だったかもしれませんが——平田オリザさん主導による演劇教育の導入でした。

演劇を教育に導入するということは、それほど一般化しているわけではありません。しかし、学校を深い意味での人間形成の場にしたいと願っていた人は、以前から演劇教育にこだわってきました。演劇は、子どもが、自分ならぬ登場人物の役割になりきる練習の場で、社会を生きる上で必須の他者理解の力とコミュニケーション力を鍛える大切な教育を担いうるものです。例えば日本の初等教育を変えようと志し、実験的教育の場としてつくられた私立の小学校、澤柳政太郎が一九一七年に創設した成城小学校（現・成城学園初等学校）には、現在でも大きな劇場が学校にあり、演劇が大事な教育テーマになっています。子どもたちが一人ひとりテレビカメラで作品をつくるという授業もあります。

そもそも、古代のアテネで、ギリシャ悲劇といわれる文化は大切な教育文化でした。もともとは神話をアオイドスと呼ばれる吟遊詩人たちが多くの人々に口承で歌い伝え、その後、ラプソドスと呼ばれる朗読者たちが、書きとめられた叙事詩を朗読するようになっていきました。やがてそれを物語の形で演じるようになって生まれたものです。今は国語の授業は作品を朗読したり読み解いたりしていますが、もう一度これを演じることで言葉やコミュニケーションの力を鍛える形にしていこうとする動きが出てきてもおかしくないのです。

実際に豊岡市では、演劇ワークショップのような授業を導入することで、子どもたちの「非認知能力」が伸びているという説明をしています。「非認知能力」については、これまでにも異なる角度から説明しましたが、「認知能力」つまりいわゆる学力とは異なる能力（認知ではないという意味で非認知）で、わかりやすく言うと、暮らしの中で人々が暮らしの行為を懸命に営む中で身につけた、いのちを大事にし合うための能力のことをいいます。たとえばやりくり力、好奇心、探索心、支え合う力、忍耐力、そして失敗してもあきらめず、それをポジティブなエネルギーにする力、等を指しています。これらの力は生活力＝生きる力と言っていいもので、しばらく前までなら、人々は暮らしの中で自然と身につけたものです。しかし今は生活が消費型になり、こうした力を身につけるチャンスがほとんどなくなりました。そのため学校で、この非認知能力を育むことが課題となってきているのです。世界中の学校改革は、学校で、認知能力だけでなく、非認知能力をも育てなくてはならなくなったということに端を発しています。

豊岡市では、その課題を演劇を活用することで克服していこう、としています。

もちろん、非認知能力はこうした教育だけで育つものではありません。非認知能力の中には、ざっくばらんな人間関係をつくって、本音でつきあっていく能力も重要なものとして含まれています。この人間関係力は教員と生徒との、あるいは教員同士の、普段の人間関係がモデルとなってつくられていくものです。生徒たちが教員から深く愛されているという実感を得るような教育的関係がなければ、子どもたちの他人を信じ、他人のために何かしてあげたいというような心情を育むことはできません。

その意味で、豊岡市は、そうした学校文化を教育委員会が率先してつくっていくことに成功している例と言えるかもしれません。

非認知能力は、別の言い方をすると「豊かな人間性と人間力」といえます。豊岡市が教育委員会を先頭にして、「学力向上」だけではなく、非認知能力の育成を大切にしているのは、東井義雄氏以来、教育で大事なのは、全体としての人間性、人間力を育むことであって、点数に現れる学力を向上させればそれでいい、とは考えていないという伝統があったからかもしれません。

今、難しい時代を担うことになる子どもたちを育てなければならないのに、そのことにどうつながるかわからない「点数で示される学力」にこだわる教育がまだ全国で絶えません。豊岡市の実践は、その意味で、二十一世紀を生きる子どもにふさわしい教育を、独自の仕方で模索している格好の例だといえるでしょう。

外の世界から学ぶ

広島県の教育長を引き受けた平川理恵さんは、広島のみならず、日本の教育界全体にさまざまな学校イメージの転換の波紋を広げた興味深い仕事をされてきた人です。ご本人に伺うと、教員になりたかったが、資格がなかったので、一般人の校長を募集していた横浜の中学校で、ようやく教育職に就くことができた、とのこと。

その横浜の中学校でも、学校の中にフリースクールをつくり不登校の子どもたちが自由に登校してよい空間を確保するなど、教育の伝統的な世界では思いつかない発想で、学校を変えてきました。広島県は、おそらくそうした平川さんのユニークな学校づくりの試みを評価し、ぜひ県でも、ということで採用したのだと思います。

一般に、教育の世界は、他の分野で活躍していた人が入りにくいという特徴を持っています。そのことが良い面として出てくることはもちろんあるのですが、変化の激しい時代には、旧習を守ることでアイデンティティを築こうとする教員世界があると、自分たち以外の視野、視点を持ちにくいということが起こりがちです。

中学校が荒れ、いじめ、不登校が広がった八〇年代に、そうしたネガティブな面が露呈したことがありました。学校の外から見れば、学校で行われていることが今の時代になぜおかしいと言われるのかすぐわかるのに、中にいるために比較の視点が欠けてしまい、その「おかしさ」、つまり時代に適合していないことを墨守するということがしばしばおこると指摘されました。それが、生徒たちの感性と矛盾し、荒れの有力な原因になるとわかったのです。以来、学校は外の視点をもつことが肝要だと言われるようになりました。

しかし、このあたりは正確にはわかりませんが、組織のトップが変わっても、そのトップに強権が集中している場合は別として、一般的には、組織の下の方にいる人がトップと同じように改革の必要性やその方向性をめぐって、認識を共有するようになることはそう簡単に期待できるものではありません。大きな組織で、しかも公立の学校のように組織が分散し、それぞれに権力が分有されているような場合は、とくにそのことが当てはまるように思います。

その意味で平川さんは、改革の具体化にたいへん苦労されたのだと思います。大きな組織を個人の努力で変えようとしてきたわけですから。しかしそうした状況の中でも、彼女が播いたいくつかの種は、たとえばイエナプランを参考にするように促したこと、インターナショナルバカロレア学校をある意味改革のモデル校として設置したこと、そして横浜でやられたように校内にフリースクールを設置したこと、等は、間違いなく、これからの広島県の教育の多様化と時代にふさわしい改革にヒントを与えたはずです。そして、ときに大事なモデルになっていくと思います。その成果は、これから徐々に明らかになっていくでしょう。

また指導主事研修にダイアログ・イン・ザ・ダークという独特の研修手法を採用したことは特筆すべきことです。教育や学校という独特の文化に接している教員や指導主事が、一般企業が行っているようなダイバーシティやインクルージョンの理解のための研修を受けたという体験も、これからの広島県の教員や教育員会の研修のあり方に大きなヒントを与えたと思います。教員は、逆説的ではありますが、教育の外の世界を興味深く学ぶことで教育の意味がよく分かるという仕事をしている人間です。その意味で、平川さんは、指導主事研修の新たなモデル開発をされたわけで、この点もこれからその意味の理解が進んでいくのだと思います。

評価は今後定まっていくと思いますが、ともかく広島県は、教育委員会の果たす役割をこれまでと違った形で提案した好例といえるでしょう。

取材後記

太田美由紀

ここ数年、縁あって取材させていただいた多くの学校を通して、教員の皆さまのさまざまな実践や、その背景にある子どもたちへの思いを改めて知ることとなり、公立の学校にも可能性を強く感じるようになりました。また、これからも、どの学校でも、わずかな一歩さえ踏み出すことができれば、子どもたちはいきいきと学びはじめるという希望を強く感じる機会をいただきました。

本書で紹介した以外にも、全国には素晴らしい実践を行っている有名な学校が数多く存在します。本書では、汐見稔幸さんと相談しながら、太田自身がご縁をいただき知ることとなった公立の学校を中心に、主に「子どもたちの姿」に注目して全体を構成しました。とりわけ、これまであまり通常の学級の教育書などには取り上げられてこなかった学びの多様化学校や特別支援学級（院内学級を含む）の実践には、通常の学級における喫緊の課題を解消するために必要な、学校教育に欠かすことのできない（にもかかわらず少し忘れられがちな）本質が凝縮されていると考えています。

また、各章の取材部分は、新規取材だけでなく、「教育ＤＸストーリー」（ベネッセコーポレーション）、「人間ドキュメント」（「週刊女性」主婦と生活社）、「ドキュメント　教育革命の最前線から」（Forbes JAPAN）、「講談社　FRaUweb」、「ベネッセこども基金」ホームページの記事を元に追加取材を加え、大幅に改編したものもございます。ご協力いただいた各社にも心よりお礼を申し上げます。

最後になりましたが、取材にご協力いただいた教員の皆さま、保護者の皆さま、そして学校取材で快く迎え入れてくれた子どもたちに、心より感謝申し上げます。何よりも、それぞれの教員の皆さまが子どもたちへの熱い思いを持ち続け、試行錯誤していることを率直にお話しくださった豊かな時間は、学校についてのこれまでの私の認識を大きく組み替える機会となりました。本当にありがとうございました。

皆さまの思いや実践を、少しでも多くの教育関係者や子育て中の方々に届けられるよう、これからも尽力してまいります。また、今回ご紹介できなかった学校以外の学びの場についても、いつか形にすることができればと考えております。

どんな状況に置かれた子どもたちもいきいきと学ぶ姿が、日本中にあふれますように。

おわりに

いかがでしたでしょうか。

　全国各地で、そして公立の義務教育学校でも、新しい動きが活発におこっていることが伝わったでしょうか。

　一九七一年に中教審が、第三の教育改革と名付けた大事な答申をだしたことがありました。第一が明治期の学校創設期、第二が戦後の教育基本法体制が始まったときであり、そして第三が今だと答申したのです。それは高度経済政策が進行し、日本の鉄鋼や造船が世界のトップに躍りでた時期のことでした。さらに経済社会でトップを走るためには、資源が乏しい国であるがゆえに人材で勝負することが必要だからだ、という答申でした。経済大国を担う教育を、という趣旨です。

　実際にはその後、オイルショック等によって資本主義・社会主義を問わず、産業構造とテーマを切り替えるしかないという時代になりましたので、こうした言い方は消えてしまった印象があります。しかし、私たちの気持ちとしては、ＡＩ社会が始まり一般化する現代にこそ、これまでと同じ教育をしていてはその社会を人間らしく担う人間を育てることができない、教育をＡＩ社会バージョンに切り替えるという決意をすべきではないか、という思いがあります。

気候変動問題にしてもより深刻になるでしょうし、貧富の格差の拡大による貧困問題の深刻化が解消する見込みも立っていません。

時代は明らかに変わってきつつあるのです。そういう時代状況に勇気を持って立ち向かい、社会を人間らしく変えていく努力をし、平和ということに極力こだわって社会を担い、かつ誰もが自分らしく生きていけるように自分を磨く、そんな力につながる人間性（資質・能力）を乳幼児期から育む教育は、これからいっそう深刻に求められるようになると私たちは思っています。

その意味で学校は、変わっていかねばならない時代なのです。

本書で紹介した学校の諸例が、その参考になれば幸甚です。

なお、本書は、ライターで学校改革に造詣の深い太田美由紀さんと汐見とが相談しながら書いたものですが、基本は、太田さんが学校の現地に行って取材し、それぞれの学校の特徴を整理しながら、それを読者にわかりやすくまとめてくれ、それに汐見が解説を加えるという形でできあがったものです。太田さんの、手足を使って取材して、それぞれの学校の改革のポイントをつかみ、それをわかりやすく整理する力は見事なものです。今後、学校改革についての優秀な紹介者となって、その面から社会に貢献する活動をしてくれると期待しています。

この本が、全国の学校関係者に読まれ、学校改革の流れが加速することを願っています。

二〇二四年六月　　汐見稔幸

参考文献一覧

書籍

石井光太『ルポ　誰が国語力を殺すのか』文藝春秋、二〇二二年
今井悠介『体験格差』講談社現代新書、二〇二四年
上阪徹『子どもが面白がる学校を創る　平川理恵・広島県教育長の公立校改革』日経BP　二〇二二年
内田樹、ウスビ・サコ『君たちのための自由論　ゲリラ的な学びのすすめ』中公新書ラクレ、二〇二三年
大田堯『なぜ学校へ行くのか』岩波書店、一九八四年
大田堯『学力とはなにか』国土社、一九九〇年
大田堯『教育とは何か』岩波新書、一九九〇年
おおたとしまさ『不登校でも学べる　学校に行きたくないと言えたとき』集英社新書、二〇二二年
熊谷晋一郎編『みんなの当事者研究』(『臨床心理学』増刊第9号)金剛出版、二〇一七年
汐見稔幸『教えから学びへ　教育にとって一番大切なこと』河出新書、二〇二一年
副島賢和『あかはなそえじ先生のひとりじゃないよ　ぼくが院内学級の教師として学んだこと』教育ジャーナル選書、二〇一五年
副島賢和『ストレス時代のこどもの学び』風鳴舎、二〇二〇年
高橋源一郎『ぼくらの民主主義なんだぜ』朝日新書、二〇一五年
高橋源一郎、辻信一『弱さの思想　たそがれを抱きしめる』大月書店、二〇一四年
田中博之『子どもの自己成長力を育てる』金子書房、二〇二三年

東井義雄『村を育てる学力』明治図書出版、一九五七年
中貝宗治『なぜ豊岡は世界に注目されるのか』集英社新書、二〇二三年
中西正司、上野千鶴子『当事者主権』岩波新書、二〇〇三年
奈須正裕、伏木久始編著『「個別最適な学び」と「協働的な学び」の一体的な充実を目指して』北大路書房、二〇二三年
西野博之、來來珈琲店『マンガでわかる！　学校に行かない子どもが見ている世界』KADOKAWA、二〇二四年
ネル・ノディングズ著／山﨑洋子、菱刈晃夫監訳『幸せのための教育』知泉書館、二〇〇八年
野口晃菜、喜多一馬編著『差別のない社会をつくるインクルーシブ教育　誰のことばにも同じだけ価値がある』学事出版、二〇二二年
平田オリザ『わかりあえないことから　コミュニケーション能力とは何か』講談社現代新書、二〇一二年
平田オリザ『ともに生きるための演劇（学びのきほん）』NHK出版　二〇二二年
フェルトハウズ、ウィンタース著／リヒテルズ直子訳『イエナプラン　共に生きることを学ぶ学校』ほんの木、二〇二〇年
堀真一郎『体験学習で学校を変える　きのくに子どもの村の学校づくりの歩み』黎明書房、二〇二二年
堀真一郎『きのくに子どもの村の教育』黎明書房、二〇一三年
養老孟司『子どもが心配　人として大事な三つの力』PHP新書、二〇二二年

論文

「課題発見・解決に向けた主体的・協働的な学びの推進事業」における「学力定着に課題を抱える学校の重点的・包括的支援に関する実践研究（小・中学校）」平成28年度委託事業完了報告書【総括】京都府26 八幡市 中央小学校

平成31年・令和元年、二年、三年度 大和市教育課題研究推進校研究紀要「生徒とともに創る主体的な『学び』の場」大和市立下福田中学校

二〇二三年度 豊岡市非認知能力向上対策事業 演劇ワークショッププログラム（小学一年・二年）解説版

各章の取材部分は、「教育DXストーリー」（ベネッセコーポレーション）、「人間ドキュメント」（週刊女性）、「ドキュメント 教育革命の最前線から」（Forbes JAPAN）、「講談社 FRaUweb」、「ベネッセこども基金」の取材記事を元に、大幅に改変しております。

クレジットのない写真：すべて太田美由紀撮影

図版作成：小野寺美恵

河出新書 075

学《がっ》校《こう》とは何か
子《こ》どもの学《まな》びにとって一番大切《いちばんたいせつ》なこと

二〇二四年八月二〇日　初版印刷
二〇二四年八月三〇日　初版発行

編著　汐《しお》見《み》稔《とし》幸《ゆき》
発行者　小野寺優
発行所　株式会社河出書房新社
〒一六二-八五四四　東京都新宿区東五軒町二-一三
電話　〇三-三四〇四-一二〇一［営業］／〇三-三四〇四-八六一一［編集］
https://www.kawade.co.jp/
マーク　tupera tupera
装幀　木庭貴信（オクターヴ）
印刷・製本　中央精版印刷株式会社

Printed in Japan　ISBN978-4-309-63176-9